五南文庫 054

文化治療

周慶華◎著

五南文庫 054

文化治療

作　　者　周慶華(114.2)
發 行 人　楊榮川
總 編 輯　王翠華
主　　編　陳念祖
責任編輯　李敏華
封面設計　盧盈良

出　　版　五南圖書出版股份有限公司
地　　址　106台北市和平東路二段339號4F
電　　話　（02）2705-5066
傳　　真　（02）2709-4875
劃撥帳號　01068953
戶　　名　五南圖書出版股份有限公司
網　　址　http://www.wunan.com.tw/
電子郵件　wunan@wunan.com.tw
法律顧問　元貞聯合法律事務所 張澤平律師
出版日期　2012年 9 月初版一刷
定　　價　新台幣390元

國家圖書館出版品預行編目資料

文化治療/ 周慶華著.--初版.--臺北市: 五南,
2012.09
面; 公分.-- (五南文庫；54)

ISBN 978-957-11-6746-6 (平裝)

1.文化 2.治療學

541.2　　101013938

寫於五南文庫發刊之際——不信春風喚不回……

在各項資訊隨手可得的今日，回首過往書香繚繞情景，已不復見！網路資訊普及、媒體傳播入微，不意味人們的智慧能倍速增長，曾幾何時「知識」這堂課，也如速食一般，無法細細品味，只得囫圇嚥下！慣性的瀏覽讓知識無法恆久，資訊的光速致使大眾正在減少甚或停止閱讀。由古至今，聚精會神之於「閱」、頷首朗頌之於「讀」，此刻，正面臨新舊世代的考驗。

身為一個投入文化暨學術多年的出版老兵，對此與其說憂心，毋寧說更感慚愧。自身的成長，得益於前輩們戮力出版的各類知識典籍。而今，卻無法讓社會大眾再次感受到知識的力量、閱讀的喜悅、解惑的滿足，這是以傳播知識、涵養文化為天職的吾人不能不反躬自省之責。職此之故，特別籌畫發行「五南文庫」，以盡己身之綿薄。

文庫，傳自西方，多少帶著點啟迪社會大眾的味道，這是歷史發展使然。德國雷克拉姆出版社的「世界文庫」、英國企鵝出版社的「企鵝文庫」、法國伽利瑪出版社的「七星文庫」、日本岩波書店的「岩波文庫」及講談社的「講談社文庫」，為箇中翹楚，全球聞名。華人世界裡商務印書館的「人人文庫」、志文出版社的「新潮文庫」，也都風行一時，滋養了好幾世代的讀書人和知識分子。此刻，「五南文庫」的出版，不再僅止於啟蒙，而是要在眾聲喧嘩、浮躁不定的當下，闢出一方閱讀的淨（靜）土，讓社會大眾能體驗到可藉由閱讀沉澱思緒、安定心靈，進而掌握方向、海闊天空。

五南出版公司一直致力於推廣專業學術知識，「五南文庫」則從立足學術，進而面向大眾，以價廉但優質、厚實卻易攜帶的小開本型式，取代知識的「沉重與昂貴」，亦即將知識的巨大形象裝進讀者的隨身口袋，既甜美可口又和善親切。除了古今中外歷久彌新的名著經典，更網羅當代名家學者的心血力作，於傳統中展現新意，連結過去與現在。

人生是一種從無到有、從學習到傳承的不間斷過程。出版也同樣隨著人的成長而發生、思索、變化與持續，建構著一個從過去到未來的想像藍圖，從閱讀到理解、從學習到體會、從經驗到傳承、從實踐到想像。吾人以出版為職責、為承諾，正是希望能建構這樣的知識寶庫，希冀讓閱讀成為大眾的一種習慣，喚回醇美而雋永的閱讀春風。

發行人

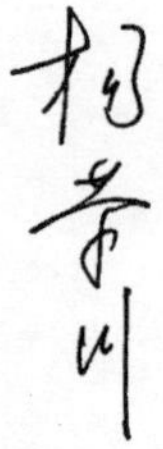

二〇〇八年六月

序

放眼當今社會，可以看見很多的醫療形式，有的為了治癒生理疾病、有的為了治癒心理疾病。前者是靠藥物或物理療法，後者則有心理諮商、意義治療、敘事治療、藝術治療和遊戲治療等，但這些都沒涉及觀念病及其相關的行動。正是這種帶集體性的觀念病及其相關的行動，把世界帶到了一個資源枯竭、生態失衡、環境汙染、溫室效應、臭氧層破洞和核武恐怖等不堪的境地，而還沒有一種治療足以擔負挽救它的任務。

這就讓我想起要發展實際有效的「文化治療」，來改善目前世界日趨末流的處境。它所針對的是人類的耗能習慣和破壞生態的舉動以及爭奪支配資源的殘酷形象等，希冀可以從根源上治療大家緣這一觀念出了問題而來的種種病症。如果說世界所顯現的溫室效應的後遺症、全面資源短缺和爭戰陰影以及能趨疲（entropy）的極端威脅等愈來愈嚴重，而某些看似有識之士所提供的環保、綠色企業和經營管理等因應對策都無從解決世界的沉痾，那麼重新提倡文化治療以為扭轉既有的運作方式，也就成了唯一可以寄望的重要事。

至於這種文化治療，則是從各種精神治療中勝出，同時極力反對文化帝國主義和文化企業等，而以治療觀念病及其相關的行動為終極旨趣。它既是通識觀點的，又是最能因應能趨疲危機的作法；當中又融入各文化系統可以取決用來對治世界沉淪的成分，合而整飭出一個最需要推行的「能趨疲觀型文化式的文化治療模式」。而它的剩餘情節，則能致用於觀念場域和普遍見著於行動場域等，為整體文化治療的開展起最大的作用力。

此外，當文化治療在排除各種阻力上尚未能見效時，我們還可以連類而期待於神祕界介入參與的後文化治療。而這後文化治療無妨結合原就存在的神祕界的懲罰機制，更是發揮它的教化功能，調節生靈分布兩界的比例，而減少現實界擠進過多的生靈持續耗能及其致遺各種禍害。這是繼文化治療後所提出的「強化版」的文化治療方案，姑且稱它為「後文化治療」。而它的前提一樣是地球不能再被剝削和糟蹋下去，否則等不可再生能量趨於飽和而使地球陷於一片死寂時，兩界的生靈都將無所安身。

現在世界所以會糟到這種「再不停歇就會萬劫不復」的地步，自然全是緣於西方人信守的原罪觀念而發展出資本主義藉著塵世財富的締造以為榮耀造物主的後遺症，但非西方社會中人的被迫妥協或主動迎合也是一大關鍵。就像古希臘神話中那個阿第卡克雷塔勒斯（Corydalus in Attica）地區，一個小城邦的國王普洛克拉斯提（Procrustes）的待客之道：他誘引旅客進門，饗以盛宴，挽留過夜，要他們睡在一張特別的床上。他希望這張床完全符合客人的身長，因此用利斧把太高的人雙腿截短、把太矮的人身體拉長。而其實他有一大一小兩張床，故意讓矮的人睡大床，讓高的人睡小床。（塔雷伯〔N. N. Taleb〕，2011: 7～8）手握資本主義大權的西方人一如那個國王，而非西方社會中人則是那些「沒得選擇」而任由他宰制的旅客。該故事的結局雖然是一個英雄人物鐵修斯（Theseus），反過來迫使國王照那個規矩而把他的頭砍了下來；但現在我們又如何？什麼時候才能把造成極大災難的資本主義消除？也許要等到文化治療成形才有可能吧！

當然，這種耗能而自我致遺禍害的全球性行動，好比盧森堡（M. Rosenberg）筆下的小故事：好攻擊挑釁的狼遇到了溫柔又有同情心的長頸鹿，狼問長頸鹿：「你愛我嗎？」長頸鹿有些猶豫的回答：「不愛，我想我不愛你。」狼很驚訝：「什麼——你竟然不愛我？」長頸鹿吸了很大一口氣，接著嘆道：「現在我的確不愛你；不過等一下也許會改變，五分鐘後你再問我一次吧！」（普烈希特〔R. D. Precht〕，2011: 179）大家就像狼和長頸鹿那樣，有人威脅求歡、有人半推半就，而讓地球成為彼此強行支配和抗衡反彈或終究順服的環境，無法避免導致現場一片狼藉。因此，這種戲謔式的愛也應該不是我們所想恆久擁有的；而要扭轉它的向度，也得依賴文化治療來警示地球已經不准許大家這般的不懂珍惜且無視於它存在的侷限，我們的未來得靠自己認真的規劃。

周慶華

目次

第一章 這個世界有多糟

第一節 溫室效應的後遺症

現今世界人口已經突破七十億大關。它是二十世紀上半葉的三倍，是十九世紀的五倍，而往後可能還會持續成長。這麼多人擠在地球上，所消耗的資源、所需求的糧食和所製造的汙染及對環境的破壞等，都快到了極限。當中因耗能而造成資源短缺和溫室效應等連鎖效應，為最立即可見的生態危機，卻沒有那個人或那個國家可以在這日漸惡化的情境中「叫大家停下來」。

大家所以停不下來，有相當成分是應了紀登斯（A. Giddens）新近一本書所描繪的「礙難恐同症」：

> 如果有任何人要求改變浪費汽油的生活模式，駕駛人總是可以說：「這還沒被證實，不是嗎？」另一種可能的回應是：「除非別人先做，否則我不打算改變什麼。」而且他還可以指出某些人駕駛更耗油的車……還有另一種回應是：「光

靠我一個人的改變，不會產生任何影響。」或者他會說：「我需要一點時間才能改變。」我們不能低估習慣的強大力量。（紀登斯，2011: 26）

這種拖沓或諉過的病徵，只因為災難還沒有明顯到大家生活不下去，所以所有的危機警訊也就未能達到給人「切膚之痛」而必須立即終止行動的地步！

但情況顯然是無法令人樂觀的！原來我們所生存的美好星球，現在綠洲一點一滴地消失而沙漠日漸蔓延、因為燃燒化石燃料使得地球升溫將近一度、南北極冰層隨著溫度攀升一直在緩慢融解中、許多河川的流量遽減和廣大冰原迅速的消退、熱帶地區的風暴威力更強大和海水由於人類的高排碳量而變酸了三成等，導致全球性的大災難隨時可能會發生。（麥奇本〔B. Mckibben〕，2011: 23～32）因此，還在推諉自己無能改變現狀的人，很快就會嚐到「好日子無以為繼」的苦果。

這種苦果，會從比較大範圍的溫室效應的後遺症開始。這裡的溫室效應，是特指持續升高的地表溫度而說的。本來經過太陽照射，地表反射的熱能被空中的物質所吸收，部分返回地表，而造成大氣溫度上升的現象，就叫做溫室效應。現在則是這種常態性的情況加入了人為的禍害，不斷地燃燒化石燃料和排放其他廢氣，而讓地球表面愈來愈熱，終於把原溫室效應等同於地球暖化。而就因這一暖化的速度加快，使得人類日益在面對一個高度不確定的環境。

大家所以要面臨溫室效應所帶來生態鉅變的打擊，主要是「自作孽」所造成的。我們知道，空中會吸熱的物質，有水蒸氣、二氧化碳、臭氧、氟氯碳化物、一氧化二氮、甲烷和一氧化碳等（村沢義久，2010: 38）；而當中以二氧化碳為人類燃燒化石燃料的「累積」最為可觀，幾乎可以說是地球暖化的「罪魁禍首」，也是我們自導自演「不可活」戲碼的終極見證。而這可以從一些數據，來反觀人類是如何的在搬演這齣高耗能、高風險的戲碼。

資本主義全球化……有愈來愈多人在積極追求美國式的高消費生活方式……在中國和印度，平均一千名居民有二十五輛交通工具；而一千名巴西人平均擁有一百四十輛左右；但一千名美國人則擁有超過八百輛……伊朗目前正處於每年百分之六的經濟成長。如果照這種速度成長下去，這個石油出口國到了二〇一三年，將會變成石油淨輸入國。（李柏〔S. Leep〕，2009: 17）

換句話說，人類無止盡的燃燒石油和其他能源（如煤碳、天然氣和核能等），所排放大量非天然的二氧化碳，又把自己所生存的地球緊緊包住，總有一天大家會無法喘息而死！而在這個過程中，因為暖化的關係，我們已經遭遇到了史無前例的大自然的反撲！

這些反撲，比較嚴重的，包括：隨著海洋溫度的上升，主要侷限在熱帶區域的颶風和熱帶暴風雨所出現的範圍都會自赤道蔓延，侵襲從未防範過颶風的大型都會區；熱帶疾病的疫區正日漸擴大；在低緯地區的糧食產量已經遽降；海平面上升，高漲的海水將侵蝕陸地並汙染淡水來源等。（辛格〔P. Singer〕，2003: 52 ~ 53）因為暖化的關係，所有的冰河即將消失，而更加速上述反撲的劇烈化。如：

在各大洲融解的冰，表示會有更多水流向大海，使海平面上升。這必定會發生洪水，而影響海岸線旁地平面較低的所有國家，使得財產和農業地盡失、海岸基礎建設受到毀損、純淨的地下水層遭受海水鹹度的汙染……最嚴重的後果是那些近海幾百萬居住者將會被迫遷移；而只要海平面再上升三英尺（近一公尺），就會讓超過一億人以上成為氣候難民。（波拉克〔H. Pollack〕，2010: 序 xvi）

顯然一個愈來愈可見的「無冰的世界」就要來臨，而全球有上百個地方會被海水淹沒（Co+Life A/S 策劃，2010；圖說天下編委會，2010），無數的氣候難民即將牽動全世界的政治、經濟和社會的非正常化。換句話說，這背後的具體圖象，就是所有的物理特性都在進行快速的質變。正如有位論者所勾勒的：

北極冰帽正在融解，格陵蘭上方的大片冰河變薄，速度都快得令人倉皇失措。覆蓋地球表面積四分之三的海洋，也變得愈來愈酸；海平面在上升和升溫的海水，更為地球帶來強大的暴風雨、颶風和氣旋……安地斯山脈和喜馬拉雅山的冰河，以及美西山頂積雪也在融解；原本供應數十億下游人口的水源，在幾十年後可能會減量。亞馬遜河流域的大片雨林正從外緣開始乾枯，很快將蔓延到內陸。北美洲的北部森林再過幾年就會消失。地殼下方的儲油槽，現在空的比滿的多。（麥奇本，2011: 72）

因此，大自然的反撲就是不再給予人類美好的生存空間，以致所謂的氣候難民只是前奏曲，接續的則為死亡的變調，將會響徹世界的每個角落。也就是說，全球不斷暖化的結果，我們所在的這個星球一定會變成大墳場，屆時有多少人能逃過劫難，則全然不可測！

先前有人對地球暖化所會帶來的氣候鉅變並不覺得有什麼不好，因為「地球平均溫度提高幾度，對住在寒帶地區的居民未必是壞事……溫室效應固然會衝擊部分國家的農業，但其他國家的農業勢必會受惠……天氣變暖，海洋蒸發的水氣會更多，其他地區的降雨也會更多……地球可能因此更適合人類居住（梭羅〔L. C. Thurow〕，2000: 211）；而現今也有人認為「全球暖化會帶來強烈、負面、即刻的影響，這種論點通常誇張的過分」，因為「還有很多問題都比全球暖化更重要（如饑荒、貧窮和疾病等）」（隆柏格〔B. Lomborg〕，2008: 5～6），似乎都不擔心大家卻得在這種不確定會如何「洗牌」或「大搬風」的過程中，不斷地要面臨旱澇交替的煎熬和被吞噬的痛苦（周慶華，2001：82）以及「大地四處的哀號」（王怡，2011）等眾多無法保證明天的苦難。

更何況像北極的海冰因暖化而即將完全消融（麥奇本，2011: 24～25），固然會帶來一些好處（如讓西北航道維持長時間暢通，大幅縮短北太平洋和北大西洋之間的航程；此外，海冰一旦融化，這片海域中的油田、天然氣田和漁場也將更容易開發），但這麼一來，自然生態必然遭受嚴重衝擊，而且北極圈周邊諸國的領海和資源之爭也將日益激烈。換句話說，這種環境的快速變更和爭奪消耗資源，勢必會發生大規模的「生態系統崩解」（尹德瀚，2006；閻紀宇，2008），人類終究不可能從中蒙受真正的福分。

可見溫室效應已經迫使生存在地球上的每一分子，走向「無處安居」的末路：所有的陸地、海洋和氣候，以及食物、飲用水和各種資源等，都在陸續起著劇烈的變化和疏離跟人原有的親密關係；導致我們所在的環境愈見惡化，而我們的身心也愈來愈無處安頓。這正應了一句古語「天作孽，猶可違；自作孽，不可活」（孫奭，1982: 63），人類自己耗用資源造成溫室效應，而溫室效應將人類的生存空間加以剝奪，這條危殆道路不可能會有其他援手出現。

第二節　全面資源短缺和爭戰陰影

要數這個世界有多糟，除了溫室效應所帶來的生存危機，還有全面資源短缺和爭戰陰影。全面資源短缺，是因為資源被耗用殆盡了，而所燃放的二氧化碳直接促發溫室效應，以致它就成了溫室效應間接的後遺症。至於爭戰陰影，則是緣於所見資源愈見短絀，所有想維持經濟和科技優勢的國家，不斷地採取各種可能的掠奪行動，而使得有形無形的爭戰恐怖始終徘徊不去。

資源的取得，原是為造福人類的；但當它被過度支用後，在地球這一封閉系統裡就會日漸枯竭，以致於人類的生活全亂了套。再加上氣候變遷和戰爭威脅，有人認為所謂的末日就要來臨了：

> 末日不再是一種宗教概念，一個靈魂遭到清算的日子，而是我們的社會和經濟即將面臨的一種可能結果。如果不加以控制，光是氣候變遷本身就足以為人類帶來可怕的災難。能源的枯竭也是，我們的能力絕大部分都仰賴能源。另外還有大規模衝突的可能，或許將因此動用大規模毀滅性武器……每一項因素有可能彼此交錯而聯袂發生。（紀登斯，2011: 280）

而這最驚悚的，莫過於全球油源正快速耗盡（康斯勒〔J. H. Kunstler〕，2007），預估到二〇四〇年就一滴不剩了。（李柏，2009: 42）還有其他原物料也正邁向「絕對頂點」，如銻、銦、鉛、銀、鉅、錫和鈾會在四到二十年後告罄；鉻、銅和鋅不到四十年就會用完，鎳和鉑將緊接在後。（同上，45）此外，糧食和水也早就供應不及了。如糧食部分，它的危機被認為跟氣候變遷有密切的關係：

> 近年來全球氣候持續異常，導致小麥主要出口國的澳洲、烏克蘭和歐盟連續數年乾旱，全球產量銳減而只能消耗既有存糧……為免國內有斷糧之虞，二〇〇八年春天，俄國和印度等十八個國家限制了糧食出口，使得國際穀物交易市場幾乎全部休市。埃及等十三個國家因缺糧而引發暴動和示威，數百人至數千人為此喪命。美國最大的通路商沃爾瑪和好事多，也相繼限制客戶購買白米、食用油和麵粉。這波糧食危機，讓歐美國家第一次經歷到「有錢可能買不到糧」的威脅。（彭明輝，2011: 46）

另有一份數據顯示，糧食還大為不均（而不是大家在鎖國保護那麼簡單）：「人類今日的糧食生產總量，超越了歷史上的任一時刻。然而在此同時，地球上處於飢餓狀態的人口卻超過十分之一。諷刺的是，伴隨著這八億飢餓人口的是另一個歷史紀錄，那就是超重人口的數目達到十億人，遠大於飢餓中的人數。」（帕特爾〔R. Patel〕，2009: 25）而這相對上因飢餓而引發的疾病又不知凡幾；尤其是「替代性」食物帶來的不適應症，更讓糧食缺乏及其分配不均的問題雪上加霜：

在世界上每個國家，肥胖和饑餓、貧困和富有之間的矛盾，都正變得日益尖銳。舉例來說，印度一方面銷毀數百萬噸農作物或任其在倉庫腐爛；另一方面最貧困人口的食物品質，卻是一九四七年印度獨立以來最差的。一九九二年，當營養不良問題開始侵襲城鎮和村莊裡的是最貧困家庭時，政府卻讓外國飲料製造商和跨國食品公司進入一直受保護的印度經濟。不到十年，印度就成了世界上最大的糖尿病患者集中地。（帕特爾，2009: 27）

還有為了因應糧食的短缺（實質是在謀利），人類所改以增加畜牧的策略，除了動物排泄物產生大量甲烷一併促成溫室效應的惡化，有關它的「快速」激生的養殖方式也禍延縣涉。如「狂牛症及其轉移到人類身上的變異型賈庫氏症，都是工業化糧食體系的產物。為了增加飼料中的動物性蛋白質（好讓牛快速增肥），業主在飼料中添加肉和骨粉。牲畜被宰殺後，導致狂牛症的傳染性蛋白質仍可存活很久……牠身上有傳染性的部位又經循環成為動物飼料……進了牲畜的肚子，一直到人類發現這種傳染病。這時候，要阻止它在牛或人類身上造成的影響，已經來不及了。」（帕特爾，2009: 369～370）換句話說，糧食由於短缺所衍生的不安全變數，已經愈來愈逼近臨界點。更何況另有農藥殘害和工業汙染等，正在一點一滴的侵蝕整個糧食系統（詳後），使得相關數量的匱乏延伸到不堪食用的匱乏！

至於如水部分，人類也正以驚人的速度在汙染和消耗水。當中消耗水方面，包括個人用水（如沐浴和抽水馬桶沖水等）、工業用水、農業用水和新興產業用水（如汽車業和電子業等用水）等，早就到達上限了。根據聯合國的統計，現今世界有三十一個國家正面臨嚴重的缺水問題；超過十億人無法得到乾淨的飲水；將近三十億人沒有公共衛生設施。（巴洛〔M. Barlow〕等，2011: 84）至於汙染方面，那就更讓人怵目驚心了：

> 每天都有大量的農藥、化肥、細菌、醫療廢棄物、化學物質及放射性物質，從成千上萬的工廠、大農場和城水排放或滲透進我們的水源……工業廢氣中硫和氮的氧化物溶解於水中，形成酸雨；酸雨落下後將地表水酸化，可能殺死湖泊和生活在裡面的所有生物……洩漏的汽油油罐和汙水池、城市垃圾場、飼養家禽家畜的排泄物、礦井殘渣、化糞池破裂、原油洩漏、農藥殘餘，甚至清除道路積雪所用的鹽粒，這些都可能引起地下水汙染。（巴洛等，2011: 88～89）

從空氣汙染到食物汙染和水汙染，人類真可說「無所逃於天地之間」了。而換個角度看，我們所呼吸的、吃的和喝的，沒有一樣乾淨，而這都源於大家「自作自受」，這樣就不僅是我們為天地所不容，而且連我們也不容天地了。

不容天地，結果就是人類更自私的在搶奪愈來愈稀少的資源，而造成大小戰爭不斷：「為了爭奪對世界資源和能源的控制權，從而導致了兩次世界大戰的爆發。第二次世界大戰以後，兩個超極大國之間為了爭奪世界資源及能源的控制權，持續了四十多年的冷戰。中東的石油、南部非洲豐富的黃金、金剛石及其他礦產、薩伊的銅礦……都成為超級大國爭奪的對象，引發了一次又一次局部戰爭。冷戰後，獨霸世界的美國以伊拉克擁有大規模的殺傷性武器為由，對伊拉克發動了大規模的侵略戰爭；而這個戰爭的背後，當然是爭奪石油。」（唐風，2009: 14 ~ 15）依此類推，近十年來世界許多區域性的衝突，諸如黎巴嫩南部衝突、阿克薩起義、中非共和國內戰、阿富汗戰爭、象牙海岸內戰、馬格里布伊斯蘭暴動、蘇丹達佛戰爭、法國—象牙海岸衝突、尼日河三角洲衝突、中非共和國叢林戰爭、剛果基伍衝突、查德內戰、埃爾貢山叛亂、黎巴嫩戰爭、伊斯蘭法院聯盟叛亂、伊斯蘭法塔組織和黎巴嫩軍隊交戰、發生於索馬利亞的衣索比亞戰爭、第二次圖阿雷格人叛亂、葛摩入侵安樹昂、以色列—加薩衝突、吉布地—厄利垂亞邊境衝突、索馬利亞伊斯蘭內戰、奈及利亞塔利班叛亂和以色列轟炸蘇丹等（特維德〔L. Tvede〕，2011: 201 ~ 202），可能也都跟爭資源有關。

這麼一來，人類所該憂慮的事可就多了：

目前氣候變遷而導致最立即的危險，是因氣候不穩定致使世界各地的糧食生產區作物持續歉收。乾旱、洪氾、野火和颶風發生頻率和威力正不斷升高。因這些現象加上戰爭，所引起的汙染，加劇了毀滅的壓力。醫療專家擔憂的是大自然會以疾病來襲擊人類：數十億過度擁擠的靈長類……這對靈巧的微生物來說，根本就是等待著饕客的免費午餐。（萊特〔R. Wright〕，2007: 192～193）

加上「『晚餐吃什麼？』是目前人類唯一重要的問題；不過『今晚有東西吃嗎？』才是歷史人物常說的話」（麥奇本，2011: 47）這一略帶戲謔的對白設計的出現，我們不去想「這個世界有多糟」的課題也不可能了。

第三節　能趨疲的極端威脅

依據各種跡象顯示，這個世界確已糟到快要不適合居住了。不但氣候異常和資源匱乏與爭戰陰影揮之不去，而且擁擠的人口也在大為降低生活品質，使得「沒有明天」的寓言愈來愈接近實現的邊緣。而這整體的危機，可以歸結到一個物理效應「能趨疲」（熵，entropy）。

能趨疲是指熱力學第二定律。它有別於熱力學第一定律：後者指出在一個封閉系統中「質能不滅」；而前者則指出在一個封閉系統中「質能無法互換」。（桑塔格〔R. E. Sonntag〕等，2002）因為質能無法互換，所以人類所耗用的資源就不可能回復為原資源，最後地球勢必走向「資源耗盡而陷於一片死寂」的能趨疲末路。因此，前兩節所說的溫室效應、全面資源短缺和爭戰陰影等，都要匯聚到這裡來「總其危殆」！

這種危殆，將是毀滅性的。也就是說，不必等到氣候極端異常，或者核戰爆發，或者彗星撞地球，或者如今人從馬雅書曆得到啟發所預言的大變動（艾頓〔S. Alten〕，2010；約瑟夫〔L. E. Joseph〕，2010），只要持續耗用資源就會走到這個地步。而以人類前後對資源的支取情況來看，工業化時代隨著科技的加速發展，整個工業社會日益向上升級，所有的工業產品、製造流程、食品生產、農業耕作、運輸系統、都市結構、軍事裝備、育樂環境、醫療保健，甚至於社會構造、政治系統及經濟模式等，必然愈來愈趨向於精密和複雜；但在這種高度複雜的工業社會裡，人類必須仰賴大量的資源，生活才能維持下去，倘若資源供應不繼時，就會有嚴重的危機出現。（雷夫金〔J. Rifkin〕，1988: 154～283）而現在工業社會還在昌皇，又多了後資訊社會（網路時代），大家想要透過電腦科技來締造的理想化國度（維加德〔H. Vejlgaard〕，2008；譚瑟〔B. Tancer〕，2011），也是要以無止盡耗用資源為代價的；而這樣下去，在可見的未來地球一定會面臨不可再生能量趨於飽和的能趨疲壓力。因此，已經全面資源短缺的地球，人類再無所節制的支取下去，最終就是徹底的滅亡。

也許會有人引普里戈金（I. Prigogine）的耗散結構理論（普里戈金，1990），認為我們可以求取可再生資源，以作為新的能量基礎，利用遺傳工程學以作為一種新的技術轉化器，依然能造成大量的能量流通，無限制的成長，以及永無終止地追求物質上的進步。（奧利佛〔R. W. Oliver〕，2000；卡洛普〔F. Krupp〕等，2010）這顯然是過度樂觀的想法，因為它忽略了底下這樣的問題：

就實際的意義上來說，所謂「可再生的資源」，其實也是不可再生的資源……太陽能本身雖然幾乎是無限制的，但形成地殼的「質能」卻是有限的。地球上的物質是不斷地在衰退和消散。自然的循環再製只不過是為未來所用，取回一部分已用盡的物質能量而已；而其他大部分仍然是無可恢復地失去了……而在同時，能趨疲日益升高對「基因源」及地球脆弱生態系統可能造成的殘害，將是極其慘重的；它對地球的損害，將遠甚於整個不可再生能量之流的時代。（雷夫金，1988: 373）

因此，所謂的無限成長，豈是一個可以等待的夢想？此外，稍早還有人對於能趨疲是否真會發生有不同的看法，而提出類如底下這一勸告世人不必憂慮的意見：「當我們停留於目前的時空觀念、宇宙觀念時，這樣的見解委實嚴峻而徹底。然而，當我們站在新的科學領域裡瞥見更廣闊的真理時，就覺得這危言聳聽也有些可笑！我們相信有三維、四維以上的空間存在。我們相信還有我們現在不知道的更高層次的宇宙的存在。我們相信我們目前看到的這個宇宙是個很狹小的世界……因此，我們已掌握的那些定律（包括熱力學的定律、能趨疲定律），也是在一個非常狹隘的範圍內才成立的定律。我們沒有必要將它們絕對化，因為它們原本就不是絕對真理。」（柯雲路，1996: 125）但同樣的，問題也是在我們還無法證實「三維、四維以上的空間」存在且能實際化解能趨疲危機前，我們已經在忍受著日漸惡化的環境和資源短缺帶來的恐慌以及相互爭戰陰影的籠罩。（周慶華，2001: 80～81）換句話說，以人類繼續大量消耗資源的情況來推測，勢必會使地球上的不可再生能量達到飽和的臨界點，能趨疲的極端威脅無法以「想像它不存在」就可以緩和下來。

遺憾的是，這一能趨疲的警訊並沒有產生多大的作用；反而是四處開採資源的行動還在不斷加碼，以至於遍地埋放引信，只要點燃就會炸毀大家存活的希望。如：

> 由於天然氣獲利驚人，世界各個地區的國家無不積極開挖。北極海因海床主權紛爭和平落幕，海冰消融、增設新的港口設備；加上天然氣液化科技，使得近海天然氣的開採具有很高的經濟效益，世界資金因而流往北方。環北極海國家水源豐富，是缺水地區羨慕的對象。由於氣候暖化，北極不再那麼嚴寒，幾十億種南方生物因此蠢蠢欲動，不斷往北遷徙，包括人類。（史密斯〔L. C. Smith〕，2011: 216）

這儼然是一副「凡是能開採的資源就要讓它乾涸」的面貌，試問我們如何能不凜於裡面所隱藏的能趨疲危機的嚴峻和酷烈？而這時超耗強權的「死不悔改」，就更令人心急：

當富裕國家的人民使用比以前更加耗油的車輛時，他們同時也導致莫三比克或孟加拉的氣候變遷（這將造成農作物歉收、海平面上升以及熱帶疾病的擴散等）。正當科學家提出成堆的證據，以證明百萬人的性命將會因排放廢棄所導致的溫室效應的持續而受到危害時，廢棄排放量最高的國家領導者說道：「我們不會做任何傷害我國經濟的事情，因為我們的首要考量是美國人民。」（辛格，2003: 32）

現在一些新興經濟大國（如中國、印度、俄羅斯和巴西等），尾隨超耗強權在「競賽」耗用資源（肯吉〔J. Kynge〕，2007；賽斯〔A. Chaze〕，2007；慕勒〔H. Muller〕，2009；羅特〔L. Rohter〕，2011），又更深化這一波能趨疲的危機。如「目前中國的原油需求量只有平均每年每人二桶強。相較之下，美國大約是二十桶、日本十四桶、西歐多數國家則在十一到十三桶之間。雖然中國的平均每人需求量已經呈現快速成長，但在趕上已開發世界的水準之前，還有很大的上揚空間。一個擁有超國十三億人口的國家，就算平均每人原油消耗量只上升一點點，也會造成原油需求量的大幅增加。中國的平均每人原油消耗量每多四分之一桶，全球原油市場的平均每天需求量得多增加一百萬桶」（摩士特洛斯〔Y. G. Mostrous〕等，2011: 112～113），像這樣無異是在訴求「同歸於盡」，而把可能的援手推向看不見的地方！這樣一來，任何「樂觀」一點的說詞，聽來就更覺得是一種迴光返照：

> 我們已經知道，如何提高化石燃料引擎的效率和如何減少廢氣排量，以便爭取時間讓我們學習作為生物圈「慈悲眾神」這個新角色。我們在建造和維護風車、光伏電池、氫燃料電池等方面，已累積大量的經驗。全新且真正安全的核電廠也指日可待。再者，我們確實能夠將放射性廢棄物埋藏在夠深的地底，以免危害我們自己以及後代子孫。此外，物理學家或許可以讓他們的絕妙技法大變身，成功馴化「氫融合」，開創黃金年代。（克羅斯比〔A. W. Crosby〕，2008: 259）

這完全沒有計算在那麼多替代性能源或核安升級中，所得持續耗用的資源從那裡來又何處去求得復元，以致所「輕」許的未來，就像是空中閣樓；而對於所無法克服的能趨疲危機來說，這種不知道艱難的想望，則不啻是滅絕前的諧謔玩笑！

在這種情況下，凡是主張「歧出」（而不是反方向）另尋「發展」的言論，就都一樣在為加重能趨疲危機背書。如「富足，存在於我們身為人類欣欣向榮的能力（在有窮地球的生態極限內）。我們的挑戰是：創造一個富足可能實現的條件。這是當前最急迫的任務」（傑克森〔T. Jackson〕，2011: 42）、「新富餘這項觀點的邏輯主要是跟經濟有關，著重於效能和幸福……這種向未來邁進的方式強調創新、總體經濟的平衡，以及對財富多重來源的審慎關切」（修爾〔J. B. Schor〕，2010: 9）等，這些所要「解除成長的迷思」和「強調以少得多」的作法，都是以新富足和新效能為目標，仍要依賴生產和投資（雖然是經過「綠化」的），根本無助於大家從不可再生能量即將趨於飽和的困境中脫身。換句話說，只要跟富足和效能沾上邊的舉措，不論是舊式還是新式，都不過是自我走向毀滅的催化劑，因為它必然會把能趨疲的極端威脅帶到大家的面前。

第二章　相關因應策略的缺乏實效

第一節　環保和反環保的矛盾

溫室效應、全面資源短缺和爭戰陰影以及能趨疲的極端威脅等，使得地球愈來愈糟；而在沒有有效的拯救對策出來緩和以前，地球走向不可再生能量趨於飽和的臨界點，已經是難以避免的事。而從另一個角度看，大家知道並且也都看見了地球現在的情況，但有關拯救的責任卻又推給別人，好讓自己可以繼續維持高耗能的優勢或風光。顯然這是一種不在意明天的賭注，令人無法樂觀大家不會在一夕之間崩解！

當然，還是有少部分人願意把危機意識轉成為地球找尋出路的策略，而積極的在謀劃具體的方針。只不過這裡面大多不切實際，對緩和地球的災厄仍舊看不出會有什麼成效。理由是現在我們所面對的是資源被「耗用」而引發諸多後遺症的問題，它應該要以徹底的「節用」或「極少用」來使那些後遺症自動消失於無形；但所有可見的解決環保、生態和核戰恐怖等難題的對策，卻是基於「轉用」或「開新」的新利用厚生觀念，對於降低能趨疲壓力終究是無功而返。好比底下這段話所

「期待」的：

> 有兩股正在浮現的力量會為全球暖化提出解答：第一，人口停止爆炸性的成長，數十年後，我們對一切物質的需求就會減少；第二，尋找和使用碳氫能源的成本增加，人類會開始追求其他替代品。最明顯的替代能源就是太陽能……如果使用「太陽能發電衛星」……到二十一世紀下半葉，我們就會看到人口結構和科技的轉變將解決全球暖化的問題。（弗列德曼〔G. Friedman〕，2009: 319）

這先不提要如何讓人停止爆炸性的成長，就說它所要發展的「太陽能發電衛星」，就不知道還有多少耗能行動要跟著一併進行。換句話說，「太陽能發電衛星」倘若真的實踐了，那麼所有維持目前榮景的資源消耗只會更加快速（它即使解決了局部的暖化問題，也無法不讓其他問題益形嚴重），人類的前途依然在「未定之天」。

當今在辯論地球暖化是否值得恐慌，被歸結約有四個陣營：第一是高爾（A. Gore）觀點的：認為全球暖化是人類和地球面對的最大威脅，我們必須盡全力解決這問題，否則結果將是災難性的。第二是史文斯馬克（H. Svensmark）觀點的：認為自古以來包括近期的氣溫波動，幾乎全由宇宙射線及其他自然現象造成，全球暖化（及冷化）經常發生，而且是自然現象。第三是隆柏格（B.

Lomborg）觀點的：認為就算人類真的促成全球暖化，地球氣溫過去也一直顯著波動，而我們也都適應過來了；試圖以斷然措施防止暖化將浪費極多資源，這些資源用於促進開發中國家的經濟成長、舒緩全球暖化的負面效應以及研究替代能源，效益大得多。第四是柯茲威爾（R. Kurzweil）觀點的：認為太陽能發電容量正每兩年倍增，幾乎已經變成一種資訊科技；照這樣的速度發展下去，到二〇三〇年，太陽能將可滿足我們的全部能源需求。（特維德，2011: 145 ~ 146）而論者研判「迄今為止，高爾陣營勢力最強，受無數環保團體及幾乎所有國家的政府支持。高爾財力雄厚，有電影、著作及諾貝爾獎的光環支持他；而且他持的是主流觀點，以 IPCC 的報告為基礎」。（同上，146）這其實只有兩個陣營：主張地球暖化是可怕的和主張地球暖化是不可怕的。後者的不相信地球暖化會演變成難以收拾的災難，我們只能以「窮開心」來形容，此外沒有更好的說詞呼應它的「文過飾非」。至於前者，它所提供的「解決問題」的對策，恐怕也是五十步和一百步的差別，終究不會有效果。

姑且以高爾陣營正在做的為例：他們所提出的改用省電燈泡、正確使用家電、少次多量的洗衣原則、節約使用熱水、減少待機時的耗電量、減少交通運輸製造的碳排放、選擇燃油效率高的車、減少消耗品的消費、購物前做到垃圾減量、落實資源回收及再利用、使用環保購物袋、減少肉類攝取、購買當地自產的食品、支持環保節能產業、參與政治活動和支持環保團體等十六項化解氣候危機的策略（高爾，2008: 305 ~ 321），基本上所內蘊的「享受」（相關的設備、消費和代步工具等，仍一應俱全）和「耗費資源」（當人擁有設備而不「多加」使用、看見豐富的物品而不「盡情」消費和買了車而不「經常」驅動它，簡直是不可能的事；而要如此，就無法不耗費資源了）等，比起先前的只是程度不同罷了。（周慶華，2010: 57）換句話說，高爾他們的策略發想因為非反方向或減不徹底而形同無效；尤其是高爾自己，有人發現他家的耗能比高舉環保論調前還要多：

> 高爾拍了一部《不願面對的真相》的環保紀錄片，獲得了二〇〇七年奧斯卡最佳紀錄片獎……在高爾贏得奧斯卡小金人後的第二天，老家的田納西政策研究中心就披露了一個讓他尷尬的事實：高爾家的用電量從二〇〇五年的平均每月一．六二萬度增加到二〇〇六年的一．八四萬度。這個數字大約是普通美國家庭的十五至二十倍，普通中國家庭的一百倍……他每個月花在天然氣消費上的錢超過一千美元。這樣算下來，高爾每個月僅在用電和天然氣上的開支就接近三萬美元。（勾紅洋，2010: 17～18）

這就是仍在包裹「享受」和「耗費資源」的結果；以致該環保理想到頭來不過是海市蜃樓一場（即使不把所謂的「低碳陰謀」計算在內）！而真正有效的救治世界，就不在這種「藕斷絲連」的糾纏中，它一定得另闢蹊徑才行（詳見第三章）。

由此可見，這裡出現了兩種環保和反環保的矛盾：一種是憂心地球暖化而有所對治和反憂心地球暖化而不有所對治；一種是憂心地球暖化而有所對治，結果卻是對治無效而回過來自我諷刺該憂心地球暖化的非實在化。前者是「明」的環保和反環保的矛盾；後者是「暗」的環保和反環保的矛盾。而在某種程度上，後者相關因應策略的缺乏實效，會讓人覺得環保的成功遙遙無期。不信且看底下這幅景象：

> 我們在二〇〇九年十月親眼看到全世界的人一起為了保護環境而努力。世界各地的夥伴們上山下海支持這項活動。有獨木舟組成的船隊、自行車排出的車陣、人們在海岸旁手牽手的長長人牆……CNN將此次的活動定位成「地球史上最大規模的政治運動」。在這場運動中……有心參與的人只要留在自己的家鄉，運用網路、發揮創意，就能發揮一加一大於二的力量……如果有人從外太空看地球，一定會看到某個下午，人類終於為他們所在的星球做了一點事。（麥奇本，2011: 268）

大家將船、車和人都集合去「支持環保運動」，而且也把電視臺召來採訪、甚至還運用網路動員和宣傳等，這從外太空看會是美妙的畫面嗎？實在令人難以想像！如今所有的環保活動不像這樣

「先耗費資源」的有幾希？也難怪沒有多少國家會全力來推廣環保運動，因為他們國人都已經在耗費資源的路上，多辦一次有關活動就多增加一次自我矛盾，又何必多此一舉？

至於前者始終在拒絕憂心地球暖化的情況，有人建議可以透過國家權力來鬆懈他們的敵意，並且要他們反轉來正視氣候變遷的嚴重性。（紀登斯，2011: 110～128）這恐怕最終也是要落入上述的窠臼，不啻會讓地球暖化更添「一分」壓力。畢竟他所建議的包括「協助我們思索未來」、「管理氣候變遷和能源風險的同時，也要瞭解當代社會仍有其他風險要面對」、「促進政治和經濟匯流」、「干預市場，將汙染者付費原則予以制度化」、「反制那些企圖阻礙氣候變遷措施的公司企業」、「使氣候變遷持續成為政治議程的首要議題」、「發展適當的經濟和財政架構，朝低碳經濟前進」、「準備適應氣候變遷的結果」和「整合地方、區域、國家和國際的氣候變遷政策」等事項，要由國家來擔負起行動者的角色（同上，130～133），就跟上述的情況類似，那一定也得先耗費資源去統籌和執行，一點也看不出對緩和地球暖化會有實質的助益。

正因為有環保和反環保兩種立場的相矛盾，所以導致人類所想出的因應地球暖化的對策幾乎都不管用。換句話說，相關的環保對策，最後都走向環保的反面，變成實質的反環保；而一直在反環保的，也緣於面對環保需求聲浪愈來愈無以自處，最終也都陷入了「必要環保」的急迫情境中。這些矛盾現象的「相互抵銷」及其「雙重失落」，正是當今大家無法降低溫室效應風險的癥結所在。

第二節　綠色企業的兩面刃

環保和反環保的立場相左又相侔，使得大家在思考因應溫室效應、全面資源短缺和爭戰陰影的對策上極端無力；而這所落實的是一個看似要補洞，實則是繼續在破洞的綠色企業。也就是說，正在流行的綠色企業所實踐的「綠經濟」或「綠領經濟」，不過是前面所提過「新利用厚生」觀念（詳見前節）的作用，它的再利用和開發新能源一樣得大量消耗地球其他的資源，終點還是擺脫不了要跟能趨疲相遇。

從某個角度看，有些人所強調的「綠色EQ」（高曼〔D. Goleman〕，2010），原則上依舊是想保有競爭力所設想出來的，只是它的經濟動能技巧是從非綠色轉向綠色罷了。然而，所有以綠領經濟為著眼點的說詞，卻經常不提競爭力這個「罪魁禍首」，而只一逕的自我冠冕堂皇化：

> 「綠領」中的「綠」，是保護並提高環境品質，也是拯救地球。綠領工作是在發展中的產業，幫助我們戒絕石油惡習、控制溫室氣體排放、消除毒性物質並保護自然生態系統。現在綠領勞工安裝太陽能板、改進建築物的能源效率、精煉廢油成為生質柴油、裝配風力發電廠、修理混合動力汽車、改造綠屋頂、種植樹木、建設大眾運輸路線，諸如此類。（瓊斯〔V. Jones〕，2010: 48～49）

所謂「拯救地球」要靠發展新產業，這種自我掩飾競爭動機的矛盾修辭，很容易矇混過許多人的耳目，但明眼人一看就知道「這是不可能的事」！因為當今地球所以會這麼糟，全是大家比能、比享受和比優勢所造成的；而現在找到了一個新領域，又要展開另一波的競爭行動，誰能相信這會是拯救地球的開端？

可見標榜綠色式的經濟，只不過是在逃避能趨疲法則的檢核而獨自「乾過癮」，事實上大家一樣快速的走向不可再生能量趨於飽和的末路。就以當今相關綠色企業在從事的「回收再利用」為例：

> 那些未來的科技讓我們能夠用回收的原料運轉工廠。這些循環、回收的原料來自於收回已經做好的數十億平方碼的地毯和紡織品，尼龍面料回收再製成新的尼龍紗用來製造新的地毯；襯底物料回收再製成新的襯底材料供新的地毯使用……特多龍紡織品回收再製成特多龍纖維，用來製造新的紡織品。回收再利用，以循環的方式一次又一次地使用那些珍貴的有機分子；而不是將它們送去掩埋或燒掉它們，或者用第一波工業革命的線性製程回收製成價值較低的次級品。（安德生〔R. C. Anderson〕，2006: 22）

這看來很有道理，好像做對了就「永遠不必再從地球擷取一滴石油」。（安德生，2006: 23）但它實際上卻忽略了：回收前的「耗能製造」，誰來禁止？如果我們在源頭就切斷了一切的耗費，又何必有回收再利用這檔多餘的事？現在因為有了回收再利用，豈不是會更鼓勵源頭「勤於製造」（反正有人會去回收再利用）？顯然這種綠領經濟不但拯救不了地球，而且還會加速地球的毀滅！

此外，有關更大宗的開發新能源，同樣在直奔能趨疲到達臨界點的不歸路。所謂「至於替代能源，動力方面大概還是得靠燃料電池和 H2；電力方面則繼續積極發展太陽能等。再來是資源，其實只要不把石油拿來當燃料燒掉，現存的石油作為化工原料還可以用很久……所幸未來還可以用生物工程的產品來代替。科學的進步非常快，新技術不斷誕生，以前屬於高等有機化學的內容，現在普通化學已經要教了，因此還可以審慎樂觀」（葉李華主編，2007: 34），這所欣幸的，其實正是令人最要擔心的。如太陽能部分，它除了取得不經濟，還得耗用更多資源去製造太陽能電池和太陽能面板以及發展太陽能發電衛星（李柏，2009: 137～141；竹內薰，2009: 124），根本就是一種完全不在意生態危機的盲目行為；更何況有了太陽能可以運用，人類豈不要更大膽的把地球其他資源一起耗盡？又如生質能源（生物工程）部分，它也許可以這麼做：

> 石油缺乏時，是可以用純天然的油源植物來榨油的……另一種方法是發酵。例如把多餘的便宜馬鈴薯、玉米、甘蔗，或無法食用的植物根莖等；用特別的細菌發

酵，就可以產生甲醇、乙醇等化合物。這些化合物都可以作為能源……此外，隨著生物工程、基因改造的發達，未來也可能培養出生長更快的基因改造植物，或更有效率的醱酵細菌，或可利用纖維素、木質素醱酵的細菌等，讓生質能源擁有很好的前景。（葉李華主編，2007: 29）

但大家別忘了那裡面所涉及的培植、收成和加工等程序已經頗為耗能了，更別說還要占用更多農地來生產；而當這些生質能源可以大量供應時，又不知會有多少新的機器產出耗用益加稀少的礦源！而照這樣走下去，人類終究要更快遭逢能趨疲的困境。

如今的綠色企業都朝著上述這兩部分（再利用和開發新能源）在規模著發展（伍汀〔M. Woodin〕等，2005；達爾尼〔S. Darnil〕等，2008；麥唐諾〔W. McDonough〕等，2008；三橋規宏，2009；凡德來恩〔S. Van der Ryn〕等，2009；山德勒〔A. Schendler〕，2010），卻不知道這對助長大家窮耗資源的觀念比什麼都來得讓人怵目驚心！這應該不是它原來所期待或所樂見的，而實際上卻出現了。因此，這就顯示綠色的兩面刃：一面它原是要拯救地球的；另一面它卻反成了禍害地球的新變數。而禍害地球一旦定板了，拯救地球就成了反諷劇，像包著毒藥的糖衣「輕碰不得」一！在這種情況下，有人所規劃的「從搖籃到搖籃」的綠色經濟的設計提案，就「觸處藏詭」了：

表 2-2-1　工業革命生產體系和生態效率生產體系的差異（整理自麥唐諾等，2008:42, 86）

方式／形態	生產體系
工業革命	（一）每年向大氣、水和土壤排放上百億磅的有毒物質。 （二）生產有害物質，以致我們的後代子孫得長期加以防範。 （三）產出大量廢棄物。 （四）將無數有價值的廢棄物隨意棄置，布滿整顆星球，而且不可能再回收。 （五）要求制定成千上萬的複雜法規，目的不是從根本上保障人類和自然系統的安全，而僅僅是受害的速度。 （六）以工作人數的多寡來衡量生產率。 （七）透過砍伐或挖掘開採自然資源來創造繁榮，然後再加以掩埋或焚燒掉。 （八）減少物種的多樣性，破壞文化傳統。
生態效率	（一）每年向大氣、水和土壤排放更少的有毒物質。 （二）用更少的工業活動帶來更大的經濟繁榮。 （三）遵循成千種法規的約束，以防止人類和自然系統太快被毒害。 （四）生產更少危害極大的材料，以免後代將不得不生存在恐懼中，並得時刻保持警惕。 （五）產出更少無法回收的廢棄物。 （六）減少在這顆星球上到處挖洞掩埋有價值的材料，因為根本沒有機會再回收利用。

論者是要以生態效率生產體系的規劃來取代工業革命生產體系的規劃。他認為後者是從搖籃到墳墓（單向或線性）的模型；而前者則是從搖籃到搖籃（循環或非線性）的模型，二者優劣判然有別。然而，採用生態效率生產體系「只是使工業這個古老的破壞性系統減少一些破壞而已」（麥唐諾等，2008: 86），它要使地球恢復健康和完整則無異是緣木求魚。也就是說，它依然想要繁榮經濟、製造別的替代物和回收再利用等，而這些很明顯都無法藉以挽救地球的危亡。

所謂綠色企業的兩面刃，說來只有會仍舊割傷地球的那一面是真的；另外一面就像環保和反環保的矛盾一樣，不過是「虛晃一招」。因此，這裡才斷定綠色企業也是屬於缺乏實效的因應對策，它終將無力解決地球愈來愈糟的問題。此外，綠色企業的強實踐處，很快就轉成綠色資本主義；它比網路時代所導致中產階級消失、就業不穩定的「超級資本主義」（瑞奇〔R. B. Reich〕，2008）還要逼迫世界「震動不已」！因為它正在收編所有的經濟運作模式而變成一頭巨獸，繼續狂踩地球早已潰爛的傷口！

第三節　管理和支配的永恆循環

同樣的，各種因應能趨疲的對策缺乏實效，最後也都要歸結到一個管理和支配的永恆循環問題。換句話說，正是因為有管理和支配的循環不斷，所以相關的因應對策才「無從有效」。這當中既有管理大自然的夢想，又有支配大自然的欲望；而二者相互循環後又擴及對一切的人事，終於極大化了對人事物的宰制，當然就不可能想出有違初衷或會削減既得利益的什麼拯救地球的策略。而這也就是前節所述綠色企業所以會蓬勃發展的關鍵，因為那些倡導著和執行者都不想把支配權拱手讓給別人。

我們知道，管理一詞除了有管理學上的特殊用法（林安弘，1991），一般都指對某些對象的「維護」；而支配一詞則為進層義，帶有「取用」的意思。（韋伯〔M. Weber〕，1991）整個自然界如果是被妥善的「管理」而不是被強力的「支配」，就不可能會是今天這個樣子；但遺憾的是它所受的是被「支配」的命運，以致才見資源短絀、暖化和能趨疲等災厄不斷。縱是如此，管理在西方原宗教的訓誡義還在（詳後），而支配的末端也會跟管理接軌，所以管理和支配就在循環中演出，以帶永恆性的面貌對應著如今這一難以善後的世界危殆。

所以說管理和支配的永恆循環使得因應世界糟透的對策缺乏實效，主要是在這些輕重不等的觀念一日不除，就一日無法改採其他有效的策略，而相關地球的能趨疲危機自然也緩和不下來。當中所實質體現為對大自然的管理和支配及其互為循環，都來自西方；而它所以如此「問題嚴重」也是西方播種的，致使有關的理解方案塑形後就得從這裡開始。

大體上，生態問題全是西方人惹出來的；而爾後所有救急的生態論述（如討論溫室效應、資源短缺、能趨疲和綠色企業等）日漸蓬勃，也是西方人自己凜於生態破壞的嚴重性而據以提出要來對治的。因此，為瞭解此中的來龍去脈，略為追溯一下這段歷史是有必要的。如果沒有例外，就可以說西方的生態論述是以兩種型態呈現的：一種是布局式的；一種是後設式的。布局式的，以《聖經》為主，它對於生態何以如此有一概況的交代，形同是在精心安排，讓人知道生態的「生發」及其可能的「演變」。當中在神造完天地萬物後，特別提到人：

神說：「我們要照著我們的形象，按著我們的樣式造人，使他們管理海裡的魚、空中的鳥、地上的牲畜和全地，並地上所爬的一切昆蟲。」神就照著祂的形象造男造女。神就賜福給他們，又對他們說：「要生養眾多，遍滿地面，治理這地，也要管理海裡的魚、空中的鳥和地上各樣行動的活物。」（香港聖經公會，1996: 1）

這就把人提高到接近神的代理者地位，賦予他掌管萬物的任務。也就因為這個「不對等」的緣故，所以後來的生態就出了問題（詳後）。

至於後設式的，則以柏拉圖（Plato）《理想國》和亞里士多德（Aristotle）《形而上學》為主，他們從哲學的後設思考角度來「回溯」生態的起始及其存在因緣。如「神既然是善的，祂就不像許多人所說的，是一切事物的締造者；而只是少許事物的成因，並非人們遭遇的大部分事物的成因。人生中善事少、惡事多，只有善事才應當歸諸神的意旨。至於惡事，它們的成因應當在他處尋求，不應該找祂」（柏拉圖，1989: 94～95），這把事物的存在歸諸神的旨意（雖然它認為「惡」的那一部分跟神無關），儼然是將生態所以如此推到神的決斷，為一「後設追認」的形式。又如「神被認為是在所有事物的原因中間，並且是一個第一原理」（亞里士多德，1999: 9）、「在存在的諸事物中，必定有一個原因，它推動並連結事物」（同上，16）和「所有事物被排列在一起都是朝向一個目的」（同上，452）等，這也是把事物的存在從神那裡找到保障；不論視界是否變得更寬廣（不再排除惡而許以神雙重授意），都不離後設追認的形式。這些說法，很明顯跟前者構成一體的兩面，為有神論所強力倡議（也就是不容他人置疑）。

此一後設式的倡議，跟前者布局式的認定合謀，「人為宰制」的曠世行徑，從此卯上了窮為支配萬物的綿綿無盡的旅程。換句話說，把生態溯及神在背後主導和將神當成直接創造生態是同一理路的。它們所隱含的「支配萬物」為人受造的一大原因，早已被西方人利用來作為殘酷地操縱及榨取生態的理據。雖然有基督教學者曾經在重新界定支配萬物的意義，主張任何剝削或殘害神（上帝）創物的舉動都是有罪的且是判逆神意旨的一種褻瀆行動，而同樣的任何破壞所賦予生態的固定意旨也是一種罪行和叛逆（雷夫金，1988: 355～361），但他們所改稱的支配萬物的真意乃是指管理生態（而不是意味著人類有權剝削生態），卻依然不脫對生態一定要「有所掌控」的範圍（「管理」和「支配」都是不放棄掌控生態的標幟）。而更可慮的是，這種支配觀已經從尋常生態延伸到人際網絡，在起著有意無意的宰制作用。如底下這段文字所見的：

一個正視挑戰並接受對它和對我們時代整個文化的共同生活的審判的基督教，可以為人們應付更嚴重困境的方式作出深遠的貢獻。基督教的作用不在於它似乎可以成為政治、經濟和社會的替換物。基督教本身不是在技術世界中建立起的一種不同的工程，也不是另一種管理城市和處理國際事務的方式。但基督教可以為新的希望提供基礎，因為透過對基督的信仰，它賦予人們以「天國公民」的切身感，並且伴隨著塵世的責任感。在這裡，人們敢於承認自己真正的罪惡。同時基督教能夠對社會衝突提供富有成效的抨擊，因為經由對基督的信仰，它使人們意識到，即使歷史的分化不能消除，「我們都在基督裡合一」。（塞爾〔E. Cell〕，1995: 120）

類似這種「塵世的責任感」充斥，不啻暴露了西方人的普同幻想和支配欲望，而造成舉世衝突和紛爭不斷！因此，生態論述所鑄下的過錯，不再是它們表面那些安排或追認論調所能藉為「一手遮天」而掩飾過去，歷史總有一天會逼它們現出原形。（周慶華，2011a: 29～31）現在綠色企業興起，看似「管理」要強過「支配」；但我們已經知曉西方人向來支配世界慣了，這管理事實上也是以支配作後盾（或說管理骨子裡就是支配），所以才那麼容易一下子就把綠色企業變成道地的新資本主義。而從舊資本主義到新資本主義，內裡的管理／支配的循環運作，已經到了凡是能賣錢的東西都想要攬來獨占的地步。好比水資源這一理應讓它天然存在而任人自由飲用的東西，卻早就受到西方企業的操控和壟斷：

地球愈來愈乾燥，民營企業大量購買寶貴的水資源，我們已經開始進入一個新經濟形態。在這形態下，城市不斷膨脹、農企日益興旺，而一般居民和自耕農的水井逐漸乾涸……第三世界國家的孩子們正因乾渴而死，世界銀行和國際貨幣基金組織卻把水資源民營化作為第三世界國家減緩債務的前提。貧民們很快會發現，他們根本買不起價格暴漲的自來水和衛生服務。我們面臨的是這樣一個世界：資源不是受到保護，而是被囤積牟利。（巴洛等，2011: 147）

這具體的數據並不缺乏：「法國蘇伊士昂地歐集團、斐凡迪威立雅集團以及德國萊因泰晤士集團是世界前三大自來水公司，它們的影響力正逐漸增強。蘇伊士和斐凡迪集團掌控全世界百分之七十以上的水資源產業，而且獲利成長高得驚人。早在十年前，斐凡迪的水資源產業相關獲利就高達五十億美元；到了二○○二年，獲利更成長到一百二十億美元。這三家公司都是世界前百大企業，它們二○○二年的總營收超過一千六百億美元，而且每年還以百分之十的速度成長，遠遠超過許多國家的經濟成長率。此外，斐凡迪在全球就僱用二十九萬五千人、蘇伊士十七萬七千人，他們的員工人數還比大多數國家的公務員還多。」（巴洛等，2011: 47）可見繼起的綠色企業絕不可能放過對再利用和開發新能源等綠領經濟的強勢主導。而這一強勢主導，只有愈來愈見資源消耗和生態鉅變；而任何相關緩和能趨疲危機對策的聲稱，自然都是「虛應故事」，不會有什麼實質成效。

第三章 文化治療作為拯救的手段

第一節 從各種精神治療中勝出

顯然世界生病了，而且是很嚴重的病；而這個病又是人類所引起的，以致實際上是人心病了。正因為是人心病了，所以現有那些環保策略或綠色企業所因應的外在環境變遷，就都屬於非對症下藥式的，難怪無法顯現實質的成效。而這一部分，又源於世人見識太過短淺，連再期許「新對策」都常偏離航道。如：

從反抗現行的全球經濟模式，並為它尋找替代之道的角度來看，環境既讓人絕望又伴隨著希望。因為資本主義體制的裂縫，就在自然環境這裡裂了最大洞。自由市場或許有能力做到許多事，但保護環境絕對不在其中。以企業間的競逐利潤為基礎建立的體制，必然無法保護地球的自然資源。如果環境要受到保護，不當利用資源的行為要予以遏止，並讓那些即使不是對未來最樂觀的人都認為，整個二十一世紀人類社會可享有今日的經濟成長率，那就勢必得靠國家和超國家的機構來安排、規範。（布雷〔C. Brazier〕，2002: 212）

類似這種期待國家或超國家機構來安排、規範世人的行為尺度，就不啻是癡人說夢！倘若國家或超國家機構真有這個甘冒失去競爭力的「危險」，而來從事這種自我「削減」工作的膽識和能耐，那麼大家也不會一直在滔天駭浪中掙扎（周慶華，2004a: 193）；更何況國家或超國家機構本就跟企業連成一體（所有的經濟、財力和運作等都要靠企業支持），而想維持「經濟成長率」就不可能顧及環保，這些都使得相關的寄望遠離逆反能趨疲的道路。又如：

今天，我們比過去任何時候更需要一群有擔當的領袖站出來，需要他們拿出有效方案來避免災難。有了優秀的領導，我們才能延續過去二十五年的驚人繁華；少了這樣的領導，我們將可能面臨新的經濟心痛時代。第二次大蕭條雖然不大可能發生，但第二次大蕭條可能發生的想法卻不再是荒謬的無稽之談。這個世界彎曲得好危險。（史密克〔D. M. Smick〕，2009: 318）

這把生態災難的化解寄望於優秀的領導，用意不惡，但它忽略了拯救生態不同於拯救經濟。換句話說，有擔當的領袖可以拯救經濟，卻很難拯救生態，因為生態是要靠「減卻」的策略而不是「添加」或「轉型」的策略，而有擔當的領袖不大可能以「減卻」為名而還可以被拱為領袖。因此，這種新對策的期許也無從向解除生態危機靠攏。

很明顯的，大家不能不意識到我們只有一個世界，這個世界充滿著讓整個生物圈再也無法承受的龐大汙染和不斷上升的氣溫所引爆的水災、旱災，以及爭奪資源所帶來的戰爭陰影等嚴重問題。即使有那麼一點「偏狹」的自信「我們有理由相信人類有能力讓環境變得更好，但首先我們必須認知到人類目前的生活方式是剛剛才發生的、非常態的、無法永久持續的」，但卻「極少有人會拒絕使用煤炭、石油和天然氣，回到那個沒有鞋子，必須忍受飢寒的舊時代」。（克羅斯比，2008: 259）這麼一來，我們所居住的這個星球，就得繼續拉警報，直到大家有能力和願意為它緩和及停陷為止。換句話說，因為有限資源的急速枯竭、汙染的增加、失控的氣候變遷、天然災害的頻繁和人口爆炸危機等，已經使地球變得又熱又擠（佛里曼〔T. L. Friedman〕，2008），快要一無是處了；再不想辦法從釜底抽薪予以挽救，我們大概在不久的將來就會逐漸從地球上除名。

可見糟透的世界已經無法讓它回復正常；而能趨疲即將到達臨界點的警訊，也愈來愈見急切，一個小小的地球就這樣面臨空前的困局。對於這個困局，如前所述的世人所想的盡是綠色企業或綠色經濟一類強調開發新能源和再利用的營運模式（詳見前章第二節）；殊不知開發新能源所要增加的成本無法估算，而再利用的「用」觀念一樣是在消耗資源，終究沒有解決問題原來就存在的不可再生能量將要趨於飽和的問題。如今又因為「全球化」浪潮所帶動的經濟鏈，更讓脆弱的地球「呼吸急促」！因為它使某一產業、某一地區、甚至某一國家產生嚴重的失業（如國內工作由海外承包）；而由於跨國企業的幕後操縱、國際間的貿易協定、金融市場的遊戲規則及國際貸款等，都使貧窮國家更難以擺脫貧窮；還有歐美跨國企業以壟斷獨占的方式，向第三世界廉價採購礦產、木材等天然資源，且將汙染性產業移向第三世界而造成嚴重的環保傷害。此外，跨國企業在第三世界牟取特權及暴利，賄賂官員，操縱政治；而全球化所到之處，擴大了貧富差距、知識差距，助長社會的不安。論者建議的因應辦法是：第一，凡是涉及第三世界或開發中國家的貿易、投資、貸款、環保等權益時，西方世界要以平等態度訂定遊戲規則；第二，彼此間的協定儘量要資訊透明，減少在開發中國家行賄及操縱的可能；第三，開發中國家本身要發展出清廉政治及社會安全網，減少產業調整時的影響；第四，一些資源豐富的開發中國家，因資源價格上升暴增外匯時，一定要妥善把資金用於改善人民的生活；第五，「綠色國民淨所得」的觀念要大力提倡，開發中國家對生態保育、資源耗竭、溫室效應不能漠視；第六，已開發國家不要為商業利益而鼓勵第三世界購買大量軍火及不切實際的消費方式；第七，開發中國家對社會基本建設、教育體系、金融市場和相關法規等，要加速現代化，互相配合；第八，世界銀行等國際性機構在推行善意援助性政策時，「大棒子」和「胡蘿蔔」要兼用。（史迪格里茲〔J. E. Stiglitz〕，2007）問題是有效嗎？這是由西方強權所發起帶動的變局，不但整個競技場無法讓所有國家「平等的參與」，還有它的「騎虎難下」的優勢維持情結，也不會因一場呼籲和諫諍就開始解套趨緩（至於開發中國家的「急起直追」模樣，也因為有西方強權直接、間接的「鼓舞」而不會退卻）。（周慶華，2011a: 63～64）

既是如此，那要怎麼辦？衡量情勢，大概只有靠文化治療來拯救。現實中有許多精神性的治療，如意義治療、哲學治療、藝術治療和敘事治療等（弗蘭克〔V. E. Frankl〕，1992；史區斯特〔S. C. Schuster〕，2007；史柏林〔D. Spring〕，2004；佩尼〔M. Payne〕，2008），但都只侷限於個別心理創傷的治療，還搆不上「集體性」的治療，於世道的升沉轉化無補。如今談文化治療，就是一種集體性的治療。這種治療，整體上是要靠文化來拯救世界的沉痾，所以才把該拯救稱為「治療」。由於文化是一種「軟實力」，作用不同一般的猛藥或強心劑，它只能從觀念上逐漸改變世人對自己所在環境高度的自覺及其應有的行為態度，以致它就無法比擬醫學上的一些「藥到病除」的速成療效。而以文化作為拯救世界沉淪的手段，它在方法論上是全面性的。也就是說，文化的「統包性」（詳後）本身就暗示了它勢必要全面啟動來發揮功能，以便顯示它的「不同凡響」。因此，即使文化一詞到目前為止還是旨趣不定，如「文化是一個複雜的且尚處爭議中的詞彙，因為文化的概念並非再現一個獨立於客體世界的實體。相反地，文化最好理解為一個流動的符徵，這個符徵可以為人類的活動產生特定的和多元的論述方式，因為人類活動的目的極多元。也就是說，文化的概念是一項工具，讓我們用以作為一種生活形式來說，這個工具或多或少具有用處，而且它的用途和意義也持續地在改變中，正如思想家們希望能在文化的概念中去『探討』出不同的事物」（巴克

〔C. Barker〕，2007: 62），但它作為一個最高指導精神的滲透實力，仍然有著不可被取代的可期待值。（周慶華，2010: 64～65）而這種可期待值，固然無法藉以讓地球「回復原狀」，但至少也不致再迫使它惡化下去。換句話說，文化治療在類比於其他精神性的治療而更勝出後，它就幾乎是救渡世界的唯一良方，從此大家都得以它所要對治的為戒惕，才能確保人類可以繼續在地球上生存。

第二節　反文化帝國主義和文化企業

說是世界病了，其實是文化病了。文化作為人類的創造歷程和創造成果的總稱（詳見第四章第一節）出了問題，這世界才會出了問題。而這問題來自西方，所以說是西方的文化病了。西方的文化病了，自然不能靠它來救治世界（否則就會像前章所述那樣愈救愈離譜）；要救治世界，只能靠其他文化。這也就是文化治療的緣起。因此，從各種精神治療中勝出的文化治療，就是「非西方式」的，因為「西方式」的已證明是「以水濟水，以火救火」而全不中用。

縱是如此，在談文化治療的治療性前，有必要先澄清兩種假文化名稱而行更深壞事勾當的文化帝國主義和文化企業。當中文化帝國主義，「意指某一個文化受到另一個文化的宰制，也意指一系列涉及某一個國家的支配過程，以及／或者消費資本主義的全球性宰制。這個論點強調，『被宰制』國家失去它文化自主性及文化同質性或『同一性』的全球性擴展。文化同一性過程的主要機制，一般都被認為是跨國的企業，尤其是那些源自美國的跨國企業。因此，文化帝國作為宰制的意義在於，它是一系列隱藏在全球資本主義再製的經濟和文化過程的結果」。（巴克，2007: 55）它是西方帝國主義整體發展的一部分，強把自我國家在經濟、政治和科技上的控制力，擴展到其他的國家。（湯林森〔J. Tomlinson〕，1994；薩伊德〔E. Said〕，2001）而它的支配邏輯，則全然不由被支配國所決定：

> 它在世界上先進資本主義國家（特別是美國及西歐），以及低度開發的弱勢國家（通常所說的第三世界國家和南美、亞洲及非洲國家）的財富和權力之間，會使得全球性的優勢、隸屬和依賴的關係出現。文化帝國主義所指的就是這種過程，就是優勢國家將某些產品、時尚和風格轉移到依賴它們的市場中，造成某種特殊形態的需求及消費；而這些需求及消費卻是由優勢來源所訂定的文化價值、理念和實踐來奠定基礎，回過頭來又背書保證的。在這種情況下，發展中國家的地方性文化，變成由外國文化來支配；而且在某種程度上也被侵略、轉移和挑戰了。（歐蘇利文〔T. O'Sullivan〕等，1997: 97）

在這個過程中，跨國企業或跨國公司扮演了相當重要的角色，因為「它們的目標本來就是要將自己的產品推廣到全球經濟中；到頭來隨著資本主義制度的推行，還一併散播了它們的意識形態」。（歐蘇利文等，1997: 97）這就不可能繼續援為惡化世界而無所助益於匡世的偉業。換句話說，文化帝國主義雖然也以「文化」當作招牌（看似非硬式恐怖），但它的染指非西方世界而造成更多掠奪和宰制的災難，早就信用出缺了；更別說它的實踐處將加倍帶動非西方世界一起耗用資源，而更陷地球於萬劫不復的境地！

至於文化企業，它也是源起於西方，有要把文化的象徵資本（強調經濟和美感的雙軌價值）產業化的趨向。稍早（約一九六〇年代）它被稱為文化工業，特點有：（一）文化的產生愈來愈類似現代大工業的生產過程；（二）文化的產生和現代科學技術的結合愈來愈緊密；（三）文化的主體愈來愈不是作為文化消費者的廣大人民群眾。（陳學明，1996: 19～21）後來「升級」被稱為文化創意產業：

在世界各國裡面，文化創意產業發展最早，文化政策中對文創產業架構最完整、績效成果很好的，首推英國。英國在一九九七年由工黨首相參選人布萊爾提出「創意產業」的概念，他出任首相後成立「創意產業任務小組」，並於一九九八年及二〇〇一年提出「創意產業圖錄報告」，將創意產業定義為：「起源於個體創意、技巧及才能的產業，透過知識產權的生成和利用，而有潛力

> 創造財富和就業機會。」（周德禎主編，2011: 6）

這種產業首創於英國的，涵蓋的類別遍及廣告、建築、藝術和骨董市場、工藝、設計、流行設計和時尚、電影和錄影帶、休閒軟體遊戲、音樂、表演藝術、出版、軟體和電腦服務業、電視和廣播等等。（夏學理主編，2008: 7）而風氣所及，鼓吹文化創意或發展文化產業的，就都依違在這些範疇中。（海默哈夫〔D. Hesmondhaldh〕，2006；瑞伊〔P. H. Ray〕等，2008；李錫東，2009；徐斯勤等主編，2009）最後終於由聯合國教科文組織給文化產業所作的「結合創造、生產和商品化的方式，具有無形資產和文化概念的特性，基本上受到著作權的保障，而以產品的或是服務的形式呈現」這一定義（夏學理主編，2008: 18）定了調。而不論它是否加上「創意」二字，所普遍進入刺激生產和消費的產業鏈且分由庶民共享的命運，已經不可改易：

> 隨著時代轉移，社會歷久積累的藝術、文化已然不再是宮廷貴族之類的有閒階級去欣賞和獨占的事。文化消費早已猶如社會運動般地蔓延到社會各階層，成為日常生活的內容……現代人透過消費展現自由的文化再造能力……文化的意義不再只是固定的成本，它是一種創造、生成、轉化的動態過程，不但受到社會脈絡和社會關係的影響，同時也創造生成新的社會脈絡和社會關係，進而刺激生產和消

費的循環。這就是文化創意產業被提出來的主因。（李天鐸編，2011: 21）

此外，它在某些層面遭受文化菁英的反彈，而不免導致如論者所說的矛盾性：「文化產業基本上存在矛盾的本質。文化產業組織和流通符號性創意的方式，反映出當代資本主義社會中的極度不公平和不正義（如階級、性別、民族及其他限制）。這些不公平的障礙阻撓人們進入文化產業的領域。那些有管道進入文化產業的人通常會被鄙視；而許多想要創作文本的人則為生計所困。倘若要製作特定類型的文本，還需承受極大的壓力。而且想要獲取當下的產業組織資訊以及與眾不同的文本，更是難如登天。此外，某些文本類型則確實較具有能見度。這些現象都是文化產業領域的殘酷真貌。不過，也因為文化產業並不能完全壓制原生而特殊的符號性創意，迫使企業主和高層主管不得不對符號創作者讓步；相對於一般員工，他們擁有更高的自主權（自我決定權）。這點恰好說明了前面提及的文化產業矛盾性」。（海默哈夫，2006: 6）雖然如此，經過產業化文化成了商品，使得「凡是能賣錢的無不想辦法加以變賣牟利」的資本主義邏輯突然變得無處不現身，而造成更大的能趨疲壓力。換句話說，連文化這一象徵資本都要被相中而不斷地加碼前進，還有什麼東西可以保留它的固本性或隱身性？而這樣豈不更得把整個世界推向毀滅的邊緣？因此，文化菁英的反彈如果只是不忍文化庸俗化而不一併反文化的被資本主義收編，那麼他們仍然是自外於救渡世界的責任範圍。

可見文化帝國主義和文化企業都是深化的病症，凡是仿效的，在延緩能趨疲的前提下都該極力反對。而這種反對，則是要徹底阻絕式的；否則就會重蹈尋找「替代方案」的惡性循環覆轍。後者，在當今所見的是以兩種形態在磨難著這個不再能「寄以希望」的地球：

> 全球治理體系也反映全球經濟整合不斷深化的現象，近年來已日漸強化。最重要的是，一九九五年關稅暨貿易總協定升格為世界貿易組織，一個不但在貿易方面，而且也在其他領域（如外國投資管道和智慧財產權）積極推動自由化的強大機構。如今世界貿易組織、國際貨幣基金（負責短期融資的取得管道）和世界銀行（負責比較長期的投資），共同成為全球經濟治理體制的核心。（張夏準，〔Ha-Joon Chang〕，2010: 41～42）

> 這些林林總總加起來，顯示當前的世界正逐漸遠離近幾十年來的全球化模式和掙脫羈束的自由市場，反而趨向類似十九世紀的全球化模式（那種關起門來較勁、談生意、神經緊繃的新重商主義時代），它的基礎是野心勃勃的國家政治議題，以及由政府控制的資本移動。（史密克，2009: 51）

這是第一種形態，由西方強權主導的經濟壟斷行動（如世界貿易組織、國際貨幣基金、世界銀行和七大工業國的新重商主義等對世界資源的支配），勢必要把地球的資源吸盡榨乾才會罷手！而其他沒有能力競爭的國家，就只好被剝奪生存權。在這種情況下，我們怎麼可能對地球的未來還抱有一絲絲的希望？換句話說，任何的國際組織都是一個樣：不先行牢牢宰制全世界，最後連「磨難地球」的權利都得拱手讓給別人；而就因為大家都不願放棄對世界的操控，所以這個世界也就不再有什麼希望可說。

> 我不厭其煩地反覆說明這些事，是因為現代社會全力追求成長。每當我們陷入困境，馬上會有佛里曼這種人跳出來告訴我們，必須讓經濟變得更壯大，只要有綠色概念就沒問題……其實真是荒唐，像佛里曼夫婦在華府附近蓋了一棟一萬一千平方英尺的豪宅，佛里曼的太太是全美第二大連鎖購物中心（通用成長房地產公司）的繼承人……就像我說的，真是可笑；可是他所以會有這種想法，有它的脈絡可循。以現代經濟的運作方式來說，任何的經濟停滯都是悲慘事件……如果我們不成長，就付不起先前欠下的大筆債務。所以還是聽雷根的話，把電源打開，讓機器再次轉動。（麥奇本，2011: 131～132）

這是第二種形態，以為既然發展經濟已經「騎虎難下」了，就繼續騎下去，直到被老虎回過頭來吃掉為止。這比第一種形態還可怕，因為它是「鼓舞」全面性的耗用資源而毫不愧恧（或者說麻痺到「不記今世是何世」了），讓人深感一個「同歸於盡」的毀滅時刻就要來臨了！試問我們還能對世界寄予什麼期望？因此，如果所有的文化帝國主義都在仿效第一種形態而想盡辦法主宰支取地球僅剩的資源，以及所有的文化企業都在競學第二種形態竭澤耗空地球一樣僅剩的資源，那麼為了「還要生存」我們一定得通反到底。而這種通反到底，別無更好的途徑，就只能靠文化治療來達成目的。

第三節　文化治療的治療性

縱觀現實中所被採用的治療方式，都不出物質治療和精神治療的範圍。前者是治療生理疾病，後者是治療心理疾病。雖然人的生理和心理會相互影響或相互作用，而使得兩種治療方式經常難以區別效用，尤其是當代流行的「臨終醫療」（日野原重明等，1997），更不知是要治療心理還是治療生理，但它們的存在的確早已成了「正規」的治療模式。縱使如此，這兩種治療方式只能針對「個人」的生理／心理疾病而進行療治；作用僅及個別的生理／心理的復原；至於「集體性」的疾病，它們就無能為力了。而現今人類所造成的人口過多、資源短缺、生態破壞、環境汙染和爭戰陰影等問題，正是這種集體病症的顯現；而它已經無從靠什麼物質性／精神性的治療來使病情痊癒或減輕，必須別為寄望文化治療。

我們知道，物質治療即使有系統的差別（如中西醫療的分治），而精神治療也在跨國流衍中有療效的不同（精神治療大多源於西方社會，有它的特殊背景的需求；而傳至其他社會後就不見得能產生相同的療效）（佐佐木宏幹等，1997；卡斯特〔V. Kast〕，2004；麥塔嘉〔L. McTaggart〕，2006；史區斯特，2007；佩尼，2008），但它們仍不免要被期待來充當現實各種疾病的排除手段。這就不知道人的病症源頭在「觀念」出了問題，以致「窮於治標」的結果就是更加耗費醫療的資源，而依然不見「根治」的效果。而這在文化治療則不然，它要對治的是最深層的觀念病。換句話說，是人的觀念昏矇，才會導致一連串糟蹋生存環境的行動以及反過來噬嚙自己而致百病叢生，而文化治療就是要挽救這種的日漸沉淪！如果列表來顯示各自治療的取向，那麼上述三種治療方式就可以藉此一窺底蘊：

表 3-3-1　物質治療、精神治療和文化治療的差異

方式＼性質	對象	訴求	功能
物質治療	慢性病 傳染病 功能障礙 其他	生理復原	治療／半治療／未能治療
精神治療	憂鬱症 躁鬱症 精神分裂症 其他	心理復原	治療／半治療／未能治療
文化治療	偏執症 短視症 奢靡症 其他	觀念復原	未能治療→半治療→治療

當中物質治療和精神治療的功能只能依違在治療／半治療／未能治療之間，只有文化治療可以從未能治療到半治療到治療一路發展。這是因為要使觀念復原（可以兼為促成生理復原和心理復原），必須經歷「不知改變」到「漸知改變」到「完全改變」的過程；即使最後「完全改變」不一定能實現，也會由於文化治療的「對症下藥」合理而仍舊可以懸為理想目標，寄望有朝一日能夠落實。此外，物質治療和精神治療都會有「治療依賴」而無法徹底根治；而這在文化治療所意示的是觀念的必要改變，整個療程不致有「負作用」，自然就不會發生治療不成而形成「反向拉扯」或「中途抵銷」的遺憾。

當然，文化治療最終也可能真的只能懸為理想目標而枉費籲請者的一番心意。就好比有人只在意「欲望」而不在意「欲望都從那裡生成」：

在我看來，不論是馬爾薩斯和馬克思的爭辯，或是厄立克和賽門的爭辯，都錯失重點。問題不在這個世界人口有多少，還剩下多少桶石油、有多少耕地或有多少水可以使用；問題也不在地球生態系統是否禁得起人類這樣消耗資源。問題是：在最理想的情況，地球能容納多少人？是九十億人，還是九百萬人……如果我們不養大型家畜，改住迷你複合屋，吃基因改造海藻，使用淡化海水來沖馬桶，這樣的地球或許能容納九千億人。要是我們希望住在一個比較原始、自然的

星球，這個地球也許能容納九億人……（史密斯，2011: 310～311）

也就是說，如果世人只在意欲望（不論是「大欲望」還是「小欲望」），那麼憑什麼可以用來支持該欲望也得一併計算，但這顯然是無法再從論者的論述取得證據的。最後該欲望同樣會轉成自掘墳墓（該「小欲望」在有「大欲望」可以對照的前提下，恐怕不會被選定而盡讓「大欲望」促使自己陷入萬劫不復的境地），而完全沒有得著絲毫的文化治療。這就會讓文化治療的治療性形同虛設。

對於這種情況，也許我們該從同情的角度「憫其無知或負隅頑抗」，此外似乎再也沒有別的辦法可以改變它。不過，文化治療既然要上路了，那麼所有「未能治療」的憂慮都可以透過加重宣示的方式，使它「幡然悔改」而如期的看到成效的出現。這是文化治療的治療性在沒有「反向拉扯」或「中途抵銷」的狀況下，所可以自我稱勝的。換句話說，文化治療的治療性是可以累進未能治療的嚴重性來反證它的必要實現，這樣它就能以「直往無悔」的態勢取得終極的效果；而全然不同於物質治療和精神治療的一旦受挫，就必須「適可而止」所受的侷限。

文化治療這一使「觀念復原」的期許，很顯然可以改寫一部醫療史；只是有關它的治療性要「冀其擴大效應」，卻還得有一些配備才行。也就是說，文化治療所要對治的觀念病，不是僅以此一治療性相標榜，就可以「望其實現」，它在某種程度上還要「相機行事」，才知道可進可守的分寸。而這首先要肯定它勢必得如混沌理論所說的「廣為周知見效」。

我們知道，混沌理論這一新物理學所標異的「混沌」，原泛指無序、雜亂狀態的語彙，但在學理上的定義已因十九世紀以來的研究而有了嶄新的意義。日本早稻田大學理工學院教授相澤洋二簡釋混沌為「在數學、物理學方面已經確知它的原理，而仍無法進行預測的現象」。混沌獲此新義而被視為包含大量的信息、耗散能量的重新組合、科學中的深層結構等正面意義。（邱錦榮，1993）換句話說，混沌不再指無序、雜亂，而是更高層級的秩序；它會自我組織成秩序，又會從秩序回復為混沌狀態。從此，混沌被普遍認為是各個系統（包括數學、物理、力學、天文、氣象、生態、生理、社會、經濟和政治等）的宏觀共相；它不但是秩序的先行者，也跟秩序構成互補的關係（反過來說，任何一個紊亂現象的背後，也當有某種秩序的存在）。（葛雷易克〔J. Gleick〕，1991；布瑞格〔J. Briggs〕等，1994）這種關係，無異在預告著秩序的「不確定性」以及混沌的「非恆常性」，彼此都可能在一些變項的介入下，產生互轉或互換的「調節」機能。而所謂「變相的介入」，在混沌理論裡還把它強化為「對初始條件的敏感依賴」。這一點，論者曾經有過這樣的描述和比喻：開始於二十世紀六〇年代的混沌理論的晚近研究逐漸領悟到，相當簡單的數學方程式可以形容像瀑布一樣粗暴難料的系統；只要在開頭輸入小小差異，很快就會造成南轅北轍的結果。例如在天氣現象裡，這可以半開玩笑地解釋為眾所皆知的「蝴蝶效應」（美國麻薩諸塞州的一隻蝴蝶撲搧一下翅膀，可能引起遠在印度次大陸的一次氣象大變化）。（葛雷易克，1991: 12～13）而這在文化治療所要對治的觀念病本身，就可以人類未能凜於能趨疲危機而展開強力的觀念宣導，希望透過蝴蝶效應而發揮廣泛的影響力。

雖然如此，混沌理論對該一「初始條件」究竟如何可能卻沒有一併交代，使得相關的行動少了一個前提依據，而這就有待後出的複雜理論來因應。換句話說，原來「混沌理論告訴你簡單的行為規則能產生極其複雜的變化；但儘管碎形的圖案美麗非凡，混沌理論事實上對生命體系或演化的基本原則談得不多，也沒有解釋從散亂的初始狀態如何自我組織成複雜的整體。更重要的是，混沌理論沒有回答它念念不忘的老問題：宇宙中為何不斷形成結構和秩序」（沃德羅普〔M. M. Waldrop〕，1995: 389），而這就是複雜理論所要加以解決的。它極力彰顯的特點是「走在秩序和混沌邊緣」。論者認為：

> 事實上，所有的複雜理論系統都有一種能力，能使秩序及混亂達到這種特別的平衡。在這個我們稱為「混沌邊緣」的平衡點上，系統的組成分子從來不會真正鎖定在一個位置上；但也從來不會分解開來，融入混亂之中……在混沌邊緣，嶄新的想法及創新的遺傳形態永遠在攻擊現狀，儘管是最警衛森嚴的舊勢力都終將瓦解。在混沌邊緣，美國長達數世紀的奴隸制度和種族隔離，突然就在一九六〇和一九七〇年代向民權運動豎起白旗……也在混沌邊緣，在無數世代中循序漸進

的物種演化，也突然出現大規模的物換星移。（沃德羅普，1995: 389）

這門新學問，打破了從牛頓以來的科學觀念，也吸引了包括獲諾貝爾物理獎的大師、離經叛道的經濟學家、紮馬尾的計算機天才等在內的許多人才「盡瘁於斯」的窮為鑽研。他們的革命性作為，預料將改變許多學門的面貌。特別有啟發性的是，複雜理論應用在經濟學上，改造了舊經濟學理論一貫主張的「負回饋」或「報酬遞減」觀念，而提出「正回饋」或「報酬遞增」的新說法。論者認為正回饋或報酬遞增「能把一些微不足道的偶發意外（例如某人在走廊上剛好撞到誰；車隊恰好在某個地方停留一個晚上；某處正好設立了商棧或義大利鞋匠恰巧移民到某個地方等），擴大成不可扭轉的命運……英國殖民者群集於寒冷、多風暴且多岩石的麻薩諸塞灣沿岸……是因為五月花號迷路了，找不到維吉尼亞作為落腳處，結果就是如此。而他們一旦建立起殖民地，就不會再走回頭路了；沒有人打算把波士頓再搬到其他地方去」；這顯現在經濟領域的，就是「充滿了演化、動亂和意外的」市場不穩定狀態。（沃德羅普，1995: 11～62）

所謂混沌理論的不足處，就是只提到在開頭輸入小差異就會造成蝴蝶效應般的大變化，而無法進一步說明那一變化過程是怎麼可能的。而這在複雜理論中以「偶發」或「意外」的因素來解釋，特別有使人警醒的作用。換句話說，蝴蝶效應的發生，幾乎無法預料；如果我們也像混沌理論的提倡者那般樂觀（認為它一定會發生），那麼難免會錯估形勢而以抱憾收場。（周慶華，2011a:

76～78）而這在文化治療所要對治的觀念病，已經保障了基本的變項，只剩下「誰來推動」及其「如何推動」等中介變項，還有勞複雜理論來對諍激勵。而在我個人所能想到的，是靠小眾傳播連結小眾傳播，以奠定「初始條件」的基礎（倘若是靠大眾傳播，那麼它不但會被詆諆自我也在耗能，而且還大為違背堅決逆能趨疲的初衷）。也就是說，從個別的人影響起，然後各自透過言語和行動以展現觀念復原的狀態，時間久了，自然會逐漸普遍化。

上述這一蘄嚮，已經有「小世界理論」可以讓我們參酌推演。該理論試圖標榜「在無秩序的複雜中找出有意義的簡單性」，並且以一個連結經驗來開啟新聲：

在一九七〇年代，美國心理學家米爾格蘭曾經想要描繪一個連結人和社區的人際聯繫網。他在內布斯加州及堪薩斯州隨機選出一些人，寄信給他們。在信中麻煩他們把信轉寄給他在波士頓的一位股票經紀人朋友，但並沒有給他們那位朋友的地址。為了轉寄這封信，他請他們只能把信寄給他們認識的某個朋友，而這個收件人是他們認為在人脈上可能比較「接近」那位股票交易員的人。大多數的信最後都到了他朋友的手中，而且遠遠出人意料的是，這些信並沒有經過上百次的轉寄，而是只轉寄了約莫六次。（布侃南〔M. Buchanan〕，2004: 19）

所謂的對治觀念病，大致上就是取這類精義試著去勉作連結，而無從進一步發想能引起什麼波瀾壯闊的效應，畢竟它是要在謹守非耗能的原則下來推動的，任何「大張旗鼓」的傳播舉動都有失分寸，而這也就是文化治療的治療性的最後一個配備。

第四節　文化治療可以拯救什麼

以文化治療作為拯救世界的手段，它的優越處是可以從未能治療→半治療→治療一路發展；這是因為要使觀念復原，所以必須經歷「不知改變」到「漸知改變」到「完全改變」的過程（詳見前節）。而在這個前提下，我們就能進一步來思考：文化治療可以挽救地球什麼？

雖然說文化治療是為使出了問題的觀念復原，但有關實際出了問題的觀念究竟所分布的範圍有多廣卻還有待細為分疏，才知道這一新治療方案並非空泛無當。而這首先可以從釜底抽薪予以對治奔赴而來現實界的「強至」或「搶至」的觀念。依宗教學普遍的看法，人死靈體不滅（崔默〔W. C. Tremmel〕，2000；克魯格〔J. S. Kruger〕等，2000；詹姆斯〔W. James〕，2004；呂大吉主編，1993；羅竹風主編，2001），而不滅的靈體又有可能轉生現實界（如佛教所示），以致在地球這一相對封閉的系統內「生生相續」就變成一種常態；而這種常態在質能不滅（熱力學第一定律）的類比下，現實界人口多了，神祕界的純靈體自然就少了，從而造成兩界的失衡。而兩界失衡的結果，無異就是耗能太快以及災難不斷。後者（指災難不斷），是說當神祕界比現實界要具有主導權時，就有可能發動大小不一的災難以為警示，並試圖恢復局部的平衡。（周慶華，2011a: 89～106）至於前者（指耗能太快），則是最令人擔憂而得極力去克服的一件大事。因此，如果不必有神祕界的警示，人類就能自動展現「無所幸福」的姿態，那麼也就不會再有過多的靈體要來現實界「倖博一世的福分」而參與耗能的行列。而這樣也形同間接啟發了現實中的人，自己的肉體消失後，不致隨便「乘願再來」或夥同他人「乘興強來」而繼續耗能下去。好比下面這段話所指陳的：

> 近一世紀以來，人口不斷增加，生產不斷飆升，人類對自然界的開發和影響也不斷在擴大；而這種擴大往往又是在不加限制、不講求科學的情況下進行。於是自然環境遭受破壞，自然生態失去平衡，自然災害的發生趨於頻繁。大範圍的開山造田、濫伐森林、開築道路，均改變了原有的環境，導致水土流失，甚至氣候失調，一遇暴雨，就出現大規模的洪水、山崩和土石流。再如草原大面積過度放牧，終致造成沙漠化，進而風沙為虐，危及鄰近的農業、交通和人類安全。（波頓〔I. Burton〕等，2010：中譯導讀 xi）

這就是被誘引的生靈競赴現實界貪享福分的後遺症。換句話說，今天世界人口如果不是超載，那麼所有的強開發和大禍害就不可能發生；而一旦世界人口擠爆了，要大家不去多耗能和免災難，就幾乎是天方夜譚！因此，從根源上啟導生靈「地球不再美好」而阻絕生靈絡繹奔會，冀能在「兩界互動」中恆久生效，也就成了文化治療所能拯救地球最見力道的地方。

其次可以從門面切入，予以對治在世必要「多攬福分」的觀念。放眼看去，在芸芸眾生中，有人富貴通達；有人窮愁潦倒。此外，還有人高智機巧；也有人愚魯鈍拙，總是並非一個樣。而這不一個樣，又常激起富貴通達和高智機巧的人，為了保有存在優勢而想更加多攬福分（高智機巧多為富貴通達的重要憑藉，仍然屬於福分的範疇）；而窮愁潦倒和愚魯鈍拙的人，也不禁要仿效富貴通達和高智機巧的人而對福分有所覬覦和奢望，終於促成大家競相在耗能而沒有明天的惡性循環！也正因為大家不知道或不願意堅守清貧的可貴，而積極於開發財富以為多攬福分，所以後果就是如今生存環境愈見窘迫而能趨疲壓力日漸升高。雖然財富這種福分除了是生存必須的（交易）媒介，最重要的是它能使人連帶的獲得名譽、榮耀、地位和權利等好處（黃紹倫編，1992: 250～253）；但在世俗中，財富所等同於名譽、榮耀、地位和權力的，勢必是要愈多才能愈顯示這些抽象的東西，以致追求財富就會無止無盡。（周慶華，1997a: 86）然而，我們的存活空間卻像個無法這般死命競爭的群落：

> 群落乃是根據統一生物複合體的生物組成劃分而來的任一單元。凡是生物成分相當一致的，無論範圍大小，全歸同一群落，而以生物成分顯然或急速變化的所在

> 為它的限界。群落觀念是來自一定範圍內存在的生物相互組合而成的群體；只是它在構造上和生物組成分子類別的一致情形上，必須達到一定的程度。但一切生育環境因素和群落本身生物組成分子的種類和數量，都隨空間和時間而有所變化；而且這種種變化還有緩急的差別。（李亮恭主編，1974: 472）

在這個群落裡，我們理應是相需相索或相互依賴，甚至相依為命的（周慶華，2003: 88），實在禁不起有人獨攬太多財富而危及到整體群落的和諧和均勻的福祉。更何況有人考察出來人類文明的發展，有一條網路關聯的軌跡：

> 在我們看來，網路就是一組串聯人和人的連結，有著各種的形式：偶遇、親緣、信仰、競爭、敵對、經濟交易、生態依存、政治合作，甚至軍備競賽。在種種關係中，人們都在交換資訊，並利用所得的資訊來引導未來行為。除了資訊，我們還傳播或交換有用的技術、物品、作物、想法，不一而足。我們甚至無意間地交換了有害的疾病和無用的事物，影響到我們的生死。資訊、物品、病害的交換和散布，以及人類的回應，正是形塑歷史的動力。（麥克尼爾〔J. R. McNeill〕等，2007: 13）

這縱使沒有把內部競爭所可能的額外耗能算進去，但大體上（無意中）規模了每個人不逾越分寸以圖謀「永續經營」的法則。換句話說，為了群落的和諧或許只是純粹基於「生物」的共同生存權利；而為了永續經營，則是考慮到人因有特殊智能而得率先來維護群落的和諧於不墜。因此，從切近的面向上開導人類放棄非分財富的奢求，而還給群落社會近於自然的存在狀態，也不啻成了文化治療所能拯救地球的遠見卓識的所在。

再次可以從廣角著眼予以對治政治的權謀或無度照顧「全民福利」的觀念。當今的政治人物普遍為了討好民眾，無不卯足了勁在「力拚經濟」，彷彿不能顧好民眾的肚子或保障民眾的物質生活無虞，就會危及他們的政治前途。殊不知這全出於權謀而不是什麼慈悲善念；而它看來似乎是無度照顧全民福利的飾詞背後，則是忽略了生靈的貪念和奔競心（見前），彼此宛如軋在一灘泥淖裡而不得脫身。換句話說，一個有永續經營地球理念的人，不一定要在政治上「力求表現」；而凡是嘗試攀援政治的人，也勢必避免不了權利的誘惑，結果都要以謀全民福祉為幌子，競相耗能以維持一個方便他們「遂行所欲」的榮景。這對前面兩種觀念還沒有得到矯治前來說，無異又迫使能趨疲更為「雪上加霜」。而推論開來，所有為謀人類福利的泛政治作為，也是同一行徑、甚至更令人怵目驚心！如從十九世紀以來，西方人的狂為發明器物就是最明顯的例子：

> 十九世紀的偉大創新是：發明如何發明……此外，十九世紀對所有促使創新成功

誕生的原則，都深信不疑……結果十九世紀製造出一系列令人吃驚、破壞文化的發明：電報、電話、攝影、電影、電燈、火箭、X光、聽診器、打字機、留聲機、火車頭、蒸汽船、左輪手槍、海底電纜、輪轉印刷機；更不用說還有食品罐頭、一分錢報、現代雜誌、廣告公司、現代官僚體制，甚至還有安全別針……歷史告訴我們，進步既不是自然的，也不是嵌在歷史的脈絡中……我們必須創造自己的未來，要歷史順服於我們的意志。（波斯曼〔N. Postman〕，2000: 44～46）

這些自我稱勝的發明，進入二十世紀、甚至二十一世紀，更不知凡幾；而它無不是一邊假借造福人類、一邊從中謀利，從而把世界帶到一個「高度運轉」卻又不敢確定「前景何在」的境地。因此，從一般政治到所有泛政治所見的「唯恐大家不幸福」的半偽信條，已經大為加速耗能的步伐而得廣為緩和，才能保證我們還有下個世紀可以安渡；而這顯然是文化治療所能致力，而使得拯救地球一事不再流於空談。

此外，對於古來已經存在而於今為烈的社會福利事業只會強化戀世耗能的觀念，文化治療也同樣可以加以對治而促使它自動消失於無形。我們知道，中國古代就有可觀的社會福利的構想，如《禮記・禮運》所說的：

大道之行也，天下為公。選賢與能，講信脩睦。故人不獨親其親，不獨子其子；使老有所終，壯有所用，幼有所長，鰥寡孤獨廢疾者皆有所養。男有分，女有歸。貨惡其棄於地也，不必藏於己；力惡其不出於身也，不必為己。是故謀閉而不興，盜竊亂賊而不作。故外戶而不閉，是謂大同。（孔穎達等，1982: 413）

但它並未在現實中徹底的實踐過，還難以估計可能的風險。有人認為西方的「福利國家」於第二次世界大戰後興起以來（英國是首倡國），反而實現了中國傳統上所謂的「大同社會」的理想。（多里翁〔G. Dorion〕等，1992；林萬億，1994；張世雄，1996）這並不無道理，但仔細分辨，當中仍有一些問題未被正視。如社會福利的「國家化」，固然比較有效的統籌分配資源，但它的侵犯人的私領域，不能盡符公平正義原則，以及容易養成人的「依賴」和「蠹耗」習慣等弊病，都無法有效的防範，最後難免要拖垮國家財政，而造成另一種社會風險或不安全感。又如這類福利的倡導或相關政策的訂定，都只著眼在「現世」的需求。舉凡兒童的教養、老人的安養、疾病的醫療、殘障的照護、急難／災害的救助、貧困／失業的補貼等等，無不以各自的「這一生」或「現時況」為考量依據（古允文等譯，1988；周震歐主編，1992；林顯宗等，1995；鄭麗嬌主編，1995；楊孝濚，1999；阮玉梅等，1999；江亮演等，2001），根本忽視了「生生相續」的前因後果，以致常顯白費或虛擲。再說社會中人所以需要這類福利的「照顧」，往往是源於政治的不公、社會的不義、人心的貪婪、科技的遺害等因素；不解決這些（不公、不義、貪婪、遺害等）問題，貿然的投入，一定會事倍功半（偶爾有一點成效，也僅止於治標部分）。（周慶華，2002a: 233～234）那麼是不是要改走另外一些人所主張的「市場化」的社會福利路線？這種路線是針對福利國家的不滿而提倡的：

隨著經濟與政治條件的轉變，使得福利國家面臨到「需要管理」的危機，而相繼地浮現各項福利國家危機，致使（二十世紀）八〇年代的英國柴契爾與美國雷根保守主義政府，開始大幅度地修改以往擴張性的公共政策，而改採貨幣學派的經濟理念與政策。也就是宣告一個「反福利主義」的後福利國家時代的來臨……此外，新保守主義主要還是從道德性的論述出發，一方面譴責了福利國家的不當干預；另一方面則是凸顯家庭、社區、教區、鄰里以及各類互助群體的責任，致使國家的角色被轉換成為穩定家庭結構和「恢復」其功能的威權道德國家。連帶的市場化、再私有化（民營化）、志願化、地方化、社區化以及家庭化，就成為其相與因應的對策運用，這其中自然包括了宗教自願部門的再興……這使得宗教性和其他世俗性福利服務所扮演的職能，再度從殘餘、填補的角色中，轉變成為福利多元主義中重要的參與者。（王順民，1999: 23）

但這種任由大家自由行使的福利取向，所要面對最大的挑戰是資源的浪費（也就是各福利團體之間以及各福利團體和政府之間，常重疊的在支出或挹注相關的資源），同時也未必會更有成效（因為各福利團體為了爭取大眾的依賴和廣播聲譽，彼此之間難免相互排擠、爭奪、甚至仇視，而造成政府「輔導」、「整合」的困難以及民眾在「迎拒」上的兩難抉擇）。此外，它也不保證能解決福利國家所遺留的但顧現世和眾多掣肘等問題（如前面所述）。就以許多人所津津樂道的現代宗教所積極從事的社會服務為例，它常被認為對社會的改革和對眾生的救贖或渡化具有莫大的功能：

宗教在社會中所完成的最後一個非常重要的功能是，它作為一種福利機構為社會提供服務。在十九世紀，宗教群體建立了孤兒院和聾啞人、盲人、低能兒的學校，收養兒童，為家庭提供服務以及開辦各種醫院和福利機構等。凱恩斯指出，各基督教派在推進監獄改革、取消奴隸制、人道主義地處理各種心理疾病，以及在工業革命初期改善工廠工人的勞動條件等方面，都發揮了重要的作用。直到今天，許多聯合基金會，包括許多組織的聯合機構，都還保持著前宗教的名稱，或者依然由宗教機構來管理。（約翰斯通〔R. L. Johnstone〕，1991: 410～411）

從整個宗教的功能來看，在靜態方面，它從事的是人類心靈的改造工作；在動態方面，則是宗教組織集合群眾的力量，對社會所作的一種回饋。這種動態的作為，通常表現在對社會服務的積極參與上。也就是說，宗教人士已經從寺廟、教會內的清修或禱告等純宗教性活動中走出來，他們基於宗教教義的啟示與犧牲奉獻的精神，來關愛這個社會。因此，在選擇對社會眾生的救贖或渡化的神聖使命時，社會服務往往就是他們具體實踐的主要方式。（行政院內政部編，1995: 342）

這說的應當有經驗基礎，只是這種社會服務，往往搭配著教義的宣揚、信徒的招攬和宗教聲望的籲求等動機及作為，並非純粹為了「福利眾生」而已。而問題也就出在這裡：首先是這終將演變成宗教內部不同教派的相互競爭：一方面爭社會資源；一方面爭社會地位。而所爭的社會資源和社會地位又成正比，也就是誰能吸取較多的社會資源，誰就擁有較高的社會地位；倒過來說，誰擁有較高的社會地位，誰就能吸取較多的社會資源。導致宗教內部各教派始終在明爭暗鬥，彼此都不願意「放下身段」來協商合作或進取的方案。這樣一來，社會只是宗教中各教派「相互較勁」的場域，表面所從事的社會福利事業的「善行」，終於抵不過內部彼此相互爭鬥所帶來的「憂患」。其次是宗教從事社會福利事業所需的資源全來自社會，它跟政府從事社會福利事業所需的資源也全來自社會是一樣的，以致經常形成「重疊」而雙重浪費的現象。換句話說，整體官僚的設計，原就是要他們從事相關的社會福利事業，現在大家的稅金照繳而官僚卻少做事了（或做了效率不彰），卻讓宗教再度吸取資金（變相的稅收）而部分支付工作人員的費用、部分用來造福社會。顯然原先期待於官僚去做事所付出的金錢「白花」了，又加上多支付了宗教所委託的工作人員的費用，這豈不是財力上的雙重浪費？至於在整個過程中所投入的人力和物力，也跟財力相似都加倍的虛擲了。再次是宗教所以要從事社會福利事業，在相當程度上是要走「信徒取向」的傳教方式，也就是信徒需要什麼，宗教就提供什麼，讓信徒直接或間接感受到該社會福利事業的可欣賞或溫馨面。可是它卻忽略了信徒所以要贊助宗教（讓它可以從事社會福利事業），大多只是為了宗教所提供的某些「福佑」或「赦罪」的保障，而無法顧及信徒在贊助的過程中是如何的得到他用來贊助的財物，使得宗教所取得的很可能是「不義之財」，而它無意中縱容或暗示信徒可以「不擇手段」的賺取財物以為奉獻，也將無從免除一場信徒奔競於搜尋財物的「惡性循環」劫難。（周慶華，1999: 65～67）如有人曾發現臺灣有些教派以「老鼠會」的方式，經營它的社會福利事業而享譽國內外（相對的它也搶走了其他教派的鋒芒），卻無法譴責那些帶頭汙染環境、破壞生態而有大筆捐款的企業主；或者只能連帶呼籲或廣造樹林或資源回收，而不敢力勸相關業界或大家少製造、使用非必須的家具、紙張以及大量減去非必要的食品（不然就會遭受業界或相關人士的抗議，而蒙受「妨礙經濟發展」的罪名）等等，就知道上面所說的不假。（行政院內政部編，1995: 57～77；佛光山文教基金會主編，1996a: 1～32；周慶華，1999: 67）還有政府日漸加強「宣導」宗教要對社會負起利生的責任，卻缺乏於檢討本身所該負起的利生工作是否確實，有意轉移目標且無心改善資源重複浪費的企圖也很明顯，這就毋須多說了。而從以上這點來看，有人所作的這類論述就顯得過於簡化問題了：「宗教組織興辦社會福利事業，如義診、賑災、救難、濟貧等已有幾千年歷史，它的出發點無非在於發揚並實踐行善、助人、服務、奉獻的教義。但是它的作為也同時引發教徒、信眾為積德、祈福、贖罪、求永生、贊助寺廟教會做善事的回應，相輔相成，得以持續從事公益慈善活動，不斷反哺社會」（行政院內政部編，1995: 343）、「社會捐獻給宗教，宗教或再捐獻給公益團體，或辦教育、社會事業，為促進社會進步、繁榮的樞紐」。（佛光山文教基金會主編，1996b: 16）這對於宗教內部各教派的爭鬥、官僚的偷懶和信徒的奔競心等全未涉及，顯然略去了許多環節。像被認為比較能「中立」進取的宗教團體在從事社會服務時都這樣「弊病叢生」，何況是其他的利益團體？（周慶華，2002a: 236～239）可見社會福利愈積極，戀世耗能就愈不可自拔，以致文化治療就可以在這個層面派上用場，而有助於地球的救渡。

文化治療所要對治會危及世界存在的觀念病，如上所述已經散化為諸多層面，包括主脈的奔赴而來現實界的「強至」或「搶至」的觀念，以及分屬的在世必要「多攬福分」的觀念、政治的權謀或無度照顧「全民福利」的觀念和社會福利事業只會強化戀世耗能的觀念等，這些都有待實際的矯正。而可預期的結果是，生靈「強至」或「搶至」少了；而沒有可比較的情境或可競爭的機會，也就不必多攬福分和依賴政治力或社會機構的福利加被。這當中會給人致疑的空間，毋乃是如果大家都不來現實界，那豈不造成另一種生態不平衡？對於這個問題，從兩方面看顯然不大可能發生：第一，文化治療不可能一次見功，它一定會經歷很久的時間才「逐漸生效」，所以「強至」或「搶至」的情況只會漸減而不會終止。第二，靈界自有裁奪機制，而不致任由兩界反向嚴重失衡；因此我們只可能對生靈還可以擁有的部分自由意志進行勸導，而無法必定他們不再穿梭兩界。這樣如果現世的福分或福利事業還有必要，那麼它就得是因應能趨疲危機而低度採取或謹慎從事，以確保地球可以永續經營。

第四章　一個通識觀點的文化治療方案

第一節　文化治療的文化性

既然文化治療可以從對治「奔赴而來現實界的『強至』或『搶至』的觀念」、「在世必要『多攬福分』的觀念」、「政治的權謀或無度照顧『全民福利』的觀念」和「社會福利事業只會強化戀世耗能的觀念」等來拯救世界，那麼作為整個拯救手段的文化治療的「文化性」，也就必須提出來特加討論，以便能夠知道它「究竟是如何發揮功能」的。換句話說，前面只提到文化治療所可以「發揮功能」的地方，而還未論及文化治療是「如何發揮功能」的；以致接著談論文化治療的文化性，就正好是邏輯或內在理路所需。

從字面來看，很明顯文化治療是以「文化」作為治療的媒介，但文化到底有什麼「本事」可以擔任這種重責，卻得針對文化的文化性予以交代。所謂的文化性，是指文化的治療功能性；它必須經過一個中性義的界定到對治觀念病的價值義的轉折，才能顯出這一治療的可期待的「必然性」或「必要性」。前者（指中性義），是屬於基本的限定（為避免因歧義而無法操作）；後者（指價值義），是屬於附加的限定（為可以轉發揮應有或內具的功能）。至於從實然的中性義到應然的價值義的轉折如何可能的問題，則可以「論述取徑」本就無法略去非中性的賦義（也就是所謂的「實然」性實則是貌似而非實情）來回應（周慶華，2004b；2007a；2011b），而將上述的轉義說自我予以放行（他人如果不同意，那麼可以再自行另立一套論述）。

那麼文化治療的文化性究竟是如何或要怎樣復原觀念功能的？這必須從文化本身可賦義的部分談起。文化，就中文來說，所可考的是從《周易》賁卦彖辭「觀乎天文以察時變，關乎人文以化成天下」（孔穎達，1982a: 62）截取而來，有人治教化的意思；而《周易》後《說苑・指武》所說的「凡武之興，為不服也；文化不改，然後加誅」（劉向，1988: 1913）和王融〈三月三日曲水詩序〉所說的「設神理以景俗，敷文化以柔遠」（李善等，1979: 866）以及束晳〈補亡〉詩所說的「文化內輯，武功外悠」（同上，355）等，也都是同一個旨意。顯然這跟當代來自西方已經具有統稱人類創造表現的文化觀念有所不同。以英文來說，文化的動詞culture，源於動字colere，原為耕耘種植的意思，相傳是西塞羅（Cicero）率先使用它，也有居住的意思；還有維持、照管、保護、行禮和尊重的意思。而文化的名詞cultura，也是西塞羅開始使用，有耕耘、栽培和修理農作物的意思。後來西塞羅又寓意的使用它為理智和道德的修習，並有注意、授課和禮敬的意思。（趙雅博，1975: 3）一八七一年，泰勒（E. B. Tylor）重新為文化下定義，說文化是一種複雜叢結的全體；這種複雜叢結的全體，包括知識、信仰、藝術、法律、道德和風俗，以及任何其他的人所獲得的才能和習慣等。（殷海光，1979: 31引）從此為西方樹立了一個新概念的里程碑，吸引許多人前來討論發揮；但也因此文化的「新生」概念，就在愈被討論發揮中愈顯歧義（簡克斯〔C. Jenks〕，1998；巴克，2004；李威斯〔J. Lewis〕，2005），以致大家得把文化視為「是一個複雜的且尚處爭議中的詞彙，因為文化的概念並非再現一個獨立於客體世界的實體。相反地，文化最好理解為一個流動的符徵，這個符徵可以為人類的活動產生特定的和多元的論述方式，因為人類活動的目的極多元。也就是說，文化的概念是一項工具，讓我們用以作為一種生活形式來說，這個工具或多或少具有用處，而且它的用途和意義也持續地在改變中，正如思想家們希望能在文化的概念中去：『探討』出不同的事物」（巴克，2007: 62），此外似乎就沒有可以再予致思的餘地了。

但又不然！文化仍是一個「人在限定」的概念，只要限定本身沒有自我矛盾、不相干和循環論證等「沒說什麼」的情況，基本上就擁有「合法性」（至於「合理性」，則要看它可被接受度而定），而都可以進駐「定義文化」的行列去被議論。因此，如果我們不滿意先前那些文化定義而要再別取另一種文化定義，也是使得的。而這在本脈絡所考慮的，乃基於「布局」的需要，文化得將它從「旨趣不定」的情境中轉向限定它的用法，而依然保有它不可被取代的可期待值的「作為一個最高精神的滲透實力」。（周慶華，2010: 65）這個限定，不採「文化是整體的生活方式」（巴克，2007: 97）這類較寬泛的說詞，而是把它當作是人類展現創造力的歷程和結果的整體（而有別於純天然的存在狀態）。如有一個由比利時學者賴醉葉（J. Ladrière）所提出和臺灣學者沈清松所增補的文化定義所說的：

文化是一個歷史性的生活團體（也就是其成員在時間中共同成長發展的團體）表現其創造力的歷程和結果的整體，當中包含了終極信仰、觀念系統、規範系統、表現系統和行動系統。（沈清松，1986a: 24）

這經過我個人多方的評估，遠比其他的文化定義要有「可操作」性而可以優先採納（在這種有得「援用」的情況下，也就不必再重新界定）。而該整體所包含的五個次系統，則為終極信仰是指一個歷史性的生活團體的成員由於對人生和世界的究竟意義的終極關懷，而將自己的生命所投向的最後根基；如希伯來民族和基督教的終極信仰是投向一個有位格的造物主，而漢民族所認定的天、天帝、天神、道、理等等也表現了漢民族的終極信仰。觀念系統是指一個歷史性的生活團體的成員認識自己和世界的方式，並由此而產生一套認知體系和一套延續並發展他們的認知體系的方法；如神話、傳說以及各種程度的知識和各種哲學思想等都是屬於觀念系統，而科學以作為一種精神、方法和研究成果來說，也都是屬於觀念系統的構成因素。規範系統是指一個歷史性的生活團體的成員，依據他們的終極信仰和自己對自身及對世界的瞭解而制定的一套行為規範，並依據這些規範而產生一套行為模式；如倫理、道德（及宗教儀軌）等等。表現系統是指一個歷史性的生活團體的成員，用一種感性的方式來表現他們的終極信仰、觀念系統和規範系統等，因而產生了各種文學和藝術作品。行動系統是指一個歷史性的生活團體的成員，對於自然和人群所採取的開發和管理的全套辦法；如自然技術（開發自然、控制自然和利用自然等的技術）和管理技術（就是社會技術或社會工程，當中包含政治、經濟和社會等三部分：政治涉及權力的構成和分配；經濟涉及生產財和消費財的製造和分配；社會涉及群體的整合、發展和變遷以及社會福利等問題）等。（沈清松，1986a: 24～29）

雖然如此，上述的設定並不是沒有問題。如（順著所援引論者的說詞來看）五個次系統既分立又有交涉，要將它們並排卻又嫌彼此略存先後順序，總是不十分容易予以定位；又如表現系統所要表達的除了終極信仰、觀念系統和規範系統等等，此外當還有呈現它自身，也就是由技巧安排所形成的一種美感特色，而這都在一個「表現」（將終極信仰、觀念系統和規範系統現出表面來或表達出來）概念下被抹煞或被擱置了。（周慶華，1997b: 74～75）縱是如此，這個設定所涵蓋的五個次系統作為一個解釋所需的概念架構，卻有相當的實用性，所以這裡也就不捨得放棄了。而從相對的立場來說，這比常被提及或被引用的另一種包含理念層、制度層和器物層等的文化設定（汪琪，1984；傅佩榮，1989；李宗桂，1992）或包含精神面和物質面等的文化設定（史美舍〔N. J. Smelser〕，1991；黃文山，1986；邵玉銘編，1994），更能說明文化世界的內在機能和運作情況。而它跟不專門標榜「物質進步主義」意義下的文明概念（湯恩比〔A. J. Toynbee〕，1984；史賓格勒〔O. Spengler〕，1985；杭亭頓〔S. P. Huntington〕，1997），是相通的。也就是說，文化和一般

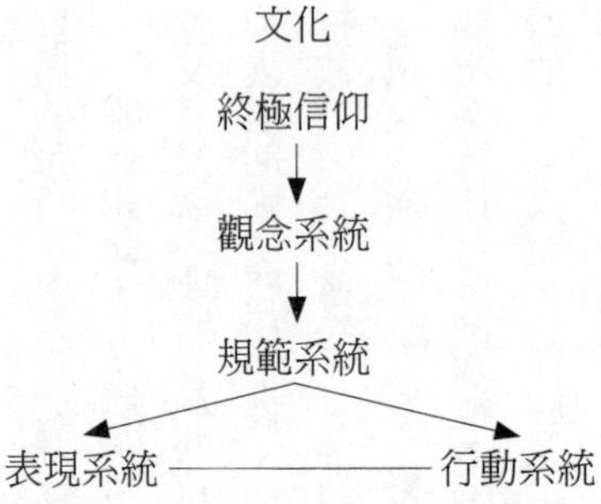

圖 4-1-1　文化五個次系統關係圖

廣義的文明沒有分別，彼此可以變換為用。而這倘若真要勉為理出一個「規制」化的系統來，那麼重新把這五個次系統「整編」一下，它們彼此就暫且可以形成一個像圖 4-1-1 這樣的關係圖。（周慶華：2007a: 184）

當中終極信仰是最優位的，它塑造出了觀念系統，而觀念系統再演化出了規範系統；至於表現系統和行動系統，則分別上承規範系統／觀念系統／終極信仰等（按：表現系統和行動系統之間並無「誰承誰」的情況；但它們可以互通（所以用虛線來連接）。如「政治可以藝術化」而「文學也會受政治／經濟／社會影響之類」）。這看來就「眉目清晰」多了；而隨後所要據以為論述相關的課題，也因為它「已經就序」而不難一一取得對應。（周慶華，2007a: 182～185）所謂的文化性，也就是從這裡發端。它先經過概念的限定，而後就以這一限定來展開它所能發揮的治療功能。

話是這麼說，實際上所謂「所能發揮的治療功能」，是要讓它變成一種「及身性」兼可以「跨域性」。前者（指及

圖 4-1-2　文化性的治療功能圖

身性），是源於自我觀念出了問題的，而必須藉他者觀念來矯正；而後者（指跨域性），則是源於自我觀念沒有問題的，就得勇於跨域搜尋糾彈對象，而促使對方復原，二者在理論上是一體的兩面。如圖 4-1-2 所示。

這是說文化治療的及身性就是在文化治療的跨域性中存在，而文化治療的跨域性最終也成就了文化治療的及身性，彼此是換立場而各別說的，其實二者旨意是一致的。

由此可見，文化治療的文化性，可以顯現在三個方面：第一，從文化性的文化語義到它的可治療性的轉折，就在它「要不要進趨」或「轉向進趨」而讓整體表現的負面效應趨緩，甚至消弭於無形。第二是文化五個次系統的關鍵在觀念系統（背後自然是終極信仰；只是得在觀念系統形成後，才有其他次系統「實踐」的基礎），它要被據為改造其他次系統以顯示「觀念」的主體能動性。而這在同一文化系統有「出了問題」的，就得重新詮釋調整該次系統中的觀念系統，以便自我了結；而這在同一文化系統原「沒有問題」的，也得重新強化彰顯該次系統中的觀念系統，以便齊匯益世。第三，其他幾個次系統的跨域交纏後「更見混亂」現象的澄清，一方面要得力於「系統別義」功能的發揮；一方面則要針對世局「如何善了」的課題強為介入分辨的行列。前二者是策略擬定及其施行途徑的規劃；後者則是文化修為的慎為選擇，合為一個可以深為寄望的文化治療的方案。（周慶華，2010: 68～69）

第二節　從專精觀點到通識觀點

由於總有或總要有一種文化可以來拯救地球，所以才逕稱這種拯救行動為文化治療。而這在找尋治療的對象上，則是以通識觀點為發掘人類的「得所需」和「得所棄」，從而溯及源頭予以對治而使觀念復原。換句話說，正因為有人類要生存的前提，所以才找到妨礙人類生存的變數，然後整體權衡利弊得失而啟示出路。因此，在這個過程，通識觀點就成了必要的條件。

通常人類社會出了問題或生存環境極端窘迫，大家普遍都以專精觀點去找「弊端」而加以對症下藥。這種專精觀點，自有專業經驗作為背景，但它經常「見樹不見林」或「只照隅隙」，根本無助於大局的推移變遷或改善出新。而這不妨從幾個例子談起（第一個例子近於笑話，僅作為引子）：

一位學識良好的醫生，他發表了一項舉世聞名的宣言說，人不可能有「意識」

這種東西，因為他已經解剖了許多人體，而從來沒有發現過人有意識。（波謙斯基〔J. M. Bocheński〕，1987: 57）

（一個曾駐尚比亞負責改革計劃的聯合國官員衛爾說過的故事）當訪問團到「貝尼市」南方的部落參觀時，對於當地人能擁有乾淨、現代化的茅坑廁所，印象深刻。那些廁所都是因改革計劃而增建。大家趨前近瞧，原來只有酋長的廁所曾依照「規定的用途」方便過，其他人的廁所統統變更用途，成為雞圈。畢竟農人最需要的是防止蛇、鼠侵襲家禽的地方，這遠比擁有美觀的衛生設備重要多了。（黃漢耀，1991: 11）

流行歌手史汀，為解救亞馬遜雨林，曾於一九八〇年代積極奔走，不斷為當地的卡雅布族印地安人爭取保存他們生活方式的權益而努力。最後終於如願以償，巴西總統同意設立印地安保留區，於一九九一年授予該部族約兩萬五千平方英里的受保護區域。然而，此項協議一達成後，卡雅布族諸酋長卻開始和採礦及伐木公司進行交易，並從中賺進數百萬元的財富；但這些錢據說是花在房子、車子和飛機上，用於村民身上的卻是少之又少。（費爾恩〔N. Fearn〕，2003: 27）

一九七五年，世界重量級拳擊冠軍阿里把轉播他拳擊賽的阿依達霍爾劇場的門票提高一美元作為捐款，將這些捐款獻給了在非洲的鑽井工程。因為當時非洲的中西部連年乾旱，許多游牧民族都為飢餓和乾渴而困擾。在西非獅子山中部挖掘的一口井，的確為保護迫於乾旱南下而來的幾千名牧民和他們的家畜發揮了很大的作用。當然，阿里的善意也受到人們的讚揚。但幾年以後卻發生了意想不到的問題，很多游牧民族定居在水井周圍，並飼養家畜，所以水井方圓三十公里內的草木都被吃得精光。因此，在被綠蔭覆蓋的獅子山中部出現了一塊圓圓光禿禿的地方，形成了來自撒哈拉大沙漠的熱風吹向大海的通道。通道兩側原本濕潤茂密的樹林也變得乾枯稀疏，北部本來就稀疏的樹林地帶竟成了沙漠。阿里本想拯救為飢餓和乾渴而痛苦的人們，結果卻事與願違，造成了更為嚴重的自然破壞。（堺屋太一，1996: 200）

第一則中那位深具科學知識的醫生，有文學家的幽默，卻傷了哲學家和宗教學家的心。哲學家在建構知識論的過程中，一定會先肯定意識的存在；而宗教學家在思考人所以能仰體上帝的旨意時，也得先聯想到上帝造人也一併把意識賦給了他。但這一切卻被一個「科學至上」的信徒弄擰了，也為人間增添一樁「無知而強以為知」的遺憾事。（周慶華，2008a: 11）而由這從「狹隘」的視野出發，一定無法感知周遭環境的變化和可能的人為破壞（更別說能想及因應的對策）。第二則中，聯合國為尚比亞部落增建現代化廁所的「善心」表現的背後，隱藏著外界對當地風俗民情的高度陌生和策劃整個行動的先進國家的支配企圖。前者，源於不知科學信念有地域的限制；後者，源於科技強國的普同幻想和對弱國的宰制潛質（以現代化廁所的增建來說，如果它真的「普遍化」了，那麼接著而來的就是所在國必須長期依賴先進國家的原料供應、技術輸入和維修服務）。因此，強力支配者和甘願被支配者，在這裡都顯現了某種程度的無知。而這種無知，可能就是許多（人為）災難的根源。（同上，12）而依此推測，所有導致破壞生態的舉動，也都是根源這種一廂情願式的「強為文明」化；殊不知文明愈普遍或愈深化，生態破壞就愈劇烈，人類也愈無從在地球上安居。至於第三則中；歌手史汀沒有詳察在保護亞馬遜雨林、還給原住民生活的權益背後，所存在的遭人算計的陰謀；而第四則中拳王阿里未能評估贊助非洲鑽井工程的恆久效益，而造成無法補救的生態環境的破壞，二者明顯都出現了道德的反效果而大為抵銷當初的美意。（周慶華，2007b: 73）這也不禁讓人聯想到許多無知或大意鑄成大錯而彌補不了生態環境所遭受的傷害，原來背後都少了通識的靈敏度（才會那麼容易或浮濫「施捨愛心」，而搞出令人怵目驚心的反善舉的行動）。

以上都類似以專精觀點在看待事物，甚至遇病就「頭痛醫頭，腳痛醫腳」而無力把病源根除。此外，對於個人的安危問題，普遍也都只見眼前的危殆而忽略了其他更具潛在性的威脅。所謂「像我們這樣經常面對危險，你一定以為我們很會分辨最有可能送我們上天堂的問題和就數字來看機會不大的威脅。但你錯了！我們成天擔心禽流感，但到目前為止，全世界也只有少數人因此死亡；而對每年奪走三萬六千名美國人性命的普通感冒，卻得要政府苦口婆心，勸誘我們去打疫苗。我們為了自己漢堡裡不太可能有的狂牛症病原體發愁，卻對每年造成七十萬人心臟病死亡的膽固醇視而不見。我們到海邊卻不敢下水，生怕會碰到就統計數字來看不太可能的鯊魚攻擊，但卻不塗抹防曬乳以保護自己而避免罹患較有可能發生的皮膚癌」（克魯格〔J. Kluger〕，2010: 174），大致上就在說這種情況。只是論者所作的「是不是因為我們面對了太多的恐懼和不確定，因此使自己不知所措？比如擔心自己像九一一事件中死難的三千多人而提心吊膽，卻從不在意自己會不會成為自那以後高速公路上犧牲的二十二萬冤魂？對如菠菜這般有益的蔬菜感到心驚，生怕有大腸菌汙染，卻在購物車上堆滿全是油脂的甜甜圈和沾滿鹽巴的墨西哥脆片而絲毫不以為意？」（同上）這類推測，恐怕不是事實；它仍舊是沒有通識能力所造成的。換句話說，一個有通識能力的人，不大可能病急亂投醫；他會廣為權衡利弊得失，才來決定如何維護自己的安全。因此，如果把上述的情況也類比作專精觀點，那麼它的後遺症也就早已「氾濫成災」了，只不過大家多不自覺罷了。

將這一點通到目前最夯的綠色企業，我們也會發現它的危機就如前面所指出的「是在逃避能趨疲法則的檢核而獨自『乾過癮』，事實上大家一樣快速的走向不可再生能量趨於飽和的末路」（詳見第二章第二節），但論者卻無能通識而還在信誓日旦的大發狂言：

世界各地的人紛紛捲起袖子，積極投身各種解決方案，試圖克服棲息地減少、空氣汙染、石油供給量減少、水源汙染，以及氣候變遷等問題。據估計，美國百分之三十的成人人口屬於樂活族，而他們的消費模式也符合他們深信世界需要加強綠化的信念。每天都有愈來愈多人改用更具能源效率的省電燈泡、購買更具能源效率的汽車，並在日常生活中竭盡所能地做出改變。（克羅斯頓〔G. Croston〕，2009: 12）

因此，他所規模的諸如「點燃綠色能源」、「播下開創綠色事業的種子」、「打造綠色住宅與企業」、「發明綠色貨幣」、「在充滿生機的世界中，找出企業的解決方案」、「減少浪費」、「提供綠色食品」、「聰明用水」、「提供綠色服務」、「綠色交通和城市」和「綠色農場」等綠色商機（克羅斯頓，2009），也就顧及不到從那裡找到不竭的基礎資源和滿足人類無度的需求將快速到達能趨疲的臨界點等亟須達觀卓識的問題。以致所謂的綠色商機，不啻就是另一座墳墓，自己先掘好而等著自我埋葬。

雖然專精觀點有它的特定角度的洞見，而可以解決一些需要「深入研判」的問題（如旱災，從空中灑乾冰催雨；農作物蟲害嚴重，採用有效的殺蟲劑；河道堵塞鬧水患，以疏浚或截彎取直來挽救等等，都有待專業介入），但一涉及「治本」的問題（如上述旱災，要靠平時儲水因應；農作物蟲害，得寄望食用人口減少；河道水患，必須根絕上游濫墾濫伐等等，都不是上述的治標方案可以比擬），該專精觀點就會變成實際「無用之物」，最後還是得勞通識觀點出來穩住大局。

我們知道，通識是「通貫識見」或「宏觀洞見」的簡稱或宣稱，它以通貫各學問領域而顯獨特見解為依歸；相對的，不能如此表現的，就稱不上通識。（周慶華，2010: 67）因此，只要能展現這種「通貫識見」或「宏觀洞見」的看待事物的方式，就是通識觀點的。它跟當今流行的科際整合相近卻又終嫌不似。科際整合講究的是各學科的整飭合夥（而非單一學科力撐），目的是為深廣瞭解相關的經驗；而它可以更向「新科際整合」的途徑邁進（眾學科整合後形成一個新文本或新學科）。如米爾頓（J. Milton）的《失樂園》中取自《聖經・創世紀》一段「人類的墮落」因緣，它就可以在底下眾學科的整合理解後而成就最新的文本（周慶華，2008a: 166～167）：

> 撒旦在樂園狡計得逞，／他變成蛇，引誘夏娃和她的丈夫吃了那致命傷的禁果，／這件事已被天上得知；／……／啊，天哪！我今天是要面對審判坦白承認自己的罪，／也要承認我的妻子有罪；／她不能遵守律令，不能虔誠忠信，／我為她隱瞞；我沒有對她抱怨，／反而被她引誘去吃那禁果，／我真是罪有應得，應受懲罰（米爾頓，1999: 491～496）（文本）

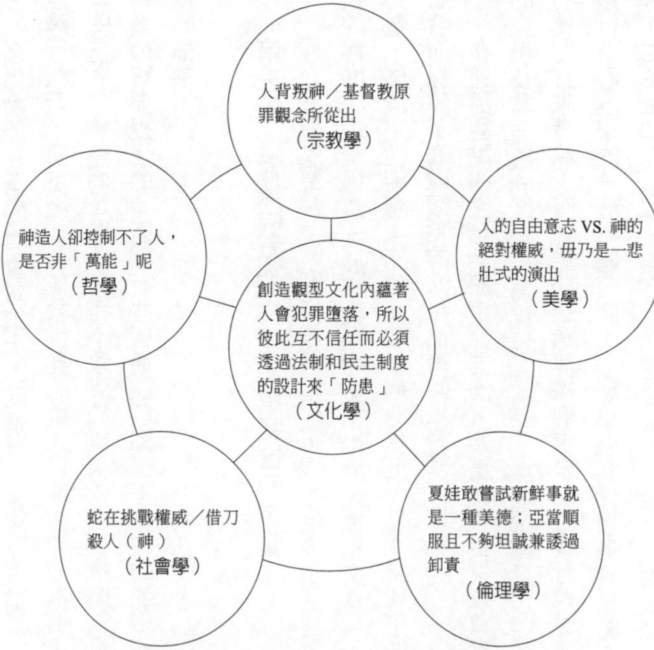

圖 4-2-1　新科際整合例示圖

這顯示了米爾頓那段話要成為可被瞭解掌握的對象，因為有科際整合的手段運用而更能夠顯出它的「精實性」。在這裡各學科是分散著向一個「焦點」集中，它可以顯現出理解的精采或極大化；但終究還不及通識觀點的「取精用宏」，在解決問題的效率上仍然略遜一籌。換句話說，通識觀點可以內蘊科際整合，但畢竟要以解決問題為優先考量（也就是不為純知識旨趣的），而這在科際整合那邊並未被特別要求。

文化治療在衡酌治療對象上，就是以上述的通識觀點為基底而後繁衍為相關的治療方案，冀能踐行無礙。而這因為有拯救世界的遠大目標在前面指引，所以有關的通識觀點也會不斷調整它的「配合度」或「洞悉度」，而不致流於無謂或自我窄縮為專精觀點。這是從專精觀點到通識觀點的轉換最終要提住的；否則有些假通識觀點或不實在的通識觀點會冒出來充當，而壞了整體的文化治療的偉業。

第三節　通識觀點的文化治療定性和定量

「一個通識觀點」的文化治療已成定局，接下來要保證的是它的心理／社會機制以及可以被信賴的程度。這統稱為「通識觀點的文化治療定性和定量」。當中心理／社會機制，是在交代推動的力量，屬於定性範疇；而可以被信賴的程度，是在交代可能性（禁得起檢驗），屬於定量範圍，二者合而保障了通識觀點的文化治療的足夠踐行性。

在通識觀點的文化治療定性方面，乃是自我定位兼負責的作法，它必須告訴大家從事文化治療的立場及其伸展向度，以為滿足「內在」的通識觀點的要求。這大體上，是以我作為一個論述者的權力意志發端，而終結於透過傳播欲求來期待廣行效應。前者（指權力意志），我無從諱言這也跟行為心理學的一個命題有關：「如果做某件事得到鼓勵，那麼做這件事的次數就會增加」（張春興，1989: 453 ~ 454；張華葆，1989: 45 ~ 64）；而由這一形上因緣所可以自我推論的心理狀態就是：

> 一個鼓勵對個人的價值愈高，那個人採取行動取得此一鼓勵的可能愈大。
> 在某一情況下，我認為文化治療的論述有很大的價值。
> 所以我會採取行動來從事文化治療的論述。

這是仿照荷曼斯（G. C. Homans）討論一個不掠奪他國土地案例的演繹形式。（荷曼斯，1987: 34～35）而所謂「某一情況」，可以填入謀取利益、樹立權威和行使教化等。當中謀取利益，涉及利益的多沾或多得（相對地，別人就少沾或少得），可以說是權力意志的「變相」作用；而樹立權威，則無異是該權力意志的遂行；而行使教化，更是該權力意志的「恆久」性效應。也就是說，權力意志可以統攝謀取利益、樹立權威和行使教化等想望，或者乾脆就說它是謀取利益、樹立權威和行使教化等想望中的想望。（周慶華，2004c: 205）因此，嚴格來說，不必然要有文化治療這場論述；它只不過負載了我的權力意志而使它如此罷了。但話說回來，有那一種論述不是這樣的？為何單獨要這般自我「嚴苛的檢視」？沒錯，正是要藉這個機會提醒我自己論述的策略性，而不宜衍發為不當的思想宰制。雖然如此，此次的論述已經內蘊了要促使人類復原觀念而救渡世界的文化理想性；以致權力意志可以淡化，而期許大家可以長久安居於地球的宏願則毋須退卻。

至於後者（指傳播欲求），這是兼預告伸展向度的發想，以便保障文化治療的論述有地方通行（而非祕藏起來以求自我過癮）。前面說過，文化治療「所要對治的觀念病，已經保障了基本的變項，只剩下『誰來推動』及其『如何推動』等中介變項，還有勞複雜理論來對諍激勵。而在我個人所能想得到的，是靠小眾傳播連結小眾傳播以奠定『初始條件』的基礎。也就是說，從個人影響起，然後各自透過言語和行動以展現觀念復原的狀態，時間久了，自然會逐漸普遍化」（詳見第三章第三節），而這也許會被懷疑「曠日廢時」，究竟要到何時才能發揮效用？從僅能影響個人而後各自踐行觀念復原的狀況來看，是有可能讓整個文化治療方案停在構想階段；但大家別忘了，有一種瀰（meme）的學說，不定會把文化治療的理論不斷地傳播，終而形成一股「沛然莫之能禦」的態勢。據來源，瀰概念原是道金斯（R. Dawkins）從希臘字根的英文 mimeme 截取來的，為的是「希望讀起來有點像 gene 這個單音節的字」；並且「這字也可以聯想到跟英文的記憶（memory）有關，或是聯想到法文的『同樣』或是『自己』（meme）」，而方便賦予「文化傳遞單位」的意涵。（道金斯，1995: 293）因為它的科學基因的類比性，可以複製傳播，所以也被後人稱作活性的「思想傳染因子」。（林區〔A. Lynch〕，1998: 14）前者，道金斯認為可舉的例子太多了：

旋律、觀念、宣傳語、服裝的流行，製罐或建房子的方式都是（而正如同在基因庫中繁衍的基因，藉著精子或卵，由一個身體跳到另一個身體以傳播瀰庫中的瀰）；繁衍方式是經由所謂模仿的過程，將自己從一個頭腦傳到另一個頭腦。例如科學家如果聽到或讀到某個好的想法，他就將這想法傳給同事或學生，他會在文章裡或演講中提到它。如果這想法行得通，它就是在傳播自己，從一個頭腦傳到另一個頭腦。（道金斯，1995: 293）

而後者，論者甚至把它比喻作流行病：「思想傳染因子就像電腦網路上的病毒軟體，或城市中的流行病毒，會透過高效率的『程式設計』，規劃自身的傳染途徑，蓬勃發展。信念在很多方面會影響傳播，甚至可以引發不同的觀念『流行病』，展開一場不在計劃中，卻多采多姿的成長競賽。」（林區，1998: 14）可見瀰早已不再中性化，它的「新生」力量正在穿透理論的氛圍而被扭轉成一種可以開啟前衛論述的動能；同時它的這般重新賦義，也使得瀰本身開始瀰化而廣被世人所沿用和探索不已。（周慶華，2011c: 9～10）縱然文化治療理論的推廣要靠這種「不確定」的變項不免有點悲哀，但這本就是強求不得，只好如此「無可奈何」的姑且等待良機的來臨。正因為有這種成為瀰的期待，所以也不會全然沒有自我預告所要伸展的向度。換句話說，文化治療的傳播欲求既然不取耗能的大眾傳播路數，那麼改採小眾傳播且冀能發揮瀰的效應，也就成了唯一可行的策略。

至於在通識觀點的文化治療定量方面，主要是為了提供可被信賴的保證，以為滿足「外在」的通識觀點的要求。這跟前者定性不同的地方，在於這是告訴大家「你可以相信」和「你不妨採取行動」，而前者則是自我表明「我有意願」和「我知道途徑在那裡」。從「我有意願」和「我知道途徑在那裡」到「你可以相信」和「你不妨採取行動」，是一條辯證邏輯的道路。也就是說，「我有意願」和「我知道途徑在那裡」愈堅確，愈有助於促成「你可以相信」和「你不妨採取行動」；反過來，「你可以相信」和「你不妨採取行動」愈有成效，也愈能鞏固「我有意願」和「我知道途徑在那裡」。二者的關係，可以圖 4-3-1 表示。

當然這條辯證邏輯的道路「有一半」還在想望中（也就是「你可以相信」和「你不妨採取行動」要等實際來證成），並非已經造成事實了；只不過作為一個論述者有必要提出證據，以便讓大家知道「你確實可以相信」和「你真的不妨採取行動」。因此，這裡就選擇幾個面向來鋪展此一可信賴的旅程。

首先，由西方世界所帶動「全球化」的深化危機，不再有什麼遠景可以期待；而繼起的「反全球化」，則又以逆向的全球化為名在增加這種不確定性。如果大家仍然執迷不悟，那麼雙雙促成能趨疲的苦果（詳見第一章第三節）一定得自己去嚐。我們知道，全球

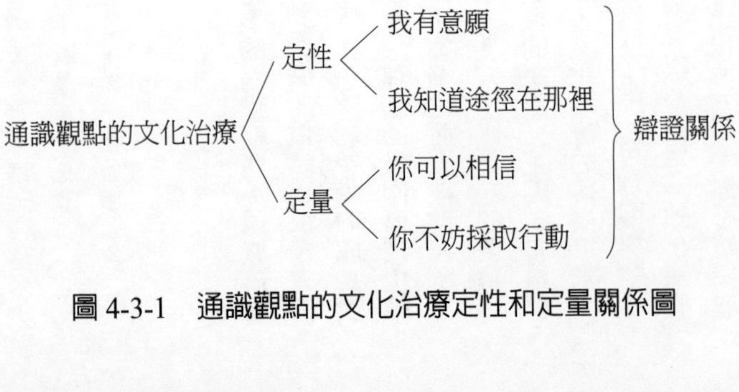

圖 4-3-1　通識觀點的文化治療定性和定量關係圖

化是一個被看成「既成的事實」，而反全球化則是不同意已然全球化的論述或從邊緣抵抗相關全球化強迫接受的浪潮。前者（指全球化），約略從十六世紀以來，西方世界透過殖民征服、資本主義動員和科學技術更新等「一體成形」的龐大怪獸肆虐非西方世界就逐漸開啟了，如今全球化儼然就是「跨越洲際的流動和社會互動模式的影響範圍擴大，影響程度的加劇、加速和更加深入。它代表著連結遠距社群的人類組織結構所產生的改變或轉化，並使得跨越全球各區域和大陸的權力關係觸角更加延伸」。（赫爾德〔D. Held〕等，2005: 5）換句話說，全球化的概念「提醒我們一種經由跨全球性，並經由我們對它注意而形構起來的多元面向的經濟、社會、文化和政治的連結。因此，全球化涉及世界的逐漸壓縮以及我們對於那些過程逐漸增長的意識」。（巴克，2007: 99）而它的主導者，則為歐美的「先後」霸權：

> 全球化是歐洲文化經由移民、殖民和文化模仿而擴張到世界各地的直接結果，而它深入文化和政治領域的支脈在本質上也跟資本主義的發展形態相同……這意味正在經歷全球化的全球化模式本身是一個歐洲模式（譬如歐盟的發展被廣喻為全球去領土化實例）。（華特斯〔M. Waters〕，2000: 5）

既存的國際政治秩序主要透過經濟和軍事稱霸一方的強權國家（及它們的組織）的行動所構成……按照這樣的說法，倘若沒有美國霸權的運作，那麼支撐著晚近國際互賴密集化的既存自由世界秩序則無法維繫。在這樣的觀點內，全球化被理解為幾乎和美國化無異的現象。（赫爾德等，2005: 11～12）

這除了展現出主導變數的遞嬗競爭（指歐美霸權的先後爭奪宰制全局），還隱含著不平均的世界經濟和相當程度的虛無化前景（如「在地文化」的消失）；而諸多「變故」的暴露，自然就給了無力主導全球化的國家和厭惡被同化的個人有了抗拒的理由。至於後者（指反全球化），則是對於全球化的「全球」性名不副實以及強權藉機籠絡收編他國的行徑予以質疑和撻伐。所謂「現代世界秩序的歷史可以被視為西方資本主義強權們瓜分利益的歷史，並重新將世界切割成為數個排外的經濟領域。有些論者指出，今日的帝國主義是以一種嶄新的模式出現，因為正統帝國已經被多邊控制和監督的全新機制所取代，例如頂尖工業強權的七大工業國（G7，加拿大、法國、德國、義大利、日本、英國和美國）以及世界銀行均在此列。也正是因為這樣的情況，許多馬克思主義者認為當前的新時代並無法以全球化的語彙加以描述；反而是一種西方帝國主義的新樣態，並受到世界主要資本主義國家的金融資本的需求和要求所主宰」（赫爾德等，2005: 11），就是當中質疑全球化部分具代表性的言論。至於撻伐全球化部分的言論，則多由邊緣國家的人在發動（湯林森，2007），所擔心的無非是壟斷資本國家的排擠壓抑，已到了「無所不用其極」的地步，不反彈恐怕就沒有「翻身」的可能性。但以上這些反全球化的聲浪，終究只是一股「潛制衡」的勢力，仍舊無法抵抗日漸加劇的全球化浪潮。（周慶華，2010: 21 ~ 23）更何況仍有人堅決不承認反全球化可以成功：

> 反全球化運動的主要訴求並不是這幾年才冒出來的，它讓我想起一九九四年在新德里聽到學者對印度從一九九四年開始的貿易和投資自由化的懷疑態度，他們的看法在當時就已經不合時宜，現在也是一樣。反全球化運動人士應該瞭解：自從一九九〇年代起，全球化使印度減少了兩億左右的赤貧人口，在中國則減少了大約三億；這些國家非但沒有受跨國公司的剝削，反而達到過去前所未見的經濟成長率和外人直接投資，外銷總量也隨著增加。（薩克斯〔J. D. Sachs〕，2010: 439 ~ 440）

迄今所見的反全球化所以不見效，乃源於反全球化國家大多在從事另一種由窮國轉為富國的全球化工作（可以稱為「逆向的全球化」，以對比於西式全球化的富上加富模式），它們所走的全是仿效版或山寨版的西式文化的道路，根本無力開展出新的氣象。因此，倘若不實踐徹底反高耗能和殘酷鬥爭取向的全球化，那麼這個世界將不再有什麼「永續經營」和「長治久安」可以寄望。（周慶華，2010）而這也就是大家必須有所需求於文化治療的地方，它將能夠充分說明不需當今所見的全球化的前進方向；這個方向就是我們無從再依賴物質福分的強化來確保在地球上的存活，它得改從逆能趨疲的作法以為擁有「自足」的優勢，才能相信還有明天。

其次，有人所擔心的地球生態將極度失衡都跟「人為因素」有關；而這如果得不到改善，那麼接下來就會危及人類自己的生存空間。所謂「我們都知道有三種過度會減低生物多樣性並引發物種滅絕：人口過度、開發過度和消費過度。全球性企業在農業、林業、漁業和工業方面使用非永續性的技術，創造大規模城市發展，產生全球性汙染。雖然生物多樣性是它的根本，但這一切活動卻每天都在消蝕多樣性。已開發國家擁有財富和權力可影響大規模的經濟活動，但他們的行動卻深具破壞性，事實上是在耗蝕我們的資本」（比提，〔A. Beattie〕等，2010: 271），這所減低的生物多樣性及其可能的物種滅絕的「人口過度、開發過度和消費過度」原因，正是人類所親自導演的；而它在邁向臨界點的過程中，勢必會一併威脅人類的處境，屆時將無藥可救！也因為人口過度、開發過度、消費過度，所以連帶的加重了地球暖化的負擔：

溫室氣體包括二氧化碳、甲烷、氧化亞氮、六氟化硫、全氟碳化物和氫氟碳化物等，這些氣體絕大多數是由人為所造成，當中又以畜牧業的溫室氣體排放量最高。過去科學家評估，畜牧業每年溫室氣體排放量約占全球的百分之十八，主要是牛消化道所產生的甲烷。但最新的研究指出，畜牧業及其副產品每年單是二氧化碳排放量就高達三二六億公噸，占全球溫室氣體總排放量的百分之五十一……大多數科學家認為，溫室氣體迅速排放到大氣，擋住了應該散發到太空中的熱，使得原來的溫室效應更加強化，導致地球平均溫度上升。（汪晃榮，2010: 51）

這升高的氣溫，效應自然就是造成兩極化冰山融解、海平面上升、降雨量改變和氣候變遷等環境生態的嚴重危機（詳見第一章第一節）。那麼是不是像有人所提出的方案減少或阻絕畜牧業（包括為了追求獲利、提高生產量，而把生長荷爾蒙和多種動物屍體磨碎加入飼料在內）就可以化解這種危機？恐怕這也只是治標，而且還嫌太過「不切實際」！畢竟他所指出的畜牧業危害也僅止於他所見的：

首先，也是最重要的一點，養牛的必要條件通常就是森林消失及總生物量的毀滅……第二，還記得大約要十六磅穀物才能製造一磅的牛肉嗎？想想看這中間所需的一切能源：操作拖拉機、發動飛機為作物噴灑農藥及化肥、採收時所開的兩用收割機……第三，政府的農藥限制僅及人類食用作物，並不包括飼料用作用，因此絕大部分噴灑於空氣中而落入土地的農用化學毒物，都只是為了製造肉類。第四，在生產飼料穀物時，通常都會使用化學肥料，而在製造化肥的過程中，會釋放出一種惡名昭彰的「溫室毒氣」（氧化亞氮），據信這就是造成全球溫室效應的罪魁禍首之一……第五，全世界目前有十三億頭的牲口，根據估計牠們將會釋放出一百五十兆公升的甲烷，而這正是造成溫室效應的第二大罪魁禍首（僅次於二氧化碳）……最後，土地剝離和沙漠化問題，也會伴隨牲口放牧而同時發生，因為放牧增加了空氣中的含塵量……（李曼〔H. F. Lyman〕等，2010: 142～145）

他所未見的就是改用素食就能避免同樣或類似的問題嗎？不可能！先不說那會造成另一種生態失衡（野生動物量會遽增），就說要種植供應全世界七十億人口食用的糧食，而不廣占土地耗能以及不使用農藥、化肥、除草劑等等，簡直是異想天開！因此，再如何的從對象動腦筋而不從人類本身的執念及其競赴衝動斷絕起（詳見前章第四節），永遠不可能改變現狀。這樣文化治療就成了唯一的救渡良方；人類不需求於它，也就別無他法可以借重。

再次，全世界正在耗能的人，幾乎都被灌輸了一種來自西方的「資源無限」的觀念，才會肆無忌憚的拚命開發和利用資源。而這在現今即使是強調創意生態的人，也不諱言要推銷這種觀念：

「創意生態的永續性，未必是指以最低水準的能源或工作來運行，重點並不在此。這裡的永續性應該是把現有的潛能發揮到極限，同時在不會影響未來世代的情況下發揮他們的極限。在純實體環境中，受制於熱力學第二定律，極小化或許是合理的策略；但在資源無限的創意生態中，卻沒有必要這樣做。」（郝金斯〔J. Howkins〕，2010: 119）然而，我們知道這是病態觀念而有待復原，因為在地球這一幾近封閉系統裡，資源無限的說法鐵定是個神話；而任何人倘若已經被鼓舞出了耽戀這種神話的熱情，那麼他最終必然要被拒絕於遭他蹂躪的地球！因此，像底下這一鼓吹八十／二十法則（百分之八十的收穫來自百分之二十的努力）的言論，就不禁會讓人感到心寒：

> 企業和科學的進步，可以印證八十／二十法則。如果我們相信進步論，八十／二十法則就可以幫助我們瞭解它……放下你的懷疑和悲觀，恢復你對進步的信心吧！未來就在這裡：在農業事務上、在產業進步上、在人工智慧上、在醫學物理上、甚至在政治實驗上，它們已經超越過去的目標，新的目標也不斷地出現。（帕雷托〔V. F. D. Pareto〕，2010: 221）

換句話說，在這個世界的「每一個時代，財富、快樂、知識和美德等，都會比前一個時代增加」（帕雷托，2010: 221引吉本語），未必是事實。我們所看到的反而有更多的困境（包括競爭挫折、天災人禍和苦於思索明天的生存方式等）在噬嚙著人心；以致所謂的進步論，就是一場大騙局，等著大家入彀上當！而不願上當的人，就應該多正視有人所歸結出來的這類「景氣蕭條」的來臨：

儘管從一九八三年起，美國及全球出現的這波空前榮景……卻也在這幾十年內，在經濟、社會和政治方面引發重大議題：（一）貧富懸殊日益惡化；（二）政府、企業和消費者的負債水準極高；（三）金融市場和銀行放貸過度運用財務槓桿並出現泡沫；（四）社會福利方案和老人健保／貧戶健保等福利方案，將無法維繫下去；（五）退休金暨福利方案出現大幅虧損；（六）社會上有相當多人沒有足夠的醫療保險；（七）汙染和全球暖化；（八）對於石油和燃煤的依賴；（九）恐怖主義日漸升溫，許多第三世界國家強烈反對全球化；（十）美國這類最富強國家對移民人數漸增出現反彈；（十一）貿易和貨幣的失衡問題；（十二）貪腐獨裁政權阻礙許多第三世界國家的進步；（十四）最近的問題則是：石油價格、食品價格和商品價格的飆漲。（鄧特二世〔H. S. Dent,Jr.〕，2009: 293 ～ 294）

甚至對於有些看來還有點智慧的呼籲，也得認真的引為重作思考的資源：「我們可以選擇何者當為，何者不可為，不必唯命是從。我們不會、也不能讓害我們跟世界極不搭調的人，再把我們拖入險境。但要有所作為就得去做，其實也就是應有所行動。我們不能再跟以前一樣把安全和外交政策外包給別人。生活和世界之間的界線愈來愈具穿透性，我們不能在舒適座車和住家裡，在看來富裕的國家和感到安全的事業裡，自欺欺人的無視於事實：現在我們都身在歷史中。」（雷默，〔J. C. Ramo〕，2009: 329）這雖然顯得缺少「具體指明」，但至少它已經有了好的開端，值得大家「慎思明辨」一番。因此，順著上述那一勇闖無限資源神話國度的行動來說，文化治療就具有優著的制約力，它應該被需求也實際足以被需求；否則我們就得眼睜睜看著地球的資源被耗盡，大家一起走上一片死寂的絕境！

以上所舉，只是犖犖大者，對於其他細微的「需求情況」（如誤以為只有一生可過而不趕快享受就沒有機會、不極力發展耗能的科學技術就別無他方可從事、低估靈界在暗中所施加的懲治力和兩界互動規律的亟待建立等等，都可以一併仰賴文化治療來尋得解決和調適的方案），只能暫且略過，以便論述可以集中焦點化。而從上述的定性和定量來看，通識觀點的文化治療就真的無法不通識化；不然文化治療很可能僅止於局部療效，而想看到拯救世界的偉業開展就得無限的等待。

通識觀點
- 文化治療方案一
- 文化治療方案二
- 文化治療方案三
- ……

圖 4-4-1　通識觀點的文化治療方案圖

第四節　相關方案的規劃

確定了文化治療的文化性，並且提示這種文化治療是從專精觀點轉成通識觀點才有可能踐行，以及進一步為這一通識觀點的文化治療予以定性和定量後，就要把這些觀念及其實踐方向化為具體方案的規劃，以便知道整體文化治療的形貌。由於這是通識觀點的文化治療方案，所以它在理解上就是一個分衍的狀態。如圖 4-4-1 所示。

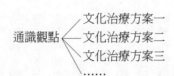

當中通識觀點和文化治療的關係，可以有稍微鬆弛的「通識觀點↓文化治療」的考慮，也可以有比較緊密的「通識觀點／文化治療」的考慮。前者是透過通識觀點來決定文化治療的方向；後者則是通識觀點和文化治療原就是一體的兩面（沒有先後次序的分別），二者都是本脈絡所准許的。因此，上面的分衍圖所代表的就得是兩種情況都涵蓋。

前章第三節約略提過，文化同一化過程的跨國企業的宰制機制，所搬演的是當今能趨疲趨向飽和的戲碼，它的可被譴責性早已需要「另一種文化」來治癒（而不可能還可以藉它拯救這個世界）；還有文化產業化的帝國主義／資本主義合謀的腐蝕性，也預告了它「沒有長久」的本錢。因此，剩下來的就是一個統觀性且可以自由出入任何國度的文化治療方案，要從中被形塑出來。所謂統觀性的文化治療方案，是指可以統觀全局而致以相關的文化治療的策略及其施行途徑；它是經過統觀權衡而後選擇相應的文化予以治療，前提是「應需」而邏輯結構則是一種或多種「文化修為」。由於文化治療旨在「應需」，所以它的策略擬定及其施行途徑的規劃就得「因物制動」，而由統觀權衡能力來保證；而它的邏輯結構在一種或多種的「文化修為」，以致慎為選擇也就成了文化治療可以被寄望的一大考驗。（周慶華，2010: 66）換句話說，同樣強調文化的文化帝國主義和文化企業，都已經淪為需要被治療的對象，而所用來治療的通識觀點的統觀性文化治療方案，就是這一波的救世良方。

縱是如此，所要展現的本救世良方，是因為觀念生病了得加以對治而設想的，但這生病的觀念究竟是源何而「一體成形」，卻也得先有一點「基本概念」供人揣想，後續的相關方案的規劃才能讓人瞭解當中的用心。就以現今最常受哄抬的「創新」偉業為例，它被認為「當一個觀念、做法或事物被接收端的某個人或某個團體認可為『新的』時，這項觀念、做法或事物就是一種創新……在創新中的『新』，也不單單指涉知識方面。事實上，有些人可能早就知道某項創新的存在，但還沒有形成一個定見，也沒有做出接受或拒絕它的抉擇。而創新中的『新』，也可能會表現在傳達的知識上、說服方法上，或是接受或拒絕的決策上」（羅吉斯〔E. M. Rogers〕，2006: 41）；然而，創新是要付出「昂貴」代價的，而且經常得軋進「強取豪奪」的漩渦裡：

> 我們很難將「創新」列為事業成功的主因：創新非常昂貴，牽涉太多未知，而且只會在長期帶來財富。唯一能從創新獲利的人，是擁有資源而能資助及掌控創新者。在非繼承的情況下，要籌措創新的資金，你非得投入掠食行為不可。掠食讓創新得以實現。強取豪奪，跟財富的創造、新公司和新經濟菁英的出現息息相關。商業，尤其是最不公平、最有利可圖的商業類型，可說是技術發展的花朵成長的土壤，是效率和效益增長的基石。（維葉特〔M. Villette〕等，2010: 284）

反過來，無利可圖的創新就會被摒棄而形成另一種「創新資源」的浪費。這有個明顯的例子，就是太陽能發電的創新開發。它原頗被看好（山德勒，2010；竹內薰，2009；三橋規宏，2009），但結果卻讓人覺得形同兒戲一場：「近年來，美國政府大力鼓勵太陽能發電，美國總統也在『百萬用戶裝設太陽能發電設備鼓勵方案』上公開提出：到二〇一〇年，使用太陽能的用戶要達成一百萬的目標……然而，擴散學者凱普蘭全國性的調查發現，雖然大部分能源公司主管都握有大量太陽能發電的資料，但只有百分之二點五的公司使用這項技術。形成這個KAP斷層的原因之一是，太陽能發電本身並不適合當前環境：『太陽能設備是由分散的配件組成，所以它很容易和集電主架失去聯繫。』事實上，能源公司主管應該採用太陽能發電裝置的，但他們並沒有這樣做。這些潛在接受者對這項顛覆性技術的創新擁有專業知識，卻無法實際操作經驗。因此，創新愈激進、愈顛覆，跟

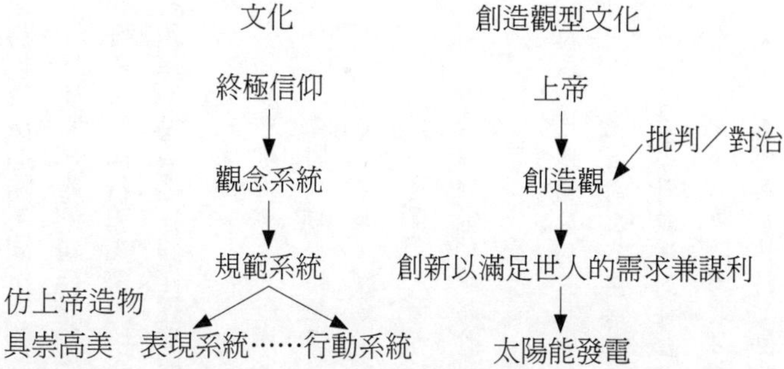

圖 4-4-2　創造觀念／太陽能發電的創新開發的文化治療圖

現有經驗愈無法相容，它的接受也愈緩慢。」（羅吉斯，2006: 249～250）這裡就潛藏有很嚴重的觀念病：不斷創新以滿足世人的需求兼謀利致富，而整個過程就是資源無限的投入或虛擲而造成能趨疲益增的壓力。而這更深的觀念病，乃是支持該不斷創新／資源耗費的自比上帝的「創造」觀念（相對的，沒有上帝信仰的人，就不大可能去仿效或媲美上帝造物）。因此，文化治療要對治的就是這一心中只有上帝，而沒有世界及人類前途的創造觀念。如果以圖來表示，那麼此例可以布列於文化五個次系統的架構（詳見圖 4-4-2）。

這是直接揪出問題所在而給予文化治療的建議，它所秉持的信念既是「對治文化的」又是「文化對治的」。也就是說，被對治的本身也是文化的，而要藉來對治的則是另一種文化，彼此演變成是文化的相互對治。不過，後者不一定是現有的文化，它也可以是新塑的或裁融而轉稱的文化（詳見第五章第五節）。而依此所可能衍生的他者文化跨越效法追隨，同樣能夠為它分辨出弊病所在而援例予以對治。

好比原無緣創新耗能的國家，在西方世界的帶動鼓舞下紛紛轉向仿效競勝，導致甚多不忍卒睹的景象，包括新興國家的拚命仿造生產劣質品、尾隨式的已開發國家也把有毒廢棄物送往發展中國家和轉型國家迷狂興作經濟而造成耗能汙染嚴重的後遺症：

> 中國、東歐、印度或越南，藉著低價不斷複製跟北美和西歐一樣的東西，試圖在開放的世界經濟裡占有一席之地，結果造成整個世界充斥著粗俗的便宜商品。T恤、牛仔褲、外套、童裝……如今這些商品全部以低廉的成本生產……因此價格一落千丈。無論是冰箱、電視機或收音機、照相機或攝影機，這幾年來，消費性商品的價格愈來愈便宜。（慕勒，2009: 39～40）

> 巴塞爾公約是一九八九年於歐洲瑞士締結的國際公約，簡單來說就是「禁止向他國輸出有害廢棄物」的條款……典型例子之一，就是從前日本將醫院用過的帶病針頭送到菲律賓……為了制止已開發國家一邊高喊環保口號，一邊卻進行惡劣行為，所以才締結了這項條約……因此，應該要做的是將回收品還原成最基本的元素材料；但問題是，這麼一來將會削減日本企業的國際競爭力。（武田邦

彥，2010: 214～215）

（二〇〇三年）中國國內生產總值追上了法國和義大利，再一年又超越英國……二〇〇三年至二〇一〇年，中國不再收到聯合國世界糧食計劃署的援助，並且取代世界銀行成為非洲地區的最大投資者。同時中國的外匯存底已經超越日本，排名世界第一。這個過去經濟狀況總是極差的國家，已經興建了世上最高速的鐵路、最大水力發電水壩，完成載人太空任務、把太空探測器送到月球……這段期間，中國平均每年增加七百多萬人，每年有超過七千萬人移居城市，GDP、工業產出、汽車產量都以倍數成長，能源消耗量和煤產量驟增百分之五十，用水量急增五千億噸；同時中國也成為世上最大的二氧化碳和汙染物排放國家。（華衷〔J. Watts〕，2010: 14）

這些都是拋棄自己原有文化而跟西方世界胡亂起舞的做法，顯然已到了非把全球「徹底糟蹋」不可的地步；而文化治療在這個環節似乎又比前者要曲折一點。換句話說，前者的文化治療只需直接對治；而後者的文化治療還得轉為重振它們的原有文化，以及提醒它們認清西方文化的「危險誘導」，然後才有可能對治成功。因此，一樣以文化五個次系統的架構來布列，則可以圖 4-4-3 表示如下：

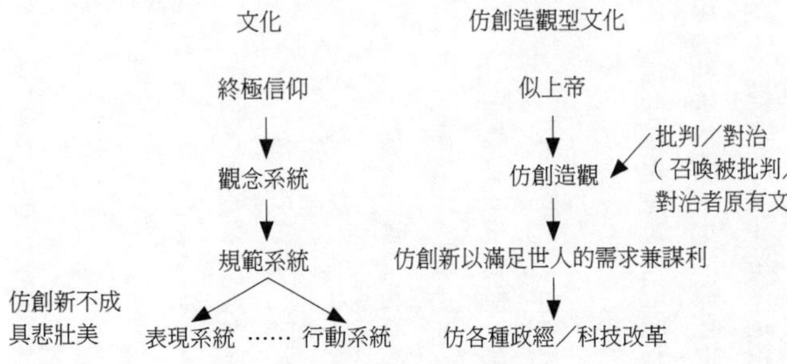

圖 4-4-3　仿創新及仿各種政經 / 科技改革的文化治療圖

圖中表現系統，在西方創造觀型文化因為是仿效上帝造物，所以具有系統內的崇高美；但在此地是二度仿效卻又無能跟西方世界的成就拚比或超越西方世界的成就，等於從高處跌落而「摔成重傷」，只能以悲壯美來形容。至於要召喚被批判／對治者原有文化，在這裡則不便細談，無妨留待下一章再處理。

所謂相關方案的規劃，也就是順著上述那些方向而從事的；它在圖 4-4-1 中就成了一套套的文化治療方案。這一套套的文化治療方案，為了有效掌握，自然得加以區分類型，然後才據以規模有關的開展方向。因此，這裡的「相關方案的規劃」，就多為理論的說明，它的實施向度則等後續別為陳述。

第五章　文化治療的類型及其開展的方向

第一節　文化治療的類型劃分

文化治療方案要「落實」為不同的類型，才比較方便接著談具體的開展方向，因為類型是思考所能使力的最基本的範疇單位。依一般的用法，類型是一個學科的概念。它的創設，基本上是為了統攝秩序化的經驗世界。（早川，1987: 152～162；王星拱，1988: 169～185）也就是說，我們必須為經驗世界分類而使它秩序化，才有辦法加以掌控，而類型就是這個分類系統中所要運用的概念。而大體上，類型可以像有些論者所說的「制度」那樣來賦予意涵：說類型是一種制度（機構），情形就像教會、大學或國家是一種制度一樣，而「制度的存在，不像動物的存在，不像建築物、教堂、圖書館或神廟的存在，它只是像『制度』的存在一樣而存在的」；於是「我們可以藉現有的制度來工作、來表現自己，也可以創造新的制度，或儘量不相干涉而各行其是；再者，我們還可以參與這制度而加以改造」。（韋勒克〔R. Wellek〕等，1979: 378）換句話說，類型的模塑並非不可移易；它仍然可根據需要而給予「汰換體質」。不過，本脈絡所擬議的類型已具有制高點性，在相當程度上並不打算讓它可以隨便鬆動或更迭（免得難以成論）。

那麼文化治療方案究竟有那些類型？這就可以依照前面所定義過的文化以「系統」來區別，而劃分出西方「創造觀型文化式的文化治療」、東方中國傳統「氣化觀型文化式的文化治療」和東方印度佛教開啟發展出來的「緣起觀型文化式的文化治療」等三大類型。當中創造觀型文化式的文化治療方案是「不可能後轉加」的（詳見第三章第二節）；這種轉加是它所內蘊的反向力量，所以仍然可以宣稱是創造觀型文化式的文化治療。至於氣化觀型文化式的文化治療和緣起觀型文化式的文化治療，它們則可以分別或合而來喚醒創造觀型文化式的文化治療功能，以為對治它所顯性面不能自我治療的部分；因此，它們可以實際用來治療他者文化，作為兼檢視自我流派妥協墮落的窘況。

依圖 4-1-1 所示，文化的五個次系統乃由觀念系統在「觀念」上冒領提住規範系統以下幾個次系統，它既是文化的核心，也是文化所能發揮治療功效的首選條件。前者（指文化的核心），它的標別作用，又可以區分出世界現存的三大文化系統，分別為創造觀型文化、氣化觀型文化和緣起觀型文化（它們就是以觀念系統中的「世界觀」作為區別依據）。而連結上述五個次系統，三大文化系統各自的特色就可以圖 5-1-1 表示如下（周慶華，2005: 226）：

- 文化
  - 創造觀型文化
    - 終極信仰：神／上帝
    - 觀念系統：哲學（如形上學、知識論、邏輯學、倫理學等）、科學（如基礎學科、技術學科、應用學科等）
    - 規範系統：以互不侵犯為原則
    - 表現系統：以敘事／寫實為主，擴及新寫實、語言遊戲、網路超鏈結等
    - 行動系統：講究均權、制衡／役使萬物
  - 氣化觀型文化
    - 終極信仰：道（自然氣化過程）
    - 觀念系統：道德形上學（重人倫／崇自然）
    - 規範系統：強調親疏遠近
    - 表現系統：以抒情／寫實為主
    - 行動系統：勞心勞力分職／諧和自然
  - 緣起觀型文化
    - 終極信仰：佛／涅槃（絕對寂靜境界）
    - 觀念系統：緣起／性空觀
    - 規範系統：自求解脫／慈悲救渡
    - 表現系統：不棄文學藝術（以解離／寫實為主），但僅為筌蹄功能
    - 行動系統：去治戒殺

圖 5-1-1　世界現存三大文化系統差異圖

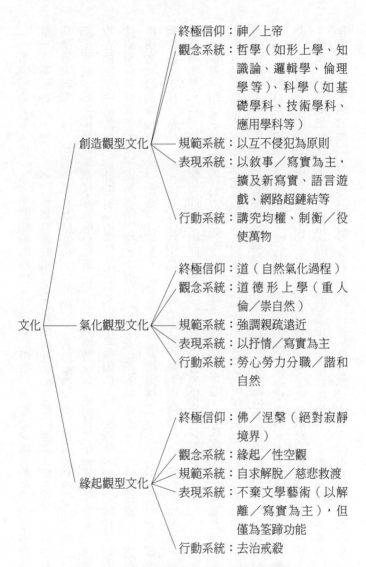

當中創造觀型文化，它的相關知識的建構（及器物的發明）根源於建構者相信宇宙萬物受造於某一主宰（神／上帝），如一神教教義的構設和古希臘時代的形上學的推演，以及近代西方擅長的科學研究等都是同一範疇；氣化觀型文化，它的相關知識的建構根源於建構者相信宇宙萬物為自然氣化而成，如中國傳統儒道義理的構設和演化（儒家／儒教注重在集體秩序的經營；道家／道教注重在個體生命的安頓，彼此略有「進路」上的差別）正是如此；緣起觀型文化，它的相關知識的建構根源於建構者相信宇宙萬物為因緣和合而成（洞悉因緣和合道理而不為所縛就是佛），如古印度佛教教義的構設和增飾（如今已傳布至世界五大洲）就是這樣。三大文化系統又分別講究「挑戰自然，媲美上帝」、「諧和自然，綰結人情」和「自證涅槃，解脫痛苦」，彼此不可共量，也無從跨域而還可以平等的爭勝（如有妥協而爭勝的，必有不平等的後果，詳後）。

後者（指文化所能發揮治療功效的首選條件），從整體來看，氣化觀型文化和緣起觀型文化所信守的「氣化」和「緣起」觀念，只著重在「諧和自然，綰結人情」和「自證涅槃，解脫痛苦」，根本不可能走上耗用資源和破壞環境生態的末路；只有創造觀型文化所信守的「創造」觀念以「挑戰自然，媲美上帝」自居，才會無止盡的消耗塵世的一切東西，而造成地球日漸加深的浩劫。換句話說，創造觀型文化中人由於有「塵世急迫感」（從天國來最終又要返回天國），對於能不能重返天國總是「念茲在茲」；以致藉由累積財富以及從事科學發明、學術建構和文學藝術的創作等途徑來尋求救贖而在高度支取地球有限資源的行徑，也就累世不絕！而這在原不時興這種取向的另外兩種文化傳統裡（因為沒有造物主信仰的緣故），透過仁愛／自求逍遙或自了／慈悲救渡而保存一個相當諧美的自然空間；但從近代以來，迫於創造觀型文化的強力傾銷和征服，早已挺不住而紛紛妥協屈服。如今還以「飢餓大國」和「匱乏大國」的崛起姿態（如中國大陸和印度），在窮為追逐創造觀型文化中所見的科技／經濟成就（肯吉，2007；塞斯，2007）；殊不知舉世都在同蹈一條自我毀滅的不歸路，前景如何也光明不起來。這時如果沒有「拯救良方」，那麼這種「垂死掙扎」勢必會繼續下去。因此，重回對關鍵性的觀念系統的「重新詮解調整」或「重新強化彰顯」（見前），也就成了這一波救治危亡的不二法門。

前章第一節說過，「這在同一系統有『出了問題』的，就得重新詮解調整該次系統中的觀念系統，以便自我了結；而這在同一文化系統原『沒有問題』的，也得重新強化彰顯該次系統中的觀念系統，以便齊匯益世」，這樣相關的文化治療就有三種實質的取向可說：首先是為「出了問題」的文化系統重新詮解調整該次系統中的觀念系統，如創造觀型文化就是；其次是為「沒有問題」的文化系統重新強化彰顯該次系統中的觀念系統，如氣化觀型文化和緣起觀型文化就是；再次是為「出了問題」的文化系統和原「沒有問題」的文化系統但卻妥協屈服於他者文化系統等別為創立新的觀念系統，如新能趨疲世界觀就是。

第一種取向的文化治療的開展方向，自然是對那天國嚮往的淡化；創造觀型文化中人不能再無視於大多數的蒼生還要在地球上「寄生」（他們根本不知道有什麼天國可嚮往或無法認同對方所嚮往的天國），自己多耗用一份資源就會減少別人一次生存的機會，同時也直接、間接的危及自己後世子孫的存在優勢。第二種取向的文化治療的開展方向，是要從盲目跟隨的迷茫中醒悟過來，究竟是一起走上「同歸於盡」的末路，還是自我節制而清貧過活，總得作個抉擇。第三種取向的文化治療的開展方向，有鑑於前兩種取向都有「騎虎難下」的問題，它要迂迴前進而不斷以不可再生能量將趨於飽和相警，並透過實際踐履的連結來廣起效應；這是要把資源的利用降到最低限度，以確保能趨疲到達臨界點的延緩來臨。至於上述三種取向的文化治療的推動，則要靠每個人的內在的覺悟和外在輿論的壓力，交相促成。（周慶華，2010: 70～72）

以上前兩種取向，可分化為三種類型的文化治療（也就是創造觀型文化式的文化治療、氣化觀型文化式的文化治療和緣起觀型文化式的文化治療等）；而後一種取向，則是整體文化治療的開展所要據為安居軸心的。換句話說，只有新能趨疲世界觀在前，其他的文化治療才能知所進趨以及引為自我修正方向的終極依據。雖然如此，這裡所以沒有直接把「『出了問題』的文化系統重新詮解調整該次系統中的觀念系統」、「『沒有問題』的文化系統重新強化彰顯該次系統中的觀念系統」和「『出了問題』的文化系統和原『沒有問題』的文化系統但卻妥協屈服於他者文化系統等別為創立新的觀念系統」等並列為三種文化治療的類型，是因為它們當中還有要「重新詮解調整」和「重新強化彰顯」等動力問題在攪擾，不如就權為區分出創造觀型文化式的文化治療、氣化觀型文化式的文化治療和緣起觀型文化式的文化治療等三種類型，而以「別為創立新的觀念系統（主要為新能趨疲世界觀）」作為前導來展開整體的治療方案。

在這種情況下，前面為圖 4-4-2 所作的說明「被對治的本身也是文化的，而要藉來對治的則是另一種文化，彼此演變成是文化的相互對治。不過，後者不一定是現有的文化，它也可以是新塑的或裁融而轉稱的文化」（詳見前章第四節），則是著重在他者文化治療，自我反向治療就因舉例不勝岔出提及而姑且略過；而現在既然分類已布列完成了，就得在理論上肯定這些都為可能性。

此外，為了上述三種文化治療類型的穩定性或可依循性，還得有幾項配置：首先，本脈絡文化治療類型的區分，固然遵守了論者所歸結的一些分類的基本原則（包括「分類是由最初的、獨一無二的整體、一個絕對排他的範疇『總類』往下分支」、「分類是一種邏輯區分」和「分類必須開放給後續的再分類或別為分類」等等）（張漢良，1986: 110 ~ 114；童慶炳，1994: 114 ~ 117），但全世界所存在的文化也不盡只有上述提及的創造觀型文化、氣化觀型文化和緣起觀型文化等三類，以致這在從事文化治療上既然是通識觀點的又是全球性的，那麼對於不在討論範圍內的其他系統文化到底要怎麼看待，也得有一番交代。對於這一點，我們可以推想其他系統文化的存在情況，分別如圖所示（林明玉，2009: 249 ~ 255）：

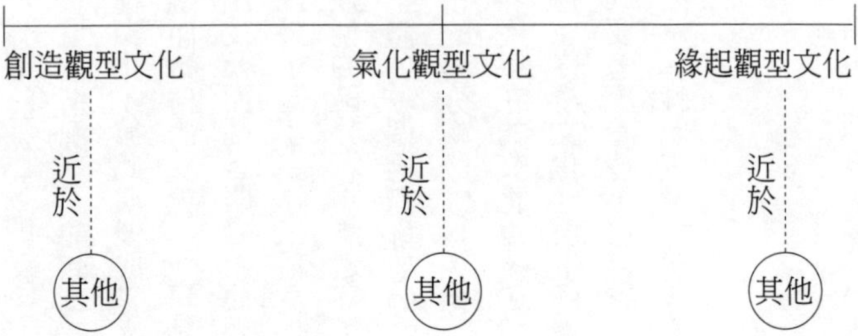

圖 5-1-2 其他文化系統存在情況（一）

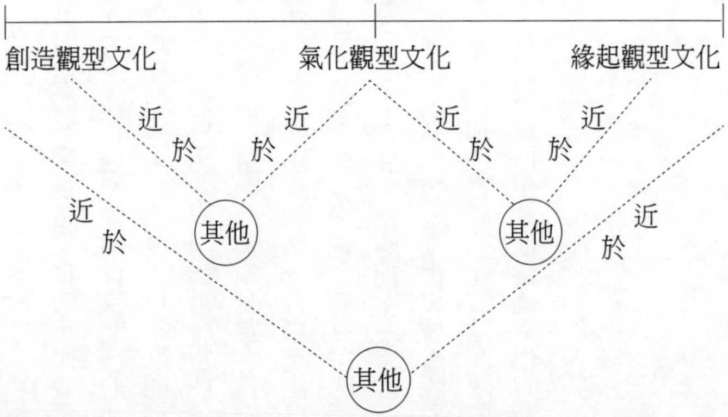

圖 5-1-3 其他文化系統存在情況（二）

廣 告 回 信
臺灣北區郵政管理局登記證
北台字第1753號
免 貼 郵 票

1 0 6 - 7 0

台北市大安區和平東路二段339號4樓

五南圖書出版股份有限公司

縣市

鄉鎮市區

路街

段

巷

弄

號

樓

□□□

姓名：

□新讀者

□老讀者

「五南圖書」讀者回函卡

感謝您購買五南圖書的書籍，為了提供您更好的服務，請您費心填寫以下資料，即可成為貴賓讀者，享有書訊服務與優惠禮遇。

姓名：　　　　□男 □女　　　　生日：　年　月　日

E-Mail：

學歷：□國中（含以下）□高中．職 □大學．大專 □研究所以上

職業：□學生 □生產．製造 □金融．商業 □傳播．廣告

□軍人．公務 □教育．文化 □旅遊．運輸 □醫藥．保健

□仲介．服務 □自由．家管 □其他

電話：______________（手機）______________ 傳真 ______________

◆購買書名：

◆您如何購得本書：□網路書店 □郵購 □書店　　縣（市）　　書店

□業務員推銷 □其他

◆您從何處知道本書：□書店 □網路及電子報 □五南書訊 □廣告DM

□媒體新聞介紹 □親友介紹 □業務員推銷 □其他

◆您通常以何種方式購書（可複選）：

□逛書店 □郵購 □信用卡傳真 □網路 □其他

您對本書的評價（請填代號 1.非常滿意 2.滿意 3.尚可 4.待改進）：

□定價 □內容 □版面編排 □印刷 □整體評價

您的閱讀習慣：□百科 □圖鑑 □文學 □藝術 □歷史 □傳記

□地理、地圖 □建築 □戲劇舞蹈 □民俗采風

□社會科學 □自然科學 □宗教哲學 □休閒旅遊

□生活品味 □其他

請推薦親友，共同加入我們的讀書計畫：

姓名______________ 地址______________________________

姓名______________ 地址______________________________

您對本書或本公司的建議：______________________________

____

____

劃撥帳號 01068953　　戶名：五南圖書出版股份有限公司

電話：（02）2705-5066　　傳真：（02）2709-4875

網址：http://www.wunan.com.tw/　　讀者服務信箱：wunan@wunan.com.tw

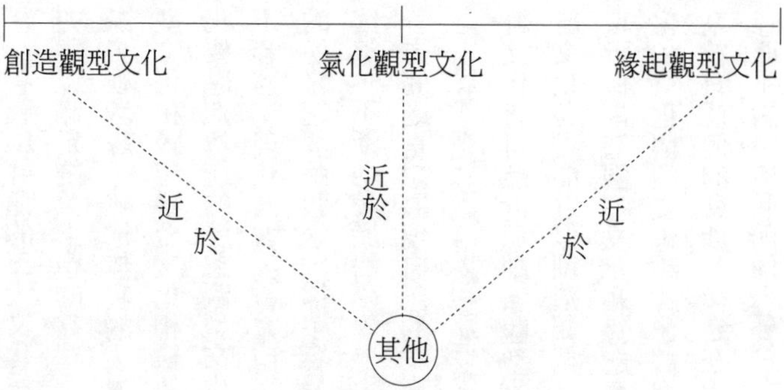

圖 5-1-4　其他文化系統存在情況（三）

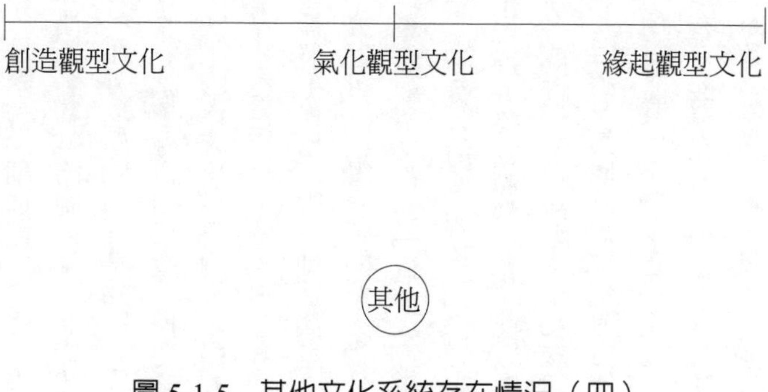

圖 5-1-5　其他文化系統存在情況（四）

各圖中共通的三大文化系統在光譜上的位置排列，是因為「創造觀型文化」表現出十足的創造力，以滿足媲美上帝的欲望；而氣化觀型文化是講究淡泊名利、節制欲望；而緣起觀型文化則是強調去執滅緣、無欲無我的境界」（林明玉，2009: 248）而可以如此相互區隔的。這也就是當創造觀型文化和緣起觀型文化相繼傳進中國時，都可以被吸收並試予融合的緣故。換句話說，創造觀型文化要融進傳統的緣起觀型文化裡很困難，而緣起觀型文化的傳統思想要融入創造觀型文化的社會也不容易；現代西方人會藉由「瑜伽」或「禪修」的方式來更接近上帝，但有關緣起觀型文化內蘊的逆緣起解脫觀念，卻不容易在創造觀型文化的社會裡發生作用。因為創造觀型文化中人為了滿足欲望，不斷地發展科學，一方面想藉它來尋求救贖（冀望可以獲得上帝的優先接納而重回天堂）；一方面則是想展現自己的本事而媲美上帝的風采，跟緣起觀型文化的「無欲」是背道而馳的。（同上，248～249）這樣其他系統文化所可能的依違現象，也就不難意會了。如圖 5-1-2 所示，其他系統文化有可能近似創造觀型文化或近似氣化觀型文化或近似緣起觀型文化；圖 5-1-3 所示，其他系統文化有可能近似創造觀型文化和氣化觀型文化的綜合或近似氣化觀型文化和緣起觀型文化的綜合或近似創造觀型文化和緣起觀型文化的綜合；圖 5-1-4 所示，其他系統文化有可能近似創造觀型文化和氣化觀型文化和緣起觀型文化的綜合；圖 5-1-5 所示，其他系統文化完全獨立而不跟三大文化系統有任何的交涉。後者在未能實際經歷的前提下是有可能存在的，但目前還無法指實，所以只好存而不論；所剩前面三種情況，都可以比照三大文化系統去聯類思維，實在不必再額外加以討論。

圖 5-1-6　三大文化系統世代遞變圖

其次，三大文化系統依理只能在光譜上排列而顯出或遠或近的不可共量性，但一個多世紀來所看到的卻是氣化觀型文化和緣起觀型文化都一致的強步上創造觀型文化的後塵，使得原不該生病的觀念反而日漸有「病入膏肓」的趨勢，以致它們的光譜儀一轉變成交集圖（詳見圖 5-1-6）。

這究竟是怎麼回事？倘若不能先解開這個謎團，那麼後續相關的文化治療論述就會「疲於因應」。其實，這只有一個很簡單的理由：創造觀型文化從中鼓動起了大家向富足／進步／榮光看齊的熱情。當中富足是為求物質福分的增加，而進步和榮光則是對物質生活的不斷改善和藉此來顯示在世成就以便尋求救贖的綜合嚮往所致。在創造觀型文化方面，因為有上帝信仰和原罪觀念，所以一切作為都以榮耀上帝和獲得赦罪為最終考量（詳見後節），而富足／進步／榮光就是一體的三面，缺任何一個都不足以顯示創造觀型文化中人是上帝的子民以及特能體會上帝造人的旨意。這裡要說明的是，創造觀型文化中人可以自我認可，但憑什麼能鼓動其他文化中人，而其他文化中人又是什麼原因會被鼓動成功？關於這一點，主要是創造觀型文化中人以殖民征服（早期透過武力，後來則持續以經濟、科技等實力凌駕他人），取得對方的臣服、甚至強迫索得「悔過」的承諾，企圖達至世界一體的地步；而其他文化中人有的迫於無奈屈服了，有的則不忍自我缺乏競爭力而盲目的「急起直追」，從而也跟創造觀型文化中人一起走上耗能的道路（詳見本章第二、三節）。因此，三大文化原互不相侔，現在則逐漸拉近距離而開始交集起來。

再次，本文化治療是通識觀點的，而通識觀點的通識化則是以全人類能否永續經營為著眼點。我們知道，人類歷史最近的數百年來，可說是物質科技文明快速進展的時代。從文藝復興、工業革命，一直到當代所謂「後工業社會」的「超級工業」，甚至已經開始的「第三波」或其他未來學書中所描述的「資訊控制」或「模控社會」，無不讓人感到物質科技文明的日新月異和驚人成果。而整個時代的進展，可說是環繞著牛頓機械論而形成的一種剛性的科學決定論世界。這種機械論及決定論的世界觀不但操縱著科技，同時也支配著政治、經濟、社會、文學／藝術等各方面。它雖然為西方及大半世界帶來科技上的突飛猛進，經濟的單方向的空前飛達，給大半人類帶來從未享有過的福利，但也帶來或伏下許多人類過去從未經驗過的災難和危機。更有甚者，急性的核子恐怖、慢性的生態危機，正在讓全體人類面臨絕滅的邊緣。（雷夫金，1988：附錄二 422）所以會造成這種後果，除了工業社會是由機械論和決定論所建構的，還有就是支持整個工業社會的信念另本於質能不滅、過程可逆及物質和能源取用不盡等三種基本假設上。這明顯有兩大弊端：第一，它漠視了能趨疲法則的警世意義：現代科技固然可以開發出鉅大的能量，但卻消耗了鉅量的能源（不可逆）；科技文明固然造就了空前的富裕生活，但也相對造成了空前的高能趨疲社會。第二，機械論所探討的是一個無機物的世界，但人類廁身其間的卻是有生命的世界。第三，這種物理和生物的矛盾，一方面造成人和自然的對立；另一方面則導致物質文明本身的嚴重危機（現代質能基礎的衰微和生態的破壞）（同上，譯序23～24）。基於這個前提，凡是有意無意「犯此錯誤」，都得經由文化治療來矯正；而文化治療獲此前提，也形同更加確定它的必要性。

上述是將文化治療予以類型的劃分後，所得如此另加配置說明的，它們合而保證了本脈絡所區分文化治療類型的合理性以及開展的無礙性。因此，後面各節就依所劃分的文化治療類型一一的條理它們的治療模式及其整體的展演向度。這是把前章所提及相關通識觀點的文化治療方案，落實在具體情境的「必然」作法，可以因此證得文化治療的實質情況。

第二節　創造觀型文化式的文化治療

從前節的歸結來看，世界現存三大文化系統都以世界觀為核心，然後繁衍出各自的系統面貌。這當中又都各自根源於背後的終極信仰（如創造觀就根源於對神／上帝的信仰；而氣化觀和緣起觀就分別根源於對自然氣化過程「道」和絕對寂靜或不生不滅「涅槃」境界的信仰）。而正是這種具有統攝性的世界觀，各自塑造了各自的文化特色。雖然無法繼續有效的推測上述三種世界觀在神造／上帝、氣化／道、緣起／涅槃的信仰上，還有什麼原因促成彼此的分立（西方當代一些科普書喜歡用「創造力大爆炸」或「思想大爆炸」一類說詞來解釋人類的知見的由來，也許可以藉以說明上述三種世界觀的產生因緣而特許它有「靈光一現」後各自發展出了各自的信仰的可能性）（泰特薩〔I. Tattersall〕，1999；伯金斯〔D. Perkins〕，2001），但它們或「強」或「弱」的穩居世界「三大世界觀」的地位卻是難以否認的事實。當中創造觀這種世界觀的背後所預設的神／上帝為一無限可能的存有，而西方人在轉衍為學問的發展上一旦發現自己的能耐可以跟神／上帝拚比時，不免就會不自覺的「媲美」起神／上帝而有種種新的發明和創造（這從近代以來西方的科學技術的快速發展以及各學科理論的極力構設等，可以得到充分的印證）。（周慶華，2005: 100 ~ 101）而此系文化所以需要進行文化治療，也就從這裡開始。

大家知道，創造觀型文化傳統中的人始終念念不忘他們的造物主，但有關該造物主是否存在又成了他們內部爭議不休的課題（總計肯定造物主存在的陣營，發展出了本體論證〔上帝根本就不可能被想像成不存在，因為上帝既是無限完美的，所以祂就不囿限在時間的範圍中，也不受時間的任何限制，以致祂根本沒有所謂開始存在及停止存在這回事。由此可知，祂根本就不可能不存在〕、第一因及宇宙論論證〔如果我們沒有稱為上帝的這一個終極實體的話，就不會有一個具有這些性質的世界存在：根據因果性，證明有一個第一因存在；根據諸多只具偶然性的事物，證明有一個必然性存有者存在〕、設計論證或目的論論證〔自然世界就像一部複雜的機器，顯然是出自設計的，而這個設計者就是上帝）、道德論證（以人具有良心這個事實而從邏輯上推論出一個上帝；或者從任何人只要他嚴肅地實際上把道德價值尊為一種加在他生命上的無上要求來說，必定相信這些道德實在有一個高於人類的源頭和基礎，而這種源頭和基礎在宗教上就稱為上帝）、根據特殊事件及特殊經驗而作的論證（許多可以公開觀察到的特殊事件像是奇蹟或是對禱告者的回應等，可以證明上帝的實在性）、概率及有神論論證（一種有神論的對世界的解釋較其他的解釋為優異，因為只有這種解釋才對人的道德經驗及宗教經驗作了較合適的考慮，同時也得體地處置了宇宙的自然界現象）等等來證明上帝的存在；而否定上帝存在的陣營，也發展出了社會學的宗教理論（以為人所崇拜的神祇，是社會為了遂行它對個人思想和行為的控制，而不自覺地虛構出來的想像物）、佛洛伊德的宗教理論（宗教是對自然界各種可怕的現象諸如地震、洪水、颶風、疾病及不可避免的死亡等在心理上的防禦；也就是人類的想像力，把這些力量一轉而成為神祕的、人格性的力量）、現代科學的詰疑（科學一步步地確定了自然秩序的自主性；從廣闊無垠令人心眩惑的銀河系，到比原子更小的難以想像的細微事體，以及介於這兩種無限之間那人文世界的諸般無窮複雜現象，都可以加以研究而毋須涉及上帝）、懷疑論對惡的問題的抨擊（如果上帝充滿了完全的愛，祂一定希望消除惡；如果上帝是全能的，祂一定能夠消除惡。但實際上的確有惡存在，所以上帝不可能既是全能的又是充滿了完全的愛，這含有對上帝存在的質疑）等等來否證上帝的存在。但不論論證上帝存在或不存在，都可以被否定，而造成另一類相互對立論證的模式）（希克〔J. Hick〕，1991）；而在肯定和否定的光譜兩端中間，又有一些有創意卻無助於緩和他們為榮耀造物主或媲美造物主所引發的眾多禍害。如下列三則具有代表性的說詞所「無力顯示」的：

如果每次祈禱都靈驗，會引起種種的問題。例如兩個信崇同一上帝而交戰的國家都向同一個上帝祈禱獲得勝利，上帝要聽那個國家的話？如果信崇的不是同一位上帝，那麼人間的戰爭會不會變成一個上帝和另一個上帝之間的戰爭？有些祈禱的願望是無法都達到的……（巴伯〔I. G. Barbour〕，2001: X）

進化論者認為進化已經足以解釋人類的存在，引進上帝概念只是多餘的。他們同時也聲明他們的主張並非為了證明上帝不存在，而是認為雖然上帝可能存在，但對於人類的創造並沒有扮演直接的角色。將上帝降格是否能安撫信徒不得而知；不過一旦使用剃刀，就不能保證信徒對上帝這種新地位的反感程度不會少於將上帝完全摒棄的情況。（費爾恩，2003: 93）

神存在的問題是一團謎，我們對這個謎，最好先算計一下所冒的險，然後再決定採取什麼立場。假如我們用我們的生命賭上帝存在，那麼如果我們猜對了，我們就贏得了永恆拯救；而如果我們猜錯了，又會輸掉什麼？但如果我們用我們的生命賭上帝不存在，那麼即使我們猜對了，我們仍然毫無所獲；而如果我們猜錯了的話，我們就輸掉了永恆的幸福。「讓我們來考慮一下賭上帝存在時的得與失吧！讓我們估量一下這兩種機會。如果你贏，你贏得了一切；如果你輸，你輸不掉任何東西。那麼毫不遲疑地賭祂存在吧！」（希克，1991: 114～115 引巴斯噶語）

這些不啻分占了光譜的中間地帶，但它們一樣「不知道問題那裡出錯了」。也就是說，只要心中「橫梗」著一個造物主（不論認同或不認同），就會有意無意的演出一齣對不認同他所「認同或不認同造物主」的人的實質性的壓迫悲劇。而這在絕大多數都有著同樣信仰的西方人那裡，更老早就「信用」出缺了。因為他們的宗教教義所示人因應回歸天國的對策中，已經隱含著（濁惡）塵世的必要唾棄，這樣信徒就毋須留戀塵世。而實際上有很多這種信徒正是在無度榨取（利用）塵世的一切（西方長期以來極力發展物質文明，就是天國觀底下「不必珍惜塵世所有事物」心態的明證），導致現實生存「窘迫」的危機。而從另一個角度看，這類宗教要信徒懺悔尋求救贖所明陳的「裹脅式」籲請，無異是在暗示信徒得有一些積極行為，才能「保證」救贖的有效。但這跟前者「同一理路」，也就是都以塵世為生命的中途站，將它勘破、耗盡、甚至毀壞也不足惜！這樣一來，愈後出的人就愈無資源可用，也愈深陷於「不得久留」的苦境中。這顯然是過度自私的表現，結局不但無從想像後出的人還有「生」可以規劃，更不知道塵世一旦陷入死寂，是否就不再需要尋求救贖（屆時還有什麼可以作為「憑藉」呢）。（周慶華，2005: 280 ~ 283）可見信仰上帝所無法避免的，就是對塵世的未能珍惜，以及在耗能愈陷愈深的情況下，必然會轉嫁於他人而造成各種各樣的殖民災難！後者是說，創造觀型文化中人把他者或異教徒視為非我族類，一方面既要馴服教化他們；另一方面又得嫌他們罪孽過深而恐怕被拖累，於是就將他們當作是妨礙救贖的阻力，而讓一切「惡名」都由他們來承擔！此外，創造觀型文化中人所耗能有一部分是藉為對他者或異教徒的支配；而這種支配，很明顯的已經變成變相或加碼式的「恨其不能」或「借我成就」的轉嫁工夫，導致能這般自恃的創造觀型文化中人個個彷彿著魔似的拉來他者或異教徒墊底，並隨時可以在不滿意的前提下將他們「銷毀」！因此，耗能就漸漸轉成控制手段，而「分享者」或「耗能分攤者」最終都要付出當人奴僕且無緣晉身到天國的代價。

倘若要瞭解這個過程中更深的因緣，那麼不妨從三個方面著手：首先是創造觀型文化中人從信仰上帝中演化或形塑出來的世界觀所內蘊的凌駕／支配企圖：大體上，西方歷來的世界觀，表面上繁複多樣，實際上卻有相當的同質性，就是都肯定一個造物主（上帝或神）以及揣摩該造物主的旨意，而預設世界所朝向的某一特殊目的：如古希臘人認為世界是由神所創造的，所以它是絕對完美的，但它並非是不朽的；世界本身就含有衰退的種子。因此，歷史自身可視為一種過程。在這種過程中，事物的原初秩序在黃金時代裡，一直保持著完美的狀態，只有在往後的歷史階段中，才無可避免地陷入衰退的命運。最後當世界接近終極的混沌狀態時，神又再度介入而恢復原初的完美，於是整個過程又重新開始。這樣歷史就不是朝向完美的一種累積性進展，而是一種由秩序邁向混亂的不斷交替。這種觀念就影響到古希臘人對社會究竟要怎樣建立秩序的理念，如柏拉圖、亞里斯多德相信，最好的社會秩序乃是變動最少的社會；在他們的世界觀裡，根本未存有不斷更動和成長的概念。因此，他們最大的心願，就是儘可能保持世界的原狀，以流傳給下一代。又如基督教的歷史觀主宰著整個中古世紀的西歐，它認為現世的生命只是朝向下一個世界的中途站而已。在基督教的神學裡，歷史具有開創期、中間期及終止期的明顯區分，而以創造、救贖及最後審判等三種形式表現出來。這種世界觀認為人類歷史乃是直線型而非交替型的。它並不認為歷史正朝向某種完美化狀態前進；相反地，歷史被視為一種不斷向前的鬥爭，當中罪惡之力不斷地在塵世播下混亂和崩潰的種子。在這裡，原罪學說已經徹底排除了人類改善生活命運的可能性。對中古世紀的心靈來說，世界乃是一個秩序嚴密的結構。在這種結構下，上帝主宰著世上每一事物，人類根本沒有什麼個人目標；只有上帝的誡命，值得他忠實的服膺。基督教的世界觀，提供了一種統一化且含攝一切的歷史圖像。這種神學綜合世界觀，個人根本沒有一席之地。人生在世的目的，並不在於「貪得」，而在於尋求「救贖」。基於這種目標，社會就被看作一種有機性的「整體」（一種上帝所指引的道德性有機體）；而在這種有機性的整體下，每一個人都有他一己的角色。又如從十八世紀以來，以適當、速度和精確為最高價值的機械世界觀，經培根（F. Bacon）、笛卡兒（R. Descartes）、牛頓（I. Newton）等人的大力推闡，早已席捲了全世界的人心。機器儼然占有了人類生活的全部，而人類的世界觀念也因為機械而結合為一。大家把世界看成是永世法則，由一位至高無上的技師（上帝）所推動的一部龐大無比的機器。由於這部機器設計得極為精巧，以致它可以絲毫不差地「運作自如」；而它運動的精確度，可以小到N度來核計。人類對自己在世界裡所看到的精確性深感神迷，進而冀圖在地球上模仿它的風采。因此，歷史乃是工程上的一種不斷地實習。地球就像一個龐大的「硬體庫」，它由各式各類的零件所構成，而人類必須將這些零件裝配成一種功能性的系統，並且有永遠做不完的工作。這樣歷史已被視為由混亂而困惑的狀態，邁向井然有序且全然可測的狀態的一種進步旅程；而中世紀追求後世救贖的目標，也成了過時物。於是爾後所取代的是追求今世完美的新理念。在這種機械世界觀的啟示下，人們也紛紛展開探索這些普遍法則和社會運作之間關係的工作。如洛克（J. Locke）試圖將政府和社會的運作，配合於世界機械模型；史密斯（A. Smith）試圖在經濟領域裡進行類似的工作；而斯賓塞（H. Spencer）及所謂社會達爾文主義者更試圖把自然淘汰的概念轉變成適者生存的概念，來強化機械世界觀（自利將促進物質福分的增加），從而促成更高的秩序。（雷夫金，1988: 32～65）而這一由古希臘時代的「神造」世界觀到中古世紀基督教的「神學綜合」世界觀，以及十八世紀以來的「機械」世界觀所合力完成的，就統稱為「創造觀」。因為創造觀這種世界觀，所以才會發展出富足／進步／榮光的觀念（詳見前節）。而這種觀念既為舉世所罕見又可以快速增值，以致它就不斷地被創造觀型文化中人用來「睥睨」它方社會，進而凌駕／支配他方社會。

其次是創造觀型文化中人，源於創造觀這種世界觀所開啟的民主政治和科學技術，更都轉為操控動力：我們知道，西方國家所以會發展出民主政治而科學技術也特別發達，相對的非西方國家就「遠瞠乎其後」，關鍵就在：西方國家，長久以來就混合著古希臘哲學傳統和基督教信仰（源於希伯來宗教，又分化出天主教、東正教和新教），這二者都預設（相信）著宇宙萬物受造於一個至高無上的主宰，彼此激盪後難免會讓人（特指西方人）聯想到在塵世創造器物和發明學說以媲美造物主的風采，科學就這樣在該構想被「勉為實踐」的情況下誕生了（同為古希伯來宗教後裔的猶太教和伊斯蘭教，在它們所存在的地區，因為缺乏古希臘哲學傳統的「相輔相成」，就不及西方那樣成就耀眼）。至於民主政治方面，那又是根源於基督教徒深信人類的始祖亞當和夏娃因為背叛造物主的旨意而被貶謫到塵世（形諸他們所信奉的《舊約．聖經》），以致後世子孫代代背負著罪惡而來（形諸他們所信奉的《新約．聖經》）。而為了防止該罪惡的孳生蔓延，他們設計了一個「相互牽制」或「相互監視」的人為環境，也就是所謂的民主政治（一樣的，信奉猶太教和伊斯蘭教的國家並沒有強烈的「原罪」觀念或根本沒有「原罪」的觀念，所以就不時興基督教徒所崇尚的那種制度，而終於也沒有開展出民主政治來）。（周慶華，2007b: 213）反觀信守氣化觀或緣起觀的東方國家，它們內部層級人事的規劃安排或淡化欲求的脫苦作為，都不容易走上民主政治的道路。因為人既被認定是偶然氣化而成，自然就會有「資質」的差異，接著必須想到得規避「齊頭式平等」的策略，以朝向「勞心」、「勞力」或「賢能」、「凡庸」分治或殊職的方向去籌劃；而一旦正視起因緣對所有事物的決定性力量，就不致會耽戀塵世的福分和費心經營人間的網絡。同樣的，科學發明沒有可以榮耀（媲美）的對象，而「萬物一體」（都是氣化或緣起）或「生死與共」的信念既已深著人心，又如何會去「戡天役物」而窮為發展科學？由此也可見，各文化系統所以形態互異，全是源於彼此都隱含著「不可共量」的世界觀（詳見後兩節）。但同樣的，當西方國家可以在這兩方面獨顯特色時，基於他們的文化優越感，也必定會藉此演出對非西方社會的操控，從而展現出亟欲同化的企圖。

再次是創造觀型文化中人配合上帝信仰而一起秉受的原罪觀（排除猶太教和伊斯蘭教等創造觀型文化的支裔）演繹成普同幻想：自從原罪觀被基督教徒定為典律後，就不斷地繁衍出人的必然死亡和尋求上帝救贖的「塵世急迫感」。（周慶華，1999: 207 ~ 221）換句話說，因為有原罪教條的強為訂定，所以導致基督教徒必須倚賴救贖而出現明顯的不安於世狀態。這種不安於世的「積重難返」，就是到了十六世紀宗教改革後新教徒（並「刺激」帶動舊教徒）的相關反應的「逾量」表現：新教徒脫離舊教教會後所強調的「因信稱義」觀念，逐漸演變成要以在塵世累積財富和創造發明（包括哲學、科學、文學、藝術和制度等等的建樹翻新）來榮耀上帝或當作特能仰體上帝造人「賜給他無窮潛能」的旨意而不免會躁急蹙迫；尤其在資本主義和殖民主義隨著矯為成形後，更見

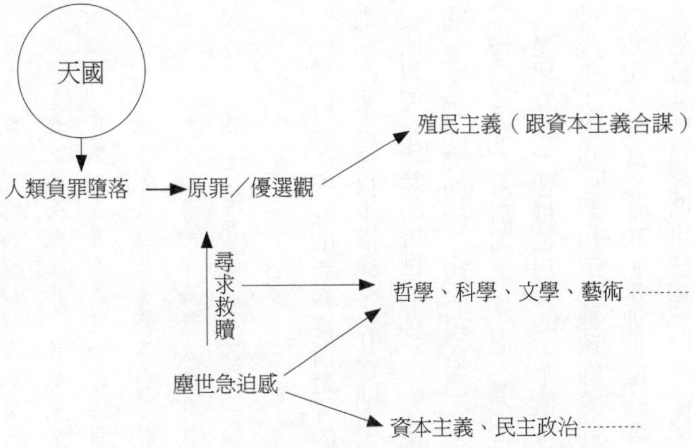

圖 5-2-1　原罪觀和創造觀型文化關係圖

這種「過度的煩憂」。而它可以透過圖 5-2-1 來看出「整體」的形態。（周慶華，2006: 243）

圖中的「優選觀」，已經有人加以揭發了（韋伯〔M. Weber〕，1988），但還不夠「貼近」著講。換句話說，對新教徒來說，優選觀是在他們漸次締造現世巨大成就以及武力殖民取得支配優勢後才孳生出來的；而這一觀念既然定型了，相伴的殖民災難就隨後四處蔓延，一直到今天仍未稍見緩和（過去是靠軍事殖民，現在是靠政治、經濟和科技殖民）。而根據這一點來看，有些西方人的自我察覺就到不了「點」上：

默頓認為新教倫理有如下三條原則：（一）鼓勵人們去頌揚上帝，頌揚上帝的偉大是每個上帝臣民的職責；（二）讚頌上帝的最好途徑，或者是研究和認識自然，或者是為社會謀福利，而運用科學技術可以創造更多的物質財富，所以大多數人應該去從事科學技術和對社會有益的職業；（三）提倡過儉樸的生活和辛勤勞動，每個人都應該辛勤工作，為社會謀幸福，以這一點感謝上帝的恩德。（潘世墨等，1995: 114）

這段話所提及的新教徒所遵守的三個倫理信條，表面上有相互衝突的現象（如第三個信條就跟第二個信條很不搭調），其實則不然！因為只有過著簡樸的生活，才能積多財富以傲人。而新教徒所以要有這類的現世成就，一方面是想藉它來尋求救贖（希冀可以獲得上帝的優先接納而重回天國）；另一方面則是想展現自己的本事而媲美上帝的風采。此外，新教徒所認為的為社會謀福利（創造更多的物質財富）一事，明顯是基於「自利將促進物質福分的增加」這個理念，但它所以可能是建立在「塵世是短暫的，不值得珍惜」（可以無止盡的開發利用；即使耗用完了也不足惜）的前提上；而這已經衍生成地球的資源日益枯竭，且因科技不斷發達所帶來的汙染、臭氧層破壞、溫室效應、核武恐怖和生化戰爭風險等後遺症無法解決。（周慶華，2010: 73～75）幾個世紀以來，基督教徒的這種塵世急迫感已經演變成舉世性的潮流，且透過全球化始終在世界各地推銷他們的資本主義信念。但這畢竟是一種普同幻想，創造觀型文化中人僅能藉此行動操縱他者或異教徒，而無法把他們改造成可以共同致力於實現重回天國的夢想（因為他們有自己的信仰）。

由此可見，西方社會所帶動的全球化所以會加倍耗能，就是那裡面有強烈的凌駕／支配企圖以及透過民主政治和科學技術等，更轉成操控動力和將原罪觀演繹成普同幻想等所激起全球主動或被動響應的結果；而這都源自牢固的上帝信仰和原罪觀念及其所形塑的創造觀該一世界觀。而從這裡也可以瞭解全球化的「來龍去脈」：有人認為全球化不是到了晚近才開始：「從一八〇〇年代中期到一九二〇年代末期，這個世界也經歷過一段類似的全球化時期。倘若以國內生產毛額來比較跨國界貿易和資金的流量，以及用人口來比較跨國界勞力的流量，第一次世界大戰前的全球化時期，跟我們今天所處的環境就極為相似。當時勢力叱吒全球的大英帝國在新興市場投注巨額資金，以致英國、歐洲及美洲的權貴經常遭受因為阿根廷鐵路債券、拉脫維亞政府債券或德國政府債券的拖累而引發的金融危機。由於當時並無貨幣控制機制，所以在跨越大西洋的電纜線於一八六六年完工連線後不久，紐約爆發的銀行及金融危機在短時間內便傳遍倫敦和巴黎」。（佛德曼〔T. L. Fridman〕，2006: 7）這是無可懷疑的事，但當真要說有全球化的事實，還可以遠推到十六世紀宗教改革後一併興起的殖民主義和資本主義。新教徒憑著他們「因信稱義」的信念，脫離舊教會的束縛，由於社會地位低落（而非上層社會的既得利益者），必須以快速致富的方式來改善處境，所以促成了資本主義的興起；爾後為了更能取得存在的優勢，連帶地到世界各地掠奪資源和建立根據地而造成殖民主義的隆盛（當今的美國和加拿大，就是被新教徒征服後興建的國家），而全球化也就從此時陸續的展開，迄今都不見平息當中藉別人的資源來實現自己「致富美夢」的優著氣燄。新教徒所以會走到這個地步（舊教徒後來也紛紛受到刺激而跟著張揚起來），關鍵就在他們所信守的原罪觀。這種原罪觀，在論者的討論中較多集中在道德的訓誡或罪惡的防範方面：

神是至善，人是罪惡。人既然沉淪罪海，生命最大的目的就是企求神恕，超脫罪海，獲得永生。這種思想，應用到政治上，演為新教徒的互約論。人的社會乃是靠兩重互約建立：一是人和神之間的互約。一方面是人保證服從神意，謹守道德；另一方面基於人的承諾，神保證人世的福祉和繁榮。在這人神互約之下，人們彼此之間又訂下了進一步的信約，言明政府的目的乃是阻止人的墮落，防制人的罪惡……總歸來說，新教徒的幽暗意識隨時提醒他們：道德沉淪的趨勢，普遍地存在每個人的心中，不因地位的高低、權力的大小而有例外……因此，他們對有權位的人的罪惡性和對一般人的墮落性有著同樣高度的警覺。（張灝，1989: 9～10）

一個基督徒由於他的信仰，不得不對人世的罪惡和黑暗敏感。這種敏感，他是無法避免的。基督宗教對人世間罪惡的暴露可以說是空前的，我們因此才知道罪惡的根深蒂固，難以捉摸和到處潛伏……原罪的理論使得基督徒對各種事情都在提防……隨時準備發覺那無所不在的罪惡。（同上，16～17引阿克頓語）

這固然解釋了西方社會嚴訂法條和倡議民主政治的由來，但卻大為忽略原罪觀對新教徒（及舊教徒）心理的警示作用。換句話說，原罪教條的訂定，勢必會影響到新教徒贖罪的恐懼（害怕回不了天國）而恆久的不安於世。因此，它所體現的「創造觀」這一世界觀，就正好支持了它要以「創造」來回應上帝造人而人負罪被貶謫到塵世後的尋求救贖的「必經之路」。但可嘆的是，非西方社會中人原不是這種信仰，卻在人家一番「傾銷」後「迎合」了上去，導致世界日漸一體化在窮為耗用地球有限的資源。（周慶華，2010: 13～15）顯然全球化的背後的種種因緣是不可能被簡化成大家都需要「富足／進步／榮光」（詳見前節）；同時它的關鍵性的上帝信仰和原罪觀念也不合被引為全體追隨者的支持性力量，因為這裡實際存在的強勢壓迫而弱勢屈服的情況一直都沒有停止過。因此，全球化的緩和，還得寄望該一源頭的自我杜絕。但從目前的情況來看，全球化仍然像一頭巨獸在狂闖這個百般被蹂躪的地球：

全球化指定建立一個價格均一空間、競爭標準統一和全球規模利潤的計劃。全球化本應只限於意味著世界資本主義的整合計劃。但全球化這個術語卻跨越了地緣經濟和地緣金融，而向社會輻射擴散……「全球經濟」一詞蛻變成為表達及感受世界命運的統一媒介。而這全都打著非關政治的旗號。（馬特拉〔A. Mattelard〕，2011: 97）

這樣愈演愈烈，所造成的耗能及其生態危機，除了不能保證持續繁榮，還更根本的威脅到生存，而這卻沒有一併被計算在內。換句話說，創造觀型文化中人把世界帶到這個地步，他們又何嘗赧顏過？恐怕他們早就麻痺了想像地球被撕裂的慘狀和人類被荼毒毀滅的痛苦！

果不其然，創造觀型文化中人至今大多還是只肯有條件的覺悟自己的疏失，而不承認或領悟不到他們的信仰有問題。就以針對生態危機而發的一些論述為例，它從相關的前典律（詳見第二章第二節）轉為當今的現典律，所試為補救的僅是前典律「斷裂」造成的災難部分，而不是該信仰的缺失本身。如卡森（R. Carson）《寂靜的春天》，這本書探討了人類發明殺蟲劑（如DDT）所孳生的汙染問題：它（指殺蟲劑）經由食物鏈將化學毒素囤積在生物和人體內致病，以及不斷使用讓昆蟲的抗藥性增強而危及環境生態的平衡。最後，作者建議以微生物（如病毒、細菌、真菌、原生動物和微小的蟲等）或昆蟲天敵來防治昆蟲危害農作物。理由是「我們應付的是活的生命，活的群體，有生存的壓力，牠們的數量會暴增也會銳減。只有考慮到這些因素，小心地將它導向對我們有利的方向，我們才能和昆蟲共存」；而「目前所流行的毒藥，完全沒有考慮到這些……人們就這樣把化學物質扔進生命網中；這生命網一方面是脆弱易碎的，另一方面卻也是強韌異常，會以無法預期的方式反擊。使用化學物質的人，一直都漠視生命這種非比尋常的能力，對工作沒有崇高的理想，在意圖改變自然時，沒有謙恭的胸懷。」（卡森，1997: 327～328）爾後因為人類並未記取教訓而繼續變本加厲的使用有毒化合物，導致環境荷爾蒙的浩劫，所以又逼出了柯爾朋（T. Colborn）等《失竊的未來——環境荷爾蒙的隱形浩劫》這類似的著作在指摘人類的惡行！它所直擊的大量人造化學物質（如農藥中的DDT、巴拉松和地特靈等；工業化合物中的塑化物質鄰苯二甲酸酯類、洗潔劑的壬基酚和溶劑的氟氯碳化合物等；有機汙染物中的戴奧辛、多氯聯苯和呋喃等）進入環境中，已使地球淪為各種化學合成物的鉅型實驗室，而造成致癌率增加和精蟲數減少或畸形胎兒的生殖功能障礙等生態劫難！作者到了最後同樣也以一種諫諍的心情在呼籲世人：

> 我們的任務不在為干擾荷爾蒙、破壞臭氧層或導致尚未發現問題的化合物，找尋替代或解決方法。在未來的半個世紀，我們所要面對的課題是再設計。一旦停止使用氟氯碳化合物，我們就得重新考慮在電子電路製造時所需要的溶劑……從這個例子引伸下去，我們不僅要重新設計草坪、食物的包裝、清潔劑，也必須重新設計在化學年代發展出來的農業、工業及其他制度。我們必須去尋找更好、更安

全、更聰明的方法來滿足人類的基本要求和渴望，這是化學之外的選擇。（柯爾朋等，2008: 298）

這所認為的科學知識和技術的「精鍊」是人類免於化學物汙染的決定性因素，固然樂觀了一點（因為這是「需求」所引起的，只有減少人口壓力才是關鍵），但它的不願再冒極大危險以生存作賭注，多少有可稱道的地方。換句話說，那些對生物／人的健康、生殖等地面生態造成巨大影響的化學物質（當中氟氯碳化合物會破壞臭氧層是被連帶提及，論者還是以關地的為主），都要在這一波的論述中被「清除」出去，光憑這點它就得受到重視。（周慶華，2011a: 32 ~ 34）但很明顯的，它並未溯及這種強為發明有毒化合物的源頭：它除了強為比照上帝那樣發動洪水摧毀「劣質物」（香港聖經公會，1996: 5 ~ 7），而且還以「上帝第二」的姿態在主宰經濟鏈而形成舉世被馴服的局面。這樣比較有毒化合物的禍害這一代價，創造觀型文化中人所獲得的已經遠遠超過了，所以又何必從中懺悔什麼?

又如高爾《不願面對的真相》，這本書揭發了人為的二氧化碳排放過多造成地球暖化，使得冰川消失、南北極冰山融化、海平面上升和低窪地沉淪等氣候危機。末了，作者提出改用省電燈泡、正確使用家電、少次多量的洗衣原則、節約使用熱水、減少待機時的耗電量、減少交通運輸製造的排放碳、選擇燃油效率高的車、減少消耗品的消費、購物前做好垃圾減量、落實資源回收及再利用、使用環保購物袋、減少肉類攝取、購買當地自產的食品、支持環保節能產業、參與政治活動和支持環保團體等十六項化解氣候危機的策略（詳見第二章第一節）。這一關係地球瘡疤的掀揭，基本上有聳人聽聞的效果，後續的「踵武之作」向不缺乏。像Co+Life A／S策劃的《一百個即將消失的地方》，就隨著極力在發掘包括因極端氣候（如乾旱、豪大雨和極端溫度等）、海平面上升、冰層融解（如海冰融解和路冰融解等）和生態破壞（如生態惡化、熱帶雨林消失、土地沙漠化和珊瑚礁受損等）等所促成的世界一百個地方岌岌可危（Co+Life A／S策劃，2010），從而讓高爾的著作更為揚名。雖然如此，高爾的溫室效應說，近來已經出現不少質疑的聲浪（隆柏格，2008；村沢義久，2010）；而他的策略發想也因為「減不徹底而形同無效」。更弔詭的是，在高爾的環保論調發露後，有人察覺他家的耗能有增無減（詳見第二章第一節）。因此，這種「救治」說本身還有不少漏洞有待填補。（周慶華，2011a: 34～35）而同樣地，它也略去了溫室效應的造成又豈能不關聯資本主義的發展？而資本主義的源頭不就是上帝信仰及其原罪觀念？這也難怪創造觀型文化中人迄今在「霸占」天空的支配權後，還想「總領」綠能經濟的主導權，因為他們根本都還沒有放棄上帝信仰及其原罪觀念。

又如安德生《綠色資本家》，這本書規模了利用太陽能、循環回收再製、零廢棄、無害排放和資源高效能的運輸工具等來永續經營地球以維護文化生態。尤其是循環回收再製，被論者自詡為是第二波工業革命（詳見第二章第一節）。顯然這是在彌補關地的和關天的生態論述的「不足」；它的試圖長久經營地球而維繫人類文化的運作於不墜的用意昭然若揭，而相關的綠能經濟（包括再利用不能時轉開發新的能源）也幾乎是「參質共振」的蠭湧而出。（麥考爾〔J. Makower〕，2009；山德勒，2010；瓊斯，2010）問題是這種新觀念所得面對的困境，乃在人類依然會有許多無法再利用的產品的欲求（如建材、交通工具、核原料、武器和各種化學物品等），使得這一丁點的再利用作為「緩不濟急」！再說所有再利用的過程，都得等量或逾量的耗能，不可能像論者所說的僅是一簡易的轉換而已。因此，相關延續文化的倡議都只是「空逞意見」，在實質上還是沒有能耐化解能趨疲的危機。（周慶華，2011a: 35～36）而一樣的，它完全不顧這種綠能經濟仍延伸自資本主義（可以稱作綠色資本主義），它背後的上帝信仰及其原罪觀念絲毫沒有鬆動，地球的重負依然沒有減輕。因此，像西方強權還念念不忘在這方面的領導權，就讓人無法相信他們會悟及相關的信仰才是終極的過誤：

> 歐巴馬總統在上任後的一周內就吐露了這種看法：「美國準備在新能源和環保問題上重新領導世界」、「一個不能掌握自己能源的國家是沒有未來的」。根據歐巴馬提出的新能源政策構想，美國將在可再生能源、節能汽車、分散式能源供應、天然氣水合物、清潔媒、節能建築、智慧型網路等領域探索出一個能夠實現利益最大化的「低碳新政」。（蘇言等，2011: 145）

這悟不到的一個結果，就是還不斷地會有人在為製造生態災難的行為辯護。好比有關溫室效應造成地球暖化一事，就有這類的迴護性言論：「即便是單獨討論溫室效應，媒體也基本不向公眾轉達這樣的資訊：（一）溫室效應對地球是必不可少的，沒有它現在地球要降溫攝氏十八度；（二）溫室氣體中最主要的是水蒸氣，它造成的溫室效應達百分之八十至百分之九十五；（三）二氧化碳只占溫室氣體的百分之十至百分之十四，而這當中又有百分之八十五至百分之九十七是自然界產生的。因此，人類產生的二氧化碳氣體實際上對溫室效應的貢獻極為有限（百分之零點二至百分之零點三）。大氣物理學家弗雷德計算，如果京都協定能夠達到目標，溫室氣體可以減少，對二〇五〇年地球氣溫的影響是區區零點零五度。」（蘇言等，2011: 141）問題是如果不節制而讓溫室效應嚴重化以及大家拚命耗能而產生廢氣所造成的蝴蝶效應？屆時有誰可以出來挽救危局？可見有此「溫室效應並非壞事」想法的人，尚未另外準備一套善後的措施，以致那種「暢論」就高度不負責任。此外，有人把某些反人造溫室效應的說詞視為抑制發展的陽謀，基本上也是掉入了「耗能沒有妨礙」的陷阱：

> 鼓吹全球暖化是由二氧化碳決定的，最終結果就是限制排放二氧化碳，其實就是限制和減少鋼鐵廠、煉油廠、發電廠、家用電器等諸多高耗能產業的存在……一個事實不容忽視：如果實施嚴格的環境保護措施，制定過高的環保標準，將意味

著大批的高耗能工廠被關閉、叫停，將導致更多的人失去工作機會，收入下降，人們陷入貧困，引發更多的社會動盪和災難。（蘇言等，2011: 143）

耗能不只是產生廢氣而已，它的能趨疲危機永遠在前面威脅著；難道要等到資源用罄而地球也陷於一片死寂時，大家才來覺悟嗎？相信沒有人會樂見那一天的到來！那麼鼓勵繼續耗能，不就太過矛盾，終究要走入自己無意中掘好的墳墓。

這麼一來，前面一再宣說的反全球化，也就有相當的正當性。它只有一個目標，就是不要全球化。創造觀型文化中人因為信仰單一神，將重返天國視為終極的歸宿，而能不能獲得救贖順利回到上帝身邊，就成了他們所謂「塵世急迫感」的來源（詳前）。因此，在現實世界締造高度的物質文明，也就可以藉為榮耀上帝而優先得到接納；而殖民征服及其資本主義配備，則是希冀「滾雪球」效應不被中斷。殊不知這已經嚴重侵犯到他方社會中人的生存權和自由抉擇權，必須要由反全球化來予以矯正。而基於這一旦知有自己的信仰而不願正視他人有不同的信仰「以致殖民災難禍及四鄰」的不堪情境，反全球化自然就有待非西方社會反制而可能被高度認同的正當性。（周慶華，2010: 12）而創造觀型文化式的文化治療，就是從這裡激起該社會中人自我淡化對天國的嚮往及其相關信仰這一內在根由；它以反向自治而得名，是一種退卻式的反省（由自己悟道而逆向前行），必須直到停止一切殖民主義和資本主義等才算治療完成。換句話說，創造觀型文化式的文化治療，包括不信仰上帝但仍信仰科技、財富和權利等類同行為在內（道金斯，1995；貝林〔J. Bering〕，2011；拿波里奧尼〔L. Napoleoni〕，2012），都得收起自我添加的那些救贖憑藉（創造發明等）而一反未如此張皇前的憑藉，這個世界才有希望得救。

第三節　氣化觀型文化式的文化治療

創造觀型文化中人信仰所存在的原罪這一人性陰暗面，經由魔鬼撒旦的內在化，也不無推動了整體文化的進展。所謂「（十二世紀）自撒旦出現在歐洲人的集體想像中起，就推動著歐洲文明的發展；而美國繼承了這些力量，並讓它們在宗教上永存。個人身上持續存在的壓力曾經是，並且一直是激勵人走向完美的奇特動力，但有時也會把人推向深淵。這些因素累積在一起，使歐洲在哥倫布時代和地理大發現時期具有旺盛的集體活力；二十一世紀初美國在經濟和軍事上掌握世界霸權，同樣是這種作用的結果」（穆尚布萊〔R. Muchembled〕，2007: 336），說的就是這個意思。因此，創造觀型文化中人的懺罪意識和除魔務盡，就成了他們存活於世「謀生」的一體兩面性。前者（指懺罪意識），開啟了他們對文明的先聲；後者（指除魔務盡），則兼管對他者或異教徒的征服馴化。而其他非創造觀型文化，走的不是這條路，自然也就從未演出類似的戲碼。

然而，其他非創造觀型文化最後也都禁不住被鼓動而向創造觀型文化迎合了上去，以致原沒有問題的現在反而需要文化治療了。如本節所要談的氣化觀型文化式的文化治療，就有一段愧歉需要彌補的歷程；而這當中的緣故除了前面所提過的頻遭裹脅（詳見本章第一節），理當還有所以會被裹脅的更深原因可以指陳。換句話說，如果被裹脅（包括軍事壓迫以及政治、經濟和科技等引誘威脅）的對象本身沒有相關妥協配合的條件，那麼該裹脅也未必可以如願。而這一點，就關係到氣化觀型文化所體現的儒／道義理（詳見本章第一節），它們所執意的「唯生是務」說，必然帶來積極性的「重視現世經營」和消極性的「求長生不老術」等後果。當中「重視現世經營」部分，稍一不慎或溢出，就會混上一神教信徒力求「現世成就」的作為（證諸當今國人拚命「造福人群」、「享受生活」而不知正參與耗用地球有限資源的行列，就可以會意一二）。但這又跟一神教信徒有一天國可以嶄嚮不類，終究只能在現世中忍受「得和失」的輪替不定的煎熬）。而「求長生不老術」部分，已經證明難以成功（歷來的藥物和術數的嘗試，不見延續，顯然是今人不願再冒「失敗」可能導致賠上性命的危險）；但它的可能性還在，總有一天大家會再回過頭來做起「活著成仙」的美夢（只要現世還有一點值得大家留戀的東西）。只是如果當真人可以不死了，那麼接著要怎麼過生活？「前途」又將是那一種樣子？還有繼續出世的人，又要拿什麼來「收容」他們？難道「活著成仙」只合是個夢想（而根本不必「進一步」想及上述的問題）？倘若是的話，那麼我們為何要做這種無謂（無法保證什麼）的夢想？儒／道兩家也沒有準備好回應這些問題，以致我們仍然不知道要怎麼「活法」比較好。但整體來說，如果不是一神教的強勢凌駕和直接、間接的「誘引沉淪」，這兩個家數也不必急著解決上述那些問題「以便應世」（它們仍然可以「無害於世」的帶著那些問題而大方的存在著）。（周慶華，2011a: 206～207）反過來說，氣化觀型文化所以會被強勢凌駕和「誘引沉淪」，也就是它急著解決上述那些問題「以便應世」，而這正是它頻遭裹脅的更深原因所在。

本來氣化觀型文化講究氣聚氣散（也就是萬物為精氣所化生，死後又回復為精氣）。（王充，1978: 202；高誘，1978a: 70；孔穎達等，1982: 82；戴德，1988: 508～509）氣聚時，人化生且眾多虬結在一起，必須分親疏遠近才能過有秩序的生活；而分親疏遠近莫如以血緣為最好的依據，以致中國傳統社會就以家族為社會結構的基本單位。在這種情況下，儒家／儒教的創始人孔子才會提倡「推己及人」的仁道來「綰結人情／諧和自然」（按：道家／道教參與了諧和自然的宏圖且更具創見），以確保這種「團夥為生」的順利運作。但這條道路向來還不夠被國人所深入瞭解，甚至在踐行上都未能精緻化；而如今又被外來文化所扭轉方向，不啻大為可惜！

我們知道，孔子的學問可以用他所創發的仁道來總括，已經展現於《論語》一書中（邢昺，1982），而不妨就逕稱它為「仁學」。而仁學，大體上是以「仁道」為核心，而透過「仁心」的內蘊發用到「仁行」的踐履成就，合而形成一個由「仁道—仁心—仁行」構作的形式結構；這個形式結構，內在邏輯井然而可以自成一套可認知的規範體系。換句話說，從仁道的設定到仁心、仁行的籲請實踐，一體成形，在邏輯上沒有斷裂或不相干的疑慮，自然也無不可成為有效的認知對象。倘若要說這裡面「還少了什麼」，那麼「仁性」一個環節尚未被安置大概就是了。也就是說，孔子只設定仁道以及呼籲別人得起仁心和帶仁行去因應，而無暇想及「人憑什麼可以行仁道」的仁（人）性問題。這要到孟子才一併予以設想了。孟子認為仁道所以可能，根源就在於「人本有此理」：

> 仁也者，人也。合而言之，道也。（孫奭，1982: 252）

此外，孟子還把它深著為「人性的實然」：「人皆有不忍人之心……由是觀之，無惻隱之心，非人也；無羞惡之心，非人也；無辭讓之心，非人也；無是非之心，非人也。惻隱之心，仁之端也；羞惡之心，義之端也；辭讓之心，禮之端也；是非之心，智之端也。人之有是四端也，猶其有四體也。」（孫奭，1982: 65～66）這一實然說不論能否提住原先孔子希望大家行仁道的初衷（也就是為它找到一個「必要如此」的依據），都先自我暴露了理論上的罅隙。換句話說，以人有仁性來保障行仁道的必然性，總會遇到「人會為惡而違反仁道」事件的挑戰。這點孟子僅以「牛山譬喻」（同上，200）受物欲蒙蔽為飾詞，益添自我扞格的成分（也就是人既然有仁性，為什麼還會為惡？這善惡兩端總不好並存吧），遠不及孔子純為「發想」來得簡省且無矛盾可以究詰。

由此可見，孔子仁學的形式結構雖然少了仁性這個環節，但整體上它看似要補卻實不必強補，對於原仁學作為可認知的規範體系的位格性可說絲毫不減效力，大家也無須多所致疑。而除了上述表顯的形式結構，仁學還有一個不易察覺的內隱的發生結構。這個發生結構，是由五個層次所分疏、統合後而定調的：第一，仁道的根源在「天命」（天命仁於人，人才知所行仁道），而這於孔子所說的「五十而知天命」（邢昺，1982: 16）、「畏天命」（同上，149）和「不知命，無以為君子」（同上，180）等話語中，都可以覷見「此一道理」。第二，天命作為仁道的形上依據，不論它裡面是否含有「位格天」的參與還是僅為純然的「自然氣化」的制約，從現有的文獻來研判，都可以說是孔子的發掘體證和率先賦予（設定）的。第三，孔子的發掘體證和率先賦予仁道的形上依據，又可以姑且斷定是孔子的稟性（智能）和權力意志的淺深作用（後者是說孔子如果沒有想要影響或支配別人，那麼他就不可能會去規模仁道並冀以教化眾人）。第四，稟性和權力意志的淺深作用為仁學的類發生結構或準發生結構，背後隱隱然還有一個系統內具普遍性的「氣化觀」這種世界觀在「居中」制約著（詳後）。第五，仁學的發生結構，就在該氣化觀的一起環衛制約中成形，而這得到了孟子才有進一層的發揮和理論的完善化（這是說孔子只處理到這個「虛級次」，所留下的「填實」工作就有勞別人了；而這正好由善述孔學的孟子予以賡續「完成」，可以讓我們一窺仁學的發生結構的全貌）。因此，這裡為了方便另啟後面的議題（評價施加的對象），不防就順便帶一下孟子相關的說法。首先，孔子所創發「推己及人」的仁道為個人最高的道德規範並不敷使用（因為還有國君這一類掌權者未計及），而孔子所期許「博施濟眾」的聖道為國君最高的施政原則（這本可視為仁行的極致表現，但孔子並未予以連結）也難以落實，於是孟子改以將個人的仁行推演到國君的仁政，冀以彌補先前的落差或更貼近現實的所需。此外，孔子的聖道，轉到孟子則收攝它為仁道加智：

昔者子貢問於孔子曰：「夫子聖矣乎？」孔子曰：「聖，則吾不能；我學不厭，而教不倦也。」子貢曰：「學不厭，智也；教不倦，仁也。仁且智，夫子既聖矣！」（孫奭，1982: 55）

「智」可以為踐行聖道多一重保障，這是孟子新添的，《論語》原書並沒有記載這類說法。其次，孟子以為仁政的落實途徑，積極作為在「推恩」或「與百姓同之」：

老吾老以及人之老，幼吾幼以及人之幼，天下可運於掌……故推恩足以保四海；不推恩無以保妻子。（孫奭，1982: 22～23）

王（齊宣王）曰：「寡人有疾，寡人好貨。」對曰：「……王如好貨，與百姓同之，於王何有？」王曰：「寡人有疾，寡人好色。」對曰：「……王如好色，與百姓同之，於王何有？」（同上，35～36）

消極作為在「省刑罰，薄稅斂」等（孫奭，1982: 14），且附帶條件為「取於民有則」（同上，90～91）；否則將會付出「失天下」等代價。（同上，126）此外，仁政（及仁行）得所施有差等（同上，243～244）。再次，孟子另加設定「人本有此理」來解決仁政／仁行所以可能的問題（仍屬規範論述），只是孟子本人不察把它矯說成「人性的實然」（見前）。解決辦法在於將仁政／仁行歸諸「人性的應然」（這在孔子拈出天命的形上依據時已經有所混淆，到了孟子仍然「不辨所以然」）。於是歸結孟子所紹述新衍的仁學，乃因所信仰「氣化」萬物的不確定性，以致必須有此一雙重疊加理論的設定來「自我圓說」。它在仁政／仁行的要求方面，是為因應氣化有「質差」的問題（也就是精氣化生成人有「純度」的不同）；而它在人性的應然設定方面，則是為因應人在氣化後有後設自覺能力的問題（也就是人會想到經營社會秩序的方法）。因此，所內蘊的整個體驗到論述欲求的轉換機制，就自成一種氣化觀／權力意志的發生結構學式的仁學形態（詳見圖5-3-1）。

此地的發生結構觀，雖然是比照發生論結構主義（何金蘭，1989）而擬定的，但有關最深層次的權力意志的揭發，卻是從權力／知識的新認識論（傅柯〔M. Foucault〕，1993；1998）轉來而跟發生論結構主義不相涉（僅取次深層次的世界觀而已）。它在「氣化觀的信仰」和「仁政／仁行的設定」兩端可以相互影響（只是前者的影響比重終究要大一點，以顯示它的「居中」性），所以用雙箭頭表示；而「氣化觀的信仰」和「仁政／仁行的設定」既然都是「權力意志」的發用結

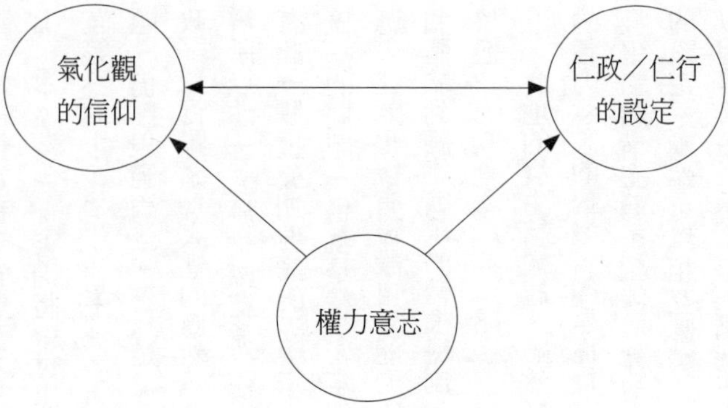

圖 5-3-1　仁學的發生結構圖

果，那麼二者只能各自單向接受制約，以致箭頭也就不反過來標劃。而很明顯的，該圖所透露的僅能是系統內的結構觀；而所解會雖然可以為新認識論作一印證，但也得知道當中因「氣」的柔性的反制約（這種反制約是在權力意志發用時就自我意識到且一併體現了，不必等「成形」後才來加反向箭頭表徵），又自我弱化而無意於跨系統的凌駕。基於此一「位差」緣故，所以可以再探異系統的殊別，以為仁學的跨系統結構定格。而為了方便對比，此仁學原先的「仁的學問」暫且以同樣帶有愛義的「仁愛之學」替換，而專取「仁愛」為論說項。我們知道，相較於仁愛這種最高級序的道德規範，還有慈悲和博愛等；而以仁愛／慈悲／博愛三者的對列來說，它們就分別隸屬於不同的世界觀。當中仁愛隸屬於氣化觀，而慈悲和博愛則分別隸屬於緣起觀和創造觀，如圖 5-3-2 所示：

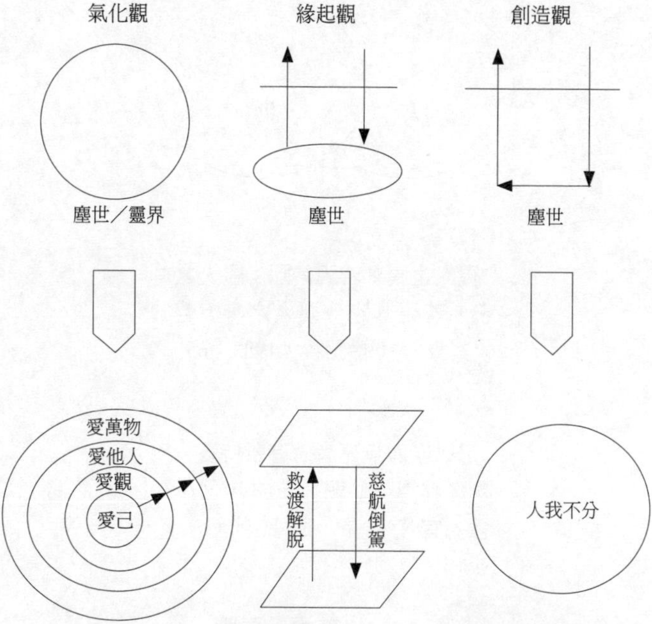

《論語・雍也》：
「夫仁者，己欲立而立人，己欲達而達人。」（邢昺，1982：55）

《孟子・盡心》：
「親親而仁民，仁民而愛物。」（孫奭，1982：244）

《大涅槃經》卷 9：
「如來之性，實無生滅；為化眾生，故示生滅。」（曇無讖譯，1974：416 上）

《大悲心陀羅尼經》：
「觀世音菩薩，不可思議威神之力。已於過去無量劫中，已作佛竟，號正法名如來。大悲願力，為欲發起一切菩薩，安樂成熟諸眾生故，現作菩薩。」（伽梵達摩譯，1974：110 上）

《新約・馬可福音》十二／29 ～ 31：「第一要緊的就是說：『……你要盡心、盡性、盡意、盡力愛主——你的神。』其次就是說：『要愛人如己。』再也沒有比這兩條誡命更大的了。」（香港聖經公會，1996：53 ～ 54）

圖 5-3-2　仁愛和慈悲及博愛的差異圖

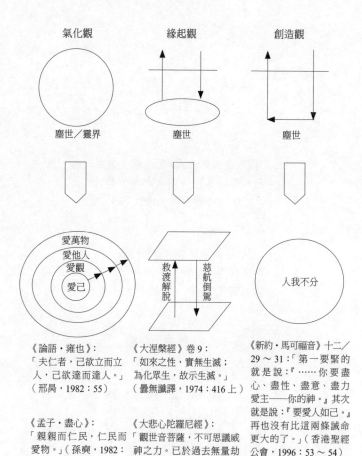

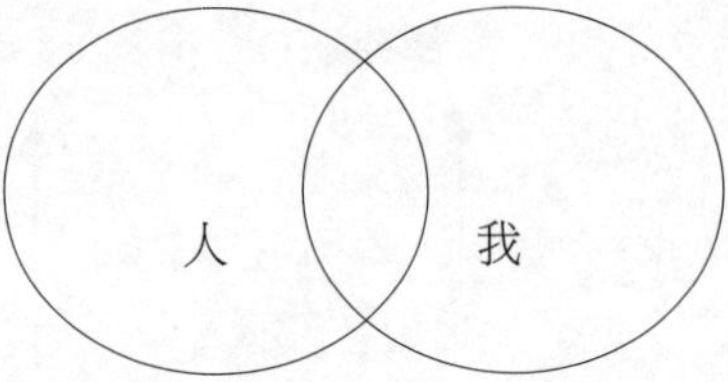

《墨子・兼愛》：
「視人之國，若視其國；視人之家，若視其家；視人之身，若視其身。」（孫詒讓，1983：65）

又：
「是以老而無妻者，有所侍養，以終其壽；幼弱孤童之無父母者，有所放依，以長其身。」（同上，72）

圖 5-3-3　兼愛示意圖

以上述各自的代表性的文獻來看，仁愛是由一己向外推擴而成就的；慈悲是證得佛果後自我降格去普渡眾生而示現的；博愛是比照造物主對所造物的愛而勉力的，彼此立場不同無從互換。此外，還有一種「兼愛」觀似乎可以擇便比類（詳見圖 5-3-3），卻又不能這麼樂觀。理由是兼愛僅為墨家的主張，屬氣化觀的旁衍，只在先秦時代曇花一現。

從上面徵引的文獻來推，兼愛的作為勢必要到「視人父如己父，視人子如己子」的地步而淪落孟子所批判的「無父／禽獸行為」（孫奭，1982: 117）的下場。

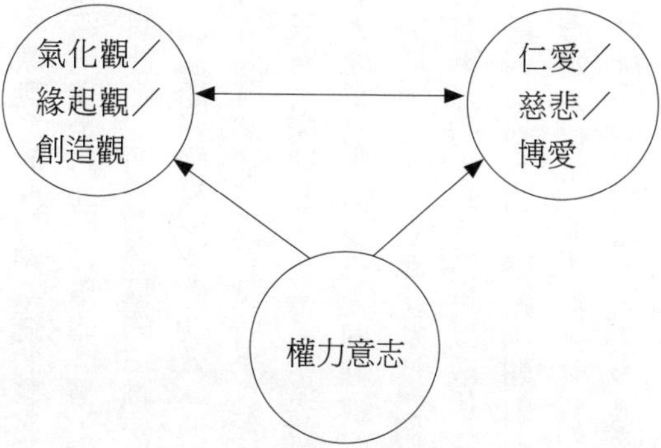

圖 5-3-4　仁愛、慈悲和博愛的支配欲望強弱圖

它不但為氣化觀型文化的常態社會所不容（不符分親疏遠近的倫理所需），也不易向近似的創造觀型文化的博愛規範過渡（因為還在堅持「兼」的狀態），而跟緣起觀型文化的慈悲規範更是不類，形同被孤立，可以不論。而由此可見，仁愛／慈悲／博愛分別為氣化觀／緣起觀／創造觀所衍發，源頭和施行環境都不一樣（後者為信仰者的抉擇共構的），彼此沒有可以共量的地方。既然仁愛／慈悲／博愛不可通約，也無高下先後可分，那麼三者在跨系統中就得為並列結構（詳見圖 5-3-4）。而如果從仁學的角度切入，相關的知解可以說是一種跨系統的仁學結構學。但話說回來，雖然仁愛／慈悲／博愛三種規範都可以為新認識論所統轄（僅此發生結構略能通約）。

但彼此支配欲望的強弱，則依次是比照造物主對萬物的絕對支配的博愛／創造觀最強；有點強迫人向佛的衝動的慈悲／緣起觀其次；只能引人體道合道的仁愛／氣化觀最弱。這就印證了前面有關仁愛觀「自我弱化而無意於

跨系統的凌駕」的說法，從此應該對它「另眼相看」。（周慶華，2010: 150～157）

所以說應該對仁學觀另眼相看，主要是從舉世已經不能不再強為吸取這種經驗而判斷的（雖然它原無意於展現跨系統的影響力）。而這給予一併關注，就等於在為長期以來遭漠視的仁學找尋出路。這是對孔子仁學的評價，實則是要把它置於眼前環境而試探一個相關「後仁學的開展方向」的可能性。而這個評價的主軸要擺在仁學的「應時性」的現實展衍。我們看到仁學從孔子創設開始，就沒能好好發揮它的功效（連孔子在內都覺得它是「理想高懸」，還有待不斷地「努力從事」）；其間雖然經過孟子試著予以理論的整補而趨於完善化，但實際上仍然不見廣為踐行（只要看看《孟子》書所記載那些被孟子遊說的國君個個「託詞逃避」，就可見一斑）；甚至到了《禮記‧禮運》大同章已經出現「大同社會」的規劃（詳見第三章第四節），而可以為仁學的「大為落實」指引方向，也沒有在歷來任何一個時代得到見證。這是否表示仁學本身有問題？不然！在系統內再也沒有更好的規範對策可以取代仁學的高度合理地位。它的踐履所以「效率不彰」，只因為面對一個最根本的人的「質差」問題而無法全然解決罷了（也就是人的品質有落差，難以齊一見識而一起身體力行），並不是本身有如兼愛主張那樣「礙難實現」的盲點。這樣一來，我們想為仁學尋覓再行開展的空間，只要「對味」了是沒有不可能的。而所謂的「對味」，自然是要就當前的情境來評估，以便可以看出一種具有恆久性價值的仁道思想究竟得如何的穿透時代不利的氛圍「繼續向前行」。而這不妨回到前節的系統對比上。依理信守氣化觀和緣起觀的人，都不可能給這個世界帶來「傷害」式的負擔（它們一個要「綰結人情／諧和自然」；一個要「自證涅槃／解脫痛苦」，都不會有為世界增添麻煩的欲望）；只有信守創造觀的人執著於創造的支配力，才會想到「挑戰自然／媲美上帝」終而把地球搞得千瘡百孔，直到今天大家都還因為他們的殖民征服和全球化經營而一起面對能趨疲即將到達臨界點的噩運！這不論創造觀型文化中的人如何的在開診治藥方（戴蒙〔J. Diamond〕，2006；奈思比〔J. Naisbitt〕，2006；康斯勒，2007；萊特，2007；麥唐諾等，2008），都只能是揚湯止沸而無濟於事。而這有絕大成分是跟博愛那一道德規範的「遺害」相關聯！也就是說，博愛觀會轉化成對普世的支配及其暴力壓迫；而實際上也無不應驗這種支配的災難處處（如西方人對非西方世界的軍事／政治／經濟／宗教殖民以及極力發展科學，而對大自然的無止盡的榨取等所造成的血腥衝突和資源枯竭／環境惡化的一系列變故，就是顯著的例子）。因此，為了人類的長治久安和地球的永續經營，再也不能仰賴博愛這種「歧出」或「太過逾量」的道德規範，而得重返原對世界有相當穩定作用的另外兩大道德規範。當中仁愛的「切合」現實所需，又遠非慈悲所能相比（也就是「推己及人」觀念要比「放下執著」觀念在人際互動中實現容易），以致多依賴它來「救亡圖存」，就想不出有什麼不妥當的地方。只是近百年來，國人因為凜於創造觀型文化一支獨大且橫掃全世界的威力，紛紛在思考推動自己所屬文化轉接西方而開啟如創造觀型文化那樣的色彩（林徐典編，1992；沈清松主編，2001；黃俊傑編，2002；李明輝編，2003），殊不知這樣「退卻」屈就的結果，不但助長了別人的氣燄而釀致舉世一道沉溺的不可收拾的後果，而且還讓始終有待演現的自我傳統文化更加的闇默不彰！這長此以往，不可能會是人類的幸福所繫。因此，重拾仁愛的信心而衍為一股「持續」性的批判力，直到它見效為止，也就成了後仁學在當今所可以一再提點去致力的對象；錯過了時機，恐怕都會變成「徒託空言」！（周慶華，2010: 157～158）

所謂氣化觀型文化式的文化治療，就是這種「自我掘深」文化底蘊以為治療的。它既是能自我批判治療，又是可藉為批判其他文化而予以治療，從而顯現該文化治療的韌性及其可恆久性。雖然如此，這種治療為了更加有效的開展，保持它的「純粹性」是最基本的條件；也就是不能再像有論者所說的那樣「強為鏈接」來自我弔詭：

> 這裡，文化的「鏈接」能力變得至關重要。如果人們、族群、國家和大陸要想和平和和諧而不是衝突和對立的話，文化鏈接是絕對必要的……在考慮未來最需要的那類時代時，沒有比陷入兩極分化陷阱的錯誤更大的了。不管過度沉迷現時代主導力量要遇到何種問題，馬上抵制這些力量將導致產生跟目前世界所擔負的同樣的超負荷和不平衡的體系。（謝弗，〔D. P. Schafer〕，2008: 272）

這殊不知向來都沒有兩極分化過；不是多極「各行其是」，就是一極在主導世界的走向（如創造觀型文化長久以來所扮演的角色那樣）。因此，氣化觀型文化式的文化治療在未來要展開，在某種程度上就是取代式的（也就是當像創造觀型文化無法自我治療時，就得轉過來向氣化觀型文化取經）；它不能再容忍任何破壞生態的文化鏈接的考慮。而此地所以會這麼論斷，是因為從近代以來有不少國人都在胡亂出主意，想把尚未被深掘的儒學（仁學）轉而去接軌西方文化，而造成它的治療性更無由彰顯！

倘若說過去近百年中，許多人眼看著西方科學理性的發達，紛紛撰文倡導傳統儒學的現代化，以期能迎頭趕上西方的步伐。當中有所謂的「道德主體轉出知性主體」（仁心或良知的自我坎陷）的思辨（牟宗三，1975；蔡仁厚，1982；劉述先，1983），那麼這裡就要指出這很有內在的難題。理由正如底下這段議論所說的：

> 現在新儒家力圖將科學理性精神也收攝於人心，並將它的發用規約於「發展仁教」就是暢達仁體的道德心願的範圍之內……在這裡，與其說是真正開顯了現在意義上的科學理性精神，不如說是沿用傳統心學「心外無理、心外無物」的理路，力圖將科學理性精神所作用的事實世界也收歸於一心的統攝之下。由此，事實世界與認知理性均變成了「無而能有、有而能無」的，沒有任何客觀

必然性的東西。顯然在這裡「科學理性精神」已經被扭曲了。儘管新儒家的確表現出了在儒學中真心接納科學理性精神的熱切願望，但由於「道德中心主義」的阻隔，科學理性精神並沒有能夠在現代儒學中紮根，新儒家所自期的開出科學、民主新「外王」的時代使命也就不可能真正完成。（李翔海，2000）

除了該思辨的理論基礎薄弱，還有當中所隱含的「救亡圖存」的想法也有不切實際的地方。所謂「『良知』無論在原始儒家還是宋明理學，都是指主體的道德意識，它們用『良知』的擴充膨脹，來代替人的認識活動，這跟近代科學方法和認識論，從結構到功能都是兩碼事。要從『良知』中『開顯』出知性主體，豈不如同緣木求魚？即便按照新儒家的設想，中國的道德、西方的科學，真有這樣二元的辦法也緩解不了其間的衝突，科學未必能健康地發展，鬧騰了多少年『中體西用』並沒有讓科學昌明起來，不就是很好的說明嗎……道德在中國文化中不單是個人行為規範、倫理準則，它還是整個文化的價值基因，滲透到社會生活的各個角落。傳統文化價值系統不排除個人科學上可以取得成就，卻不能給這些成就社會化，成為全民族共同的精神財富。中國歷史上許多科技發明得而復失，以致最終絕傳的事例，一個重要原因就是與傳統文化中的價值觀念有關」（包遵信，1989: 11～12），正指出它的盲點所在。類似的反思辨（兼含為儒家尋找新創的途徑），到晚近仍然可以看到它的「斑斑蹤跡」。（王英銘編著，2001）其實，儒家的轉化說或新創說（上述「正」

「反」兩派的意見）的出現，都是對西方的科學理性不甚瞭解所造成的。西方的科學理性和西方的一神信仰息息相關；也就是所有科學上的成就，都是為了「證明上帝的英明」或為了藉來「榮耀上帝」。（武長德，1984；韋伯，1988）所謂「上帝的力量在於祂所引發的崇拜。一種宗教的思想方式或儀式，倘若能促使人們領會到高於一切的超視，它便是強大的。對上帝的崇拜不是安危的法則，而是一種精神的探險，是追求無法達成目標的行動。壓抑高尚的探險希望，就是宗教滅亡的來臨」（懷德海〔A. N. Whitehead〕，2000: 276），這不只是在說宗教，也是在說科學。甚至西方近代所發展出來的民主制度，也是根源於該一神信仰（人「平等」受造於上帝，所以沒有人有權享受比他人較多的權益；以致必須造一個「平權」的社會，才是「合理」的）。但它忽略了人的資質能力有「差等」的問題，以致長期以來一直都無法解決（避免）「強凌弱」、「眾暴寡」的問題（這最「可觀」的是演變出殖民主義對「非我族類」的巧取豪奪，至今仍未饜足）。試問儒家原本不是這種性格，為什麼要把自己轉化或新創來迎合別人或跟別人一較長短？它（指轉化或新創）的「失敗」自是可以理解的。（周慶華，2001: 128～130）

儒家所以會隨人走上不歸路，全是惑於西方科技文明的「強大威力」，而看不到自己所有的跟該科技文明對諍或抗衡的優勢。這當然是主導儒家走向的人的不夠「明智之舉」（而不是儒家「自己」甘願隨波逐流）！因此，真正可議的是主導者的心態。「矯正」的方案在於不是把儒家加以改造或強為接納西方的東西而造成儒家現代化的事實，而是在普世現代化的過程中有那些不適應症或弊病或困境而可由儒家來提供對諍或救治的藥方，這才是儒家在現代社會可以再「復振」的契機。換句話說，儒家的學說雖然不再全盤可實踐於已深深浸染科技文明的社會，但它卻能成為一種緩和科技宰制的安全瓣和針砭科技弊害的批判力。從這一點著眼，才有可能使現代人深化對儒家的感情，終而促使儒家學說在當今社會的重新「挺立」。（周慶華，2001: 132）這是氣化觀型文化式的文化治療最重要的憑藉（至於道家／道教也可談論的純任自然／冀得逍遙的作法，也有加分的作用，在此就不多提了），它應該從未盡彰明以及刻意被壓抑或遭受不當扭轉中重新凸顯出來，世界才可望有救。然而，很遺憾的，需要優先體證氣化觀型文化式的文化治療的海峽兩岸，卻還在瘋狂追隨創造觀型文化耗能的一面而無所懺悔醒悟；尤其是中國大陸，它原仿效創造觀型文化的支流把自己變成一個社會主義國家，計劃經濟是它的生活形態，但現在禁不起資本主義的誘惑，向市場經濟靠了過去。換句話說，它長久以來存在的打倒西方強權的意識形態狂熱，已經蛻化變成極度擁抱西方強權所規模的資本主義而正在跟「發展經濟」的觀念共舞。因此，它得到了西方人的讚美：

> 自從這個脫胎換骨的新中國欣然接受了資本主義道路以來，整個國家都已經開始依賴於國際市場、全球規則以及自由貿易，以此來實現經濟成長。經濟成長則帶來了生活水準的提高，並維護了國內的政治穩定。在這一過程中，中國已經逐步地融入到它一度拒絕的國際社會中，並在一系列優先議題方面展示出參與國際合

作的意願。（哈爾珀〔S. Halper〕，2010: 24）

這種讚美的不肯一面倒，就是再找出它的增長奇蹟的一些負面效應，包括大規模的腐敗、環境汙染、貧富差距、大量的流民、極端貧困、城鄉差異、通貨膨脹、民族主義憤青、公共衛生問題和嚴厲的媒體控制等等。也就是說，中國大陸被「浮士德和魔鬼的交易」套牢了，它「愈發展，增長奇蹟產生的負面效應就愈多。儘管做出了監管和改革努力，但中國領導人防止這些負面效應演化為大規模社會動亂的手段只能是繼續推進高度增長」。（哈爾珀，2010: 65～66）這樣我們所看到的現象，是一個高度不協調的經濟歧出以及茫然無所適的未來圖景。這幅圖景，表面上是提供給全球消費者的經濟價值方程式已經被中國競爭者以低成本創新的方式改寫，而被中國製造寵壞了的全球消費者也正在把性價比的重要性提到了前所未有的高度（曾鳴等，2008）；但實際上它卻是以極度飢餓而想快速滿足的姿態崛起，所謂「舊紙、廢塑膠、廢鐵……對中國這隻饕餮來說，今天什麼都成了好東西。國家的工業化引發了真正的需求爆炸：到處都要購買金屬、能源、農業和工業的基礎產品。為了建設道路、橋梁、港口、城市和工廠，中國需要大量的木材、混凝土、鋼、鋁、鎳、鋅和其他金屬。為了讓它的電站和工廠運轉起來，讓火車、飛機和汽車啟動，中國需要充足的汽油、鈾、煤炭和天然氣。為滿足新出生的消費者，中國對小麥、大豆、牛肉、棉花、黃金和白銀的胃口也變得更大」（伊茲拉萊維奇〔E. Izraelewicz〕，2006: 171），正說明了當中驚人的一幕！這

「無所不求」的結果，導致廢五金的價值水漲船高（所以以臺灣為始，馬路上的人孔蓋一一消失；而蒙古、吉爾吉斯、芝加哥、蒙特婁、格洛斯特和吉隆坡的人孔蓋全都缺貨）；而為了供應它需求的糧食和木材，巴西砍伐大量雨林地種植大豆「每分鐘有六塊足球場大的雨林消失」和印尼「每年有一塊面積相當於瑞士大小的森林遭到盜伐」。（肯吉，2007: 27～28、216～217）此外，它的總消耗量，如鋁、銅、鐵、鉛、鎳、鋅和小麥等已經高居世界第一位，而石油、煤炭和糖等也高居世界第二、三位（慕勒，2009: 75～76），酷似一頭永不饜足的巨獸！這樣的崛起，不知道有什麼好光彩的。換句話說，它雖然改造了世界的經濟形態，但也因為自我根基浮動而從此活在一個益發虛無的情境裡。（周慶華，2011a: 76～77）

類似這一未來不知「伊於胡底」的難堪圖景，近年來更因仿冒風氣特甚而再向前推進危及生態的深淵。這是為了富有卻又無力全然創新領航所想出的對策，已經在中國大陸蔓延開來，並且被稱為山寨文化。當中山寨，英文翻成「Cheap Copy」，也就是廉價的複製品。這種新興的概念，是「用超低成本生產本土零配件，造出不可思議的仿真製品，以難以置信的低廉售價供應市場」，如「汽車、電影、行動電話、GPS、液晶電視、MP3、PSP、電動遊戲機、數位相機、滑鼠、鍵盤和iPad 等等」。（張啟致，2010: 2）由於它被視為是帶「創新性的模仿」以及逐漸要躍升為全球經濟中的強大新勢力（張廷智，2010），所以就不成文的自動升格為「山寨文化」，表示它的運作獨特且正在影響無數的人。雖然說山寨文化古來並非沒有（張啟致，2010: 200～201；張廷智，2010:

89～90)，但要論及它的機動性和大言不慚的「自封王國」，卻都不及如今中國大陸那麼明顯。顯然山寨又來了，而且這次來的更為兇猛，讓人看得怵目驚心！（周慶華，2011a: 78）

中國大陸的崛起，常被比喻作大象走進瓷器店（瓷器店為了容納它，必須加以改造，並且還要對牠進行馴化）或大象騎腳踏車（如果慢下來，可能會摔倒而震撼大地）。（伊茲拉萊維奇，2006: 320；肯吉，2007: 91）這樣山寨文化不啻就是從中偷偷的取得了出場證，而且愈來愈大膽的舞弄起它那半調子的新姿態。所以說山寨文化愈來愈大膽，是因為它的獲利方式連正牌廠商也在垂涎而想加入山寨行列，如「現今美國蘋果公司的 iPad 問世，在中國又掀起仿冒浪潮，跟以往不同的是，眾多非山寨大公司也高調、匆忙加入山寨 iPad 隊伍。例如聯想推出了 IdeaPad。二〇〇八年，聯想以一億美元賣掉手機業務，看到 iPhone 大賣，就又急忙花了二億美元將手機業務買回來，隨後推出山寨 LePhone，聲稱『不顧一切跟 iPhone 背水一戰』」（張啟致，2010: 4）；在這種情況下，有誰能攔阻得了？因此，藉由對知名品牌的低成本模仿的山寨產品（有所謂山寨手機、山寨相機、山寨電視、山寨電影、山寨電動遊戲機、山寨米、山寨藥、山寨車、山寨春晚和山寨明星等等），也就在中國大陸四處竄出了。（周慶華，2011a: 78～79）

大家知道，非西方社會在面對西方強權的經濟壓迫時，都只能以製造或代工業來逼自己轉型（以為因應被邊緣化的命運）。好比「二十世紀六〇年代，人們在法國購買玩具時看到的是『日本製造』的標誌。後來的十年中，很快換成了『臺灣製造』或『香港製造』。到九〇年代，又變為印尼或泰國製造。在二十一世紀最初幾年，如同聖誕樹周圍擺放的那些兒童禮物一樣，人們已經很難找到沒有貼『中國製造』的標誌玩具了」（伊茲拉萊維奇，2006: 94～95），這是實情。當中可能摻雜的「仿冒」一起，也無可厚非（誰叫西方強權都一直那麼不可一世呢）！但這次中國大陸的仿冒卻有鋪天蓋地且逐漸被合理化的氣勢；它自我營造了「模仿是一種生存方式」或「模仿是為了平衡創新」（張廷智，2010: 271、286）的新話語，大剌剌的闖進世界經濟圈（不再有一點愧恧感）。這麼一來，山寨文化就被標榜成是「中國人已經再也不願意完全屈服於西方世界，想要走自己的路」（張啟致，2010: 200），彷彿沒有了山寨文化，中國人就會淪為別人的囚徒或附庸，再也翻不了身。（周慶華，2011a: 80～81）

整體上，山寨文化是跟中國大陸整個經濟運作軋在一起的，一榮則全榮，一毀則全毀，所以它的成敗就端賴中國大陸市場的「基本」支持度。然而，中國大陸這一波的經濟崛起，卻是源自西方強權的拉拔（包括投資、強化貿易和轉移技術等等），它本身並沒有條件可以在當今世界挺立；而現在羽翮稍見豐滿了，反要動新結盟反彈的腦筋：

> 中國崛起的這一面向，對啟蒙價值和兩個世紀以來引導西方持續進步的原則構成了根本性的挑戰。如同其他政策領域一樣，中國正將它兩兆美元的外匯儲備當作戰略工具使用。它的全球貿易網絡正在快速塑造出一群心懷感激、言聽計從的幫

手。中國跟它的支持者之間的關係，並不是聯合國內的一個投票部隊，也不是一個所有瑣事都得請命於共主的國際集團。相反，我們看到的是，有愈來愈多的發展中國家因為如下共識而鬆散的凝聚在一起：對中國的崇拜，對透過國際市場力量致富的期待，以及追求獨立自主、擺脫西方政治經濟文化羈絆的渴望。（哈爾珀，2010: 53～54）

這被認定是中國最終會脫離典型西方式的國家和不再是國際社會中服從的會員，而它的發展將「深刻的改變這個世界」。（賈克〔M. Jacques〕，2010: 48）但可能恆久如此嗎？很難！雖然有人說「中國國力的增強，不只是依靠勞動力密集型工業布局的改變，同樣也依靠著整個尖端工業（包括資訊、電信、生物技術和航空等等），它正在取得革命性的進步」（伊茲拉萊維奇，2006: 227），但實際上它僅在全球產業價值鏈的末端占據支配地位，尖端部分仍舊穩穩的操縱在西方強權的手裡；只要另一波圍堵政策發生，中國大陸就得重回閉關鎖國的境地！（周慶華，2011a: 81～82）

這是說跟西方強權經濟競爭優勢，顯然勝負已定，不太可能再有轉圜餘地。那麼剩下來還有什麼？就是要強出頭所造成的高汙染以及虛假風氣盛行和有毒製品氾濫等新添的生態災難。據調查，全球汙染嚴重的二十個城市，當中有十六個在中國大陸；而中國大陸有百分之三十的地區下酸雨，許多鄉村淪為有毒廢棄物的傾倒地。（肯吉，2007: 214）這是中國大陸為了搞活經濟歡迎外來投資，而變成「世界工廠」的結果。至於虛假風氣和有毒製品等，則是急於致富又缺乏本事而走仿冒捷徑和兼廣納外界廢棄物的後遺症。它已經有一張清單在傳布：

> 當今中國，號稱物質豐富，卻是遍地假貨毒物。以「民以食為天」的食物而論，奸商為謀取暴利，與貪官合謀，摻假作偽，將大量假冒、乃至有毒食品推銷上市，輕則致傷致殘，重則奪人性命。假酒、假茶、假鹽、假醋、假醬油、假火腿……毒米、毒菜、毒油、毒粉絲、毒饅頭、毒奶粉……除此之外，還有假菸、假藥、假肥料、毒筷子……林林總總，包羅萬象，既有假偉哥、假血漿，也有假手錶、假汽車零件……從欺騙發展到危害，從危害發展到致命。（陳破空，2010: 168）

在有毒製品泛濫方面，得力於一個似褒實貶的「世界垃圾場」稱號；它除了勤於吸收別人不願處理的垃圾（武田邦彥，2010），還有在無意中又把該垃圾所含毒素藉由製品再流向世界各地（楊偉中，2007），引發二度公害！有人說中國大陸現今製造有能耗高、人工高、汙染高、占地高和利潤低等「四高一低」的問題。（張亞勤等主編，2010: 14）這看似「沒有什麼大不了」，其實它的深化生態災難已經到了預警線，再向前一步就會萬劫不復！換句話說，在能趨疲時代，世人沒有持續耗能的本錢；而中國大陸這樣的崛起法，豈不要深重能趨疲到達臨界點的危機？因此，連帶看到山寨文化的熾熱發展，立刻就會跟著憂慮生態浩劫的提早來臨。（周慶華，2011a: 86～87）

氣化觀型文化本來不是這個樣子的，自從被人逼迫和自我妥協後就逐漸搬演出這種「不中不西」的形態（西方人始終以「創新」領航，還不至會相互仿冒到這種程度）；尤其是在一些不明究裡諸如「在明代以前中國的科技領先全世界」、「科學在中國為什麼沒有發展」的言論（李約瑟〔J. Needham〕，1974；溫契斯特〔S. Winchester〕，2010）刺激下，紛紛盲目的奮起要尋找「比強之道」而試圖「扳回顏面」，所以才有如今中國大陸這類的躁進作法。但實際上氣化觀型文化從來沒有過西式的窮耗資源生活：「中國科技文明在古代固然大盛，但它的特色卻是反近代科學的。中國科技的重經驗實用，在文藝復興時代引起培根的倡經驗歸納，補了希臘文明只重理性思考的不足；但中國科技只重經驗實用，少了理論概括，卻難以建構成抽象的邏輯系統。所以中國的科學著作，如《墨經》、《考工記》、《天工開物》、《夢溪筆談》、《物理小識》等，都只有簡單的歸類……無法像牛頓力學有清晰的、數學的、邏輯的和『系統的』解釋或描述」（劉君燦，1983: 87～88）；而這在西方明眼人也能看出彼此大為不類：

> 中國比西方早了數世紀發明火藥、麵條和眼鏡。不過，中國人對科學總是抱持實用和實際的態度，並非為科學而科學；尤其儒家哲學重視社會和諧遠超過科學理

論。亞洲輝煌的科技史和懷抱理想「追尋真理」並沒有太大的關聯。道家雖然強調自然，本質上卻跟科學無關。(索羅門〔R. C. Solomon〕等，2007: 27)

因此，氣化觀型文化如果得不到復原而仍一逕的尾隨創造觀型文化，那麼它要等待創造觀型文化幡然悔悟而轉過來連氣化觀型文化一起拯救，那就更遙不可及了。換句話說，氣化觀型文化必須先自救後，才可能對現今的世界有所貢獻；而期待中的氣化觀型文化式的文化治療，也得即刻展開，處在這種氛圍裡的人才能真正過有尊嚴的生活。

第四節 緣起觀型文化式的文化治療

緣起觀型文化原是最少耗能，但到了近代同樣也禁不住被鼓動而向創造觀型文化迎合妥協，以致就像氣化觀型文化本沒有問題而現在反需要文化治療了。不過，在這個過程中還有一點不同，就是緣起觀型文化所集中體現於佛教的，一向堅持脫苦的指標，立意難以動搖，所以情況還不致像儒家那樣「糟透」。但近百年來，它也快挺不住了，有愈來愈要「向下沉淪」的趨勢。原因是佛教為了更有利於在現實中生存，也不惜代價的要隨西方人的腳跟而步上「現代化」的旅程；不但多方借重西方所開發的傳播技術，還積極於引進西方的企業觀念和民主理念來從事教會組織的重建和傳統教義的革新，導致佛教的面目日漸在「模糊」中。稍早一些有識之士所看重於佛教的，是佛教所講究的修練冥想、瑜伽術以及其他心身治煉，把消耗能量降到最低限度而可以配合於能趨疲世界觀的「生態急務」這一特色（雷夫金，1988: 355～361）；而近來有更多人還兼看重佛教對世界和平的貢獻：「佛教所以吸引很多人，尤其是在西方社會的科學環境中長大的人們，有一個特徵就是佛教不提『超自然』的觀念……佛教備受歡迎的另一個理由是，它傾向個人獨修而非團體集體表達宗教情感……佛教對個人的重視也在其他方面表現出來。佛教沒有其他宗教所有的那種固定偏見；因此，不同種族、性別傾向及不同生活形態的人都可以在佛教找到支撐點，這是在西方宗教裡無法找到的……也許佛教最偉大處在於它對和平的貢獻。過去一百年來，我們的世界爆發了兩次世界大戰及無數小衝突，佛教徒呼籲和平不遺餘力……因此，我們堅信佛教必定會持續有力的號召建設一個較為溫和的世界。只要有關人類生存的問題繼續存在，佛教都會在每一世代找到宣揚希望、和平、慈悲的信息。它也能持續提供人們對應人生很多失望及悲劇的方法，以及人類與這個世界互動的可行模式」（赫基斯〔B. K. Hawkins〕，1999: 115～118），但這都無關於佛教的「現代化」。現在佛教要步西方科技文明的後塵而參與耗用世上有限資源的行列，豈不是要教人「扼腕嘆息」？這樣下去，又如何能保有自己的「本來面目」？（周慶華，2001: 130～132）所謂的「在這個過程還有一點不同」，就是它不像氣化觀型文化所有的重視「現世經營」容易混上創造觀型文化的力求「現世成就」（詳見前節），而是本來就不該有塵世執念卻自我轉換身分著迷於現代化的榮景。

依三大文化系統的「欲望」伸展來看，創造觀型文化屬於縱欲型，位居光譜的一端；而氣化觀

縱欲	節欲	去欲
（創造觀型文化）	（氣化觀型文化）	（緣起觀型文化）

圖 5-4-1　三大文化系統的「欲望」伸展差異圖

型文化屬於節欲型，處於光譜的中間地帶；至於緣起觀型文化屬於去欲型，則別據光譜的另一端。如圖 5-4-1 所示。

很明顯的，緣起觀型文化怎麼說也無緣走上縱欲的道路；但如今我們所看到的卻儘是創造觀型文化了，不但軟硬體設施無一不追隨別人的腳步，連弘法事業都緊跟西式「企業管理」的組織化運作進程。這先不說原在緣起觀型文化大範圍的印度國家，已經像中國大陸那樣被捲入全球化的浪潮而拚命在競技耗能，就說散化於世界各地的佛教團體又有那一個在逆反潮流而行？它甚至早就有意無意的參與了現代企業的運作。

好比大家都可以感受得到，當代的寺院擁有龐大的土地、廟宇、員工和信徒等，遠非其他企業體所能比擬；而它強大的動員能力、頻繁於接受新的事物和永續的培養人才等管理特色，也讓所有的利益團體相形見絀。（林清玄，1996: 85～93）而在這個過程中影響更為深遠的是，佛教內部的修行法門「禪道」，已經延伸向其他企業，而有所謂「企業禪」的名稱和事實。這雖然是企業主動發起，但如果沒有佛教中人的介入指導以及直接、間接的鼓勵，那麼它也不可能普遍風行。換句話說，佛教不僅不禁止這種不當的風氣，而且還積極的促成企業禪的實現；以致佛教的自我變質，就莫此為甚！

照理「企業禪」只是現代版的格義學，而不是禪道本身的自然演變（如原始佛教的修習禪到中國禪宗的祖師禪之類）。因為那是企業根據它的需要而借重禪或援引禪，使得企業能永立不敗之地，跟一般所理解的禪重在「解脫」相去甚遠。由於企業禪在當代企業王國日本頗為風行，成就了一批有名的企業家（如松下幸之助、盛田昭夫、松野宗純、福田一郎、早川種三、坪內壽夫等等），連帶刺激了國內的企業界，一時禪風四起；有人修習，有人講論，有人著述，好不熱鬧！而在這股企業禪的風潮中，禪道被看成是企業人事管理和賺取利潤的一大助緣，所謂「偏見的形成來自對於事物或觀念的固定化，形成的偏見以及拘泥於事物或觀念，將妨礙有彈性的自由構想，就是本來應該是『空』的自由生活方式。即使在當今的經濟世界裡，也同樣認為思想或常識的固定化，將影響企業的活力和彈性，損害企業的努力和業績，而禪更是如此。因此，我們必須完全拋棄這種因為偏見而導致的個性」（司馬風，1996: 22）、「做好個人健康管理後，就能『自覺覺人、自度度人』，也會懂得去關心別人、照顧別人，並能建立和諧的人際關係。在企業內部的這種和諧氣氛，應從老闆及主要幹部做起，發揮『企業磁場』的效果，以百分之二十的力量，去影響其他百分之八十的員工共同身體力行」（周之郎，1993: 15）、「從某方面說，生意人或經營者的特性正是這樣：那裡有錢賺就會去那裡，管它海角天涯、深山或沙漠；只要誰能做生意，就自然會跟誰來往，那管他是親友或陌生客？一切隨性隨緣，生意最重要，經營擺第一，其他都可以丟棄或不理，尤其現代的國際貿易更是如此」（劉欣如，1996: 4～5）等等，正說出禪道可用來幫助企業經營的一般化模式。只是「空」、「自覺覺人、自度度人」、「隨性隨緣」這些禪學用語，「本」是得道者（如佛陀、菩薩、緣覺、聲聞等）畢生知見和超脫生死的「假名」遺留，如今被轉用在總括企業的生存法則。這究竟是一種好現象，還是時代的危機？（周慶華，1999: 160～161）

從禪學的發展演變來看，它原隱含有任人開發或挪移的空間（周慶華，1997a: 159～195），今人將它「改變面貌」套在企業經營上，照理說也沒有什麼不可以。問題是企業本身的存亡絕續，關鍵不在有無禪道的介入，而在整體環境是否還有所需的足夠資源。以目前的情況來看，各企業發展所需的資源，只會愈來愈短少，不會愈來愈增加。因此，把禪道引入企業，試圖強化企業的功能，而看不到或不願正視「發展企業即將沒有遠景」這一事實，那豈只會是禪道的災難，更會是企業的災難！（周慶華，1999: 161～162）換句話說，當代企業所引進的禪道，不論是需經由修習漸悟的過程，還是可直接自證頓悟而得（鈴木大拙，1981a: 141～148），都不可忽視它原所要彰顯的般若智或清靜心，而以解除煩惱塵勞、了脫生死為究極旨趣。（鈴木大拙，1981b；柳田聖山，1992）因此，凡是有礙修證禪道的東西，都應了卻（知道它是「空」〔無自性〕而忘卻或阻卻），才能進入寂靜自在的佛境界。當中以貪、瞋、癡三毒的首毒：貪財物，最能持續的引發人的煩惱，成為修證禪道者的大敵。而當代把禪道引入企業的人，殊不知企業都以追求財富（利潤）為最大目標，所謂「企業要永續經營，必須滿足社會的需求。如果對社會沒有貢獻，那麼企業將無法永續經營。只要企業抱持追求利潤的原則，那麼要求企業放棄利潤，以貢獻社會為目的是不可能的。利潤與永續經營是一體兩面、不可分的。為了追求利潤，上自社長（老闆），下至員工，雖立場各異，但全力奮進是必然的；同時，這也是生命的意義」（松野宗純，1996: 179），試問在這種情況下，豈不是現出了「空人心」和「求財富」的兩難局面？換句話說，禪道和企業的作為是相互牴觸的；照理企業中人只能選擇其一，而不能兩者都要，否則就會自我矛盾。（周慶華，1999: 162 ~ 163）

然而，當今倡導企業禪的人，卻一逕的在推銷這種矛盾法門，絲毫也不覺得有什麼難處：「在一般企業界裡，倘若老闆能見性，瞭解自己的職掌角色，則可無怨無悔的付出；而企業員工倘若能見性，瞭解自己該扮演的角色，則可無怨無悔的配合企業的成長腳步。當每個人瞭解自己的工作真義後，不需要去管理，就會產生『人力自動化』的效果，每個人可自動自發的把工作做好」（周之郎，1993: 56 ~ 57）、「禪藉由亂中取靜來改變整個局面，使得經理人在運用自身的學識、素養、經驗和才華上，更加得心應手。『靜心』能使經理人脫離老舊過時的習慣，進而洞見各種狀況，作清晰的評估，不受主觀的干擾，對症下藥」（拉達〔Radha〕，1993: 8）、「難怪歐美人以前常說：『日本商人在全球無孔不入，背著相機到處跑，只要發現別人的長處和賺錢機會，後來一定會如願……』世界這麼大，人種這麼複雜，各地文化不盡相同，才呈現多樣化的觀點，而今沒有鐵幕和不能進去的角落，國內商家何不仿效古代的禪師大德，只要聽說『智慧』在那裡、菩薩住處，千山萬水也不怕，照樣去登門求教」。（劉欣如，1996: 31）從來沒有聽說過「見性」、「靜心」（修禪）、「求智」（般若智）是這樣做的。倡導企業禪的人，把古來禪師大德的解脫法門，介紹給企業主去經營企業，恐怕在還沒有「幫助」企業主賺得大錢前，已經先讓企業主深陷在一些文字迷障中而不可自拔。因為所謂「見性」、「靜心」、「求智」等等概念，都是在暗示人要放下執著，才能即刻朗現寂靜自在境界，而一個企業主如何一邊算計著利潤一邊還能證見自性？如果不能，那麼上述那些概念，對企業主來說豈不是會感到滿頭霧水？（周慶華，1996: 163 ~ 164）

其實，企業倘若像倡導企業禪的人所說的這樣：「『商場即戰場』，而戰場是殘忍無情，倘若不能高人一等或搶先一步，便不能獲勝，而這是商家最起碼的常識。現在的生意幾乎沒有國界，只要那裡有錢可賺，生意人便全力投奔到那裡，簡直無孔不入，但這一切也要有本事，例如推銷方法、品質、價錢和售後服務……等，都要比同行高出一籌才能成功。倘若墨守舊法，不求改進，肯定會被商場淘汰」（劉欣如，1996: 78），那麼這已是人人都曉得的道理，何必硬扯上禪道？再說企業是否能成功，還有許多無法掌握的變數在（這也就是當今「複雜理論」所拈出的「報酬遞增率」，它已超出當事人的意料之外），這時禪道又能產生什麼作用？還有企業管理假使也像倡導企業禪的人所認知的「現代的管理知識，注重如何將有限資源，作最好的運用，以提升組織的生產力及達到個人滿足。並不斷地將各種管理方法推陳出新，解決現代人在組織中面臨的問題。如企業方面，從生產導向演進成行銷導向，再變成財務導向，現在則注重人力資源導向。而禪就是強調『天上天下，唯我獨尊』，肯定每一個人都是獨一無二，非常尊貴的個體。般若智慧是任何人本來具有的……只要將貪瞋癡慢疑等不良的習慣領域，逐步轉化消除，就能以智慧提升生活的素質，進而任運自在，而在利他的過程中達到自我實現」（蕭武桐，1993: 自序）已經改為人力資源導向，那麼這也早已有人在提倡和實踐著（郭崑謨，1990；楊國樞等主編，1991；榮泰生，1994；樊和平，1995），禪道的「介入」又如何凸顯它的特殊性？因此，對於底下這種顯得過度「樂觀」的看法，就得重新給予評估：「至於禪的精神應如何體現於管理中？過去常有人把禪和行銷結合起來運用，禪的灑脫、當機立斷、把握時機、適時切入，對於變化多端的市場行銷正合所需，因此運用禪的精神，確實能對行銷發揮很大助益……除行銷外，禪對決策、領導、研發創新也極具啟發作用」。（成中英，1995: 103）畢竟把當中的禪換作「易理」、「常理」，甚至「兵法」，整段話也可以成立。這就不知道倡導企業禪的人用意何在！而從這一波企業禪的風潮來看，也不禁讓人產生一個困惑：究竟是禪道不見了？還是企業（因禪道的「攪亂」）不見了？（周慶華，1999: 164～165）

這種情況，如果沒有佛教的介入參與運作（包括指導企業中人禪修和接受企業捐款以及代為出版或宣傳企業禪書等）而使得企業禪蓬勃發展，那麼企業本身也不可能有本事可以把佛教的解脫法門這般大張旗鼓的「轉」運用在企業的經營上。因此，倘若真的要說企業胡亂挪用佛教的東西，那麼佛教自己就是始作俑者；它的自我屈降以迎合時代潮流（而不能成為抗拒時代潮流的中流砥柱），不但荒廢了佛教可以另類崇高的事業，而且還變成企業耗能以增加能趨疲壓力的幫兇。也正因為有佛教這樣的日漸變質，所以整體緣起觀型文化在當今就一併成了需要治療的對象；而這跟它原有的旨趣可以對治創造觀型文化的耗蠹和窮為擴張，恰好自我矛盾也自我消無。

姑且舉一個例子來看這種歧出的嚴重性：據傳蘋果公司創辦人賈伯斯（S. Jobs），他從里德學院返回矽谷後，就經常到乙川弘文主持的位於洛斯阿爾托斯的禪宗中心修習。一九七六年創辦蘋果前，他為留在矽谷創業或去日本修禪而一度陷入了迷茫；而在請教乙川弘文指點迷津後，對方告訴他「原本無生無死，萬事都是夢幻，又何須決斷」，但他仍不滿意，因為他無時無刻不想著改變世界。最後，乙川弘文說：「一切萬法，不離自性。去吧，既然心已嚮往，還有什麼可掙扎的？全心就是佛，心佛無異。當心性再無滯礙，行止都隨本心的時候，你就是大徹大悟的佛陀呀！」從此以後，賈伯斯就像鬥士一樣，在改變世界的道路上一直前行，用自己的生命在實現禪師的那些話。如賈伯斯創辦 NeXT 公司時，就特地請乙川弘文擔任公司的精神導師，為員工講解禪的智慧；而一九九一年，賈伯斯和勞倫在優勝美地舉行婚禮，主婚人正是乙川弘文。（王詠剛等，2011: 234～235）禪理促成一個人改變了世界（艾略特〔J. Elliot〕等，2011；莫瑞茲〔M. Moritz〕，2011；艾薩克森〔W. Isaacson〕，2011），但也毀了一部分世界，因為大家正在瘋狂的著迷於電腦科技的更新，而忘了地球還有多少資源可以如此毫無節制的耗用？這就是佛教歧出後所帶來的惡果，已經在等著我們嚐受吞噬！

大家知道，起源於印度的佛教，早已在印度本土沒落了，但北傳的大乘佛教和南傳的小乘佛教，以及藏傳的後期佛教，卻在東亞、東南亞和西藏等地延續著。尤其北傳的這一支，在中國歷經將近兩千年，於隋唐時東傳日本，現在更傳遍五大洲，所掀起的信仰熱潮和研究風氣，戛戛乎有凌駕其他宗教的趨勢。這種現象，似乎無法用「佛教的基本教義適合於各種剝削階級的利益，因而得到不同國家的歷代統治者的支持」（呂大吉主編，1993: 656）一類簡單的理由所能解釋，它的偶然性或緣起法及解脫法門特能吸引人心都有可能。而這在當代，由於佛教積極的「入世」，脫去了原有的神祕面紗（由深奧的教義和繁難的修持綜合摶成），特別令人刮目相看，而不免懷疑起這一番變動，究竟是佛教的宿命，還是人為的異化。根據我個人的考察，後者的成分可能較多，而它所引發的問題，恐怕也不是今人容易想像的。「五十年以來，中國佛教歷經了佛教徒所謂的『災難』。特別稅或『進貢』加諸於佛教教會之上。寺廟被政府、軍閥或地方人士改變成學校或軍營，分文不賠償。財產沒收充公，拍賣所得用以支助學校、地方自衛隊或本省軍隊的經費。寺廟田地的佃農不交地租。神像被破壞。和尚和尼姑被趕出寺廟之外……但佛教並沒有向這些災難屈服。相反的，它抬起頭來向前走出堅定而勇敢的步伐」（陳榮捷，1987: 72）、「近數十年來，知識分子信仰佛教的人數，有大幅度的增加。然而，不客氣的說，這些現代知識分子，真能認識古代教內知識分子所締造的佛教學統的，並不多見……畸形的發展風氣之下，乃產生下列偏頗的言論：參禪者不論自己有無體驗，往往以『不可言傳』來輕視言教者。學淨土者，動輒謂六字洪名（南無阿彌陀佛）之外，都為說食數寶，並以為研求學統，是無謂的浪費精力。學密者更甚，幾乎可以將客觀的佛教史實及密教之外的大小乘教義全然拋棄不顧。密宗修習者之中，雖然也常會有『學密之前，須學顯教若干年』的說法，但目前的學密者真能對顯教有較深認識的，恐怕百不得一」（藍吉富，1991: 95

～96），不論是佛教本身為了因應外在的變局（上引前文中特指民初時狀況）而調整作法，還是信佛者專挑「方便法門」或有利自己發揮的部分持守而「曲引」了佛教的走向，都可看出佛教在人直接、間接的「推動」下，已經不同於往昔，而研究者想要以正傳佛教或佛教學統來相衡量或相對諍，似乎也不知道關鍵在那裡，而提不出有力的「導引」對策。這在我個人的考察裡，佛教最大的問題是正在走向一條沒有遠景可以期待的「俗化」道路。它不僅威脅著佛教原有的教義，還有形、無形的加重了人類「倉皇困頓」求生存的負擔。這都有待細細掘發論辯，才可望發揮一點「匡正」的功效或盡一個佛學愛好者所能展現的「言責」。（周慶華，1999: 129～131）

依理佛教所著重的解脫法門，應該不限於解脫者所處情境，只要他自覺獲得解脫都得算數。因此，像底下這兩個例子，我們實在沒有理由說那不是一種解脫或符應佛說解脫：「（禪僧法演所說）有一個小偷連續作案作了好幾年都沒有出差錯。有一次他的兒子問他是怎麼賺錢回家的。這個小偷就帶著他的孩子走到一個有錢人的家裡，打破牆，弄開一個衣櫃，叫他的孩子進去。接著他便把衣櫃鎖起來，大聲喊叫，就跑回家了。宅子裡面的人跑出來找小偷，但後來認為小偷已經從牆上的破洞跑了。那孩子在衣櫃裡又惱又氣。突然他靈機一動，就學著老鼠的叫聲，宅子裡的人聽到了，便吩咐僕人打起燈火打開衣櫃檢查。衣櫃一打開，那孩子一下子跳出來把燈火吹熄，敏捷的跑到外面去了。他丟了一顆石頭到井裡，使追他的人誤以為老鼠已經跳進井裡。回家之後，他的小偷老子正在等他，他向他父親抗議，而他老子說：『孩子，從現在開始你不怕沒飯吃了。』」（陳榮捷，1987: 92 ～ 93）、「半世紀以前，某州立監獄中的一名囚犯成功地越獄了，但在幾星期後他又被逮捕回來。監獄的守衛對他進行好幾天的疲勞審問：『你是從那裡取得鋸子來切斷鐵窗的？』他們不斷地盤問著。不久後這名囚犯崩潰了，招供了他是怎麼設法切割鐵窗。他說他是利用在機器房工作的機會蒐集小股的麻線，然後把它們浸入膠液中，收工後偷偷地帶回他的牢房。每天深夜他都起床去『鋸』有一吋厚的鋼製鐵窗，三個月後他就潛逃出去了。守衛們接受他的解釋，將他再度監禁起來。這一次不再讓他有接近機器房的機會。然而，這並不是故事的終結。大約三年半後的一個月黑風高的夜晚，這名囚犯又再度越獄成功了。守衛們發現鐵窗又以完全相同的手法被切斷了。雖然這名囚犯再也沒被逮捕回來，但他逃獄的方法在囚犯間被四處傳誦著。原來他在兩次越獄中都沒有用到機械房中的任何東西。他有更好的應變手段，他是使用得自他襪子的羊毛線，以唾沫濡濕後，再在水泥地上揉成有切割功能的條形物」。（芮基洛，〔V. R. Ruggiero〕，1988: 134 ～ 135）後者被用來印證成功者「富有應變的才略」，而該囚犯的應變逃脫自然也是一種了卻煩惱的「上乘」作法；前者被用來點出中國禪所著重的是「心靈在處理困局時的敏銳」（不像在印度那般是一種戒律修持），而該小偷兒子的機智解危無疑也是一種免受困擾的「極佳」策略。雖然如此，佛教所說的解脫，在消極面有以貪瞋癡慢疑為戒，道德色彩仍然濃厚，上述「囚犯」、「小偷兒子」的業障並不會因他們一時的逃離束縛而減輕，以致這不可能會是佛教所極力認可或鼓勵的模式。因此，如果有人要再以這類例子充當佛教的解脫的經驗，就形同是一種原始解脫法門的「歧出」。而類似的歧出，則莫過於俗化的迷思。它是指佛教在當代的演變日趨世俗化，而世俗化正是佛教的一大「致命傷」，所以研判佛教的現時作為有「不切實際」的嫌疑（迷思是 myth 的音譯，意為神話，在這裡還讓它兼有「迷惑之思」或「迷失之思」的意思）。原來一般所謂的世俗化，是指「有關於超自然的信仰以及和這種信仰有關的實踐已經失去權威，而宗教的制度也失去社會影響力的過程」；而世俗化的因素很多，包括「科學的成長」、「民族國家的興起」、「資本主義的傳布」、「宗教問題的妥協」、「宗教社會的失落」、「其他體制」（世俗節日和活動取代教會的社會教化功能）等等。（史美舍，1991: 509～511）後來又指宗教本身有意擴充「救贖」和「解脫」的範圍，它以歷史化的方式來詮釋罪這一觀念，認為自罪中解脫必然跟社會和政治的解放不可分離（同樣是歷史性的過程），結果是解脫不僅須包括心靈救贖的方案，同時也須包括社會／歷史性的方案（在這一救贖方案所提出來的替代性社會秩序中，它的社會結構不會系統地割裂人和上帝，以及人和其兄弟姊妹的關係）。（林本炫編譯，1993: 86～87）前者因本世紀末有不少新興宗教在世界各國風行，使得宗教權威有復振的趨勢，而降低了該所指世俗化的色彩；倒是後者一出現，儼然有成為宗教世俗化的新指標，它不只顯現在基督教將「神聖」和「世俗」的二元區別逐漸解消，也顯現在佛教將「出世」和「入世」的二元區別逐漸解消。這裡所說的世俗化，自然是指後面這種情況。（周慶華，1999: 131～134）

然而，這絕不是佛教的初衷；它的世俗化作為，就正好證明已經完全走向自己的反面。本來佛教是釋迦牟尼於西元前六世紀在印度創立的，而於西元二世紀時傳到中國。它原以倡導達致佛或涅槃的境地，而擺脫「生死輪迴」的無盡苦海為修行目標，但在發展的過程中卻出現了戲劇性的變化：首先，「佛教（從積極地反抗儀式、臆測、恩典、神祕和神的人格化開始，最後又規模宏大地恢復這些原素）是一個具有若干表面矛盾的宗教。在這些矛盾中最顯著的是：佛教盛行於今日每一個亞洲國家，唯獨印度除外。一般說來，佛教在世界各處獲勝的情形是極其動人的；在它的發源地，卻好像失敗了」。（史密斯〔H. Smith〕，1991: 120）其次，佛教徒本重修持而以乞食維生，但在後續的階段中佛教轉以寺院形態面世，開始採取世俗所有的產業，而「佛教寺院產業因為沒有分遺產這件事，所以資產日積雄厚，可以用作資本龐大的生產事業……所以寺院日趨富有。後來寺院錢財有直接用來作買賣的。矛盾的關係站在這一點上：一個由棄世者組成的團體，竟然變成了資本主義誕生的溫床」。（黃紹倫編，1992: 244）再次，佛教在離開印度本土後，教義和儀制都產生了變化，就以傳到中國的部分為例，明顯形成了許多特色：「首先，中國佛教擁有規模無比龐大的漢文《大藏經》……其次，中國佛教從大乘佛教出發，形成了把大小乘融為一體的一乘佛教教理體系……再次，中國佛教在其發展中產生了各具特點的宗派（如天臺宗、三論宗、華嚴宗、唯識宗、律宗、禪宗、密宗和淨土宗等）……最後，佛教在中國傳統文化影響下，逐漸適應了社會各階層的需要，在一般民眾中獲得了生存的基礎」。（魏承恩，1993: 18 ~ 21）這就構成了個人所能掌握的佛教傳統，而這個傳統是在離開印度後逐漸形成的。顯然在這個傳統中，有幾件事（幾個現象）特別值得我們注意（以中國佛教為例）：

第一，佛教徒出家修行，不事生產，一向被認為對社會、經濟、國勢盛衰等有著不利的影響。歷代排佛論者就往往基於實際的利害來攻擊佛教，甚至有所謂的「破國」（佛教「苦剋百姓，使國空民窮」）、「破家」、「破身」等三破論的出現。難怪北魏太武帝、北周五帝、唐武帝和五代後周世宗要大肆排佛毀佛。此外，有些佛教寺院也不免於「錯舛隱匿，誘納姦邪」，而有些佛教徒還會「擁齋眾而反」／「潛謀逆亂」等，這也會增強統治階層反佛的情緒。（孫廣德，1972）或許是因為這些排佛毀佛事實的存在，使得佛教自覺到要自食其力（不再專靠十方信眾的供養），而開始有叢林制度的建立。這從晚唐以來，已經形成中國佛教的一大特色：它規定佛教徒依長幼輩分，各安其位，住在一個像「家」一樣的大寺院裡共同生活；勞役平等，福利、經濟平等，即使是叢林的領導人（住持和尚），也必須嚴守「一日不作，一日不食」的規則。此外，叢林中的經濟，完全自給自足，不必仰仗信徒的施捨或奉獻。（南懷瑾，1964: 27～36；藍吉富等主編，1993: 32～48）從此徹底改變了原始佛教徒的乞食生活，同時還可以因應教外的批判。

第二，在佛教的叢林制度中，含有相當複雜而嚴格的「清規」（先前佛教徒只守戒律，如不殺生、不偷盜、不犯淫之類。而在持戒行為中，中國佛教徒對於素食特別強調。依照釋迦牟尼所制定的戒律，不但沒有「不肉食」的規定，而且還有「可以食肉」的明文記載。這到了中國以後，逐漸有「食肉斷大悲種子」的說法而相率改以素食（藍吉富等主編，1993: 130～131），對於佛教徒的日常儀節、課誦、禮拜、法會（替人唸經作佛事）等都起了一定的制約作用。（南懷瑾，1964: 7～27）然而，在後續的演變中，佛教徒並不完全受這種「清規」的限制。如有作地理師、卜筮師、風鑑師、醫藥師、女科醫藥師和符水爐火燒煉師等，專行被人抨擊為「末法之弊極矣」的「雜術」。到了有清一代，整個叢林制度幾乎面臨崩潰的邊緣。這從當時的諺語，就可以窺見一斑：「無法子就做和尚，和尚見錢經也賣，十個姑子九個娼，剩下一個是瘋狂，地獄門前僧道多」。倒是從唐朝興起的另一種制度「結社念佛」（以在家居士為主的佛教團體），一直到清代還在流行，並有轉化為秘密宗教的態勢。（藍吉富等主編，1993: 48～52）

第三，佛教從有叢林制度開始，對於向來就陸續配合在做的一些社會福利事業，終於更有「能力」擴大它的規模（有的獨力經營，有的受政府委託或兼執行政府命令），舉凡貧病的救護、喪葬的料理、罪犯的教化、地方公益事業、住宿娛樂、設庫融資等等，都少不了佛教的參與。有人認為佛教徒服務社會、濟渡世人的行為是有教義作基礎的，並不只是一般宗教性的善行而已，因為佛教徒主要的修行德目是六波羅蜜（六度）和四無量心。六波羅蜜是布施、持戒、忍辱、精進、禪定和般若（智慧）；四無量心是慈、悲、喜、捨四種心態的充量至極。這些德目包含兩類內容：首先是促使個人解脫的智慧和修持；其次是對於眾生的同情和救濟。可見「捨己為人」不只是一種泛泛的宗教情操，而且是完成宗教目標的必經途徑。（藍吉富等主編，1993: 162～172）當然，在這些社會福利事業中，也有一些有明顯「利益」可圖而難免出現「質變」現象的，如歷代佛教所經營的碾米製粉、藥鋪、旅社、當鋪、茶鋪、紡織、錢莊等事業，本都是服務性的，但像錢莊（設庫融資）一類卻不免流於專斷詐欺，讓人深感鄙惡；此外，還有一類公然娶妻養子而以經懺為謀生手段的「應付僧」，更令人不敢領教！（周慶華，1999: 134～139）

以上所爬梳的傳統佛教的幾個面相，在當代出現了重大的轉折，就是愈來愈凸顯它的社會福利事業面。稍早剃度出家的佛教徒，很少是因為信仰的關係，「他們『遁入空門』，為的只是貧窮、疾病、父母的奉獻，或者在祈求病癒或消災祈福時承諾將孩子送入寺廟、家庭破碎等，有的甚至是因為犯罪。有一個尼姑說，中國女人穿上僧衣，有下列八個原因：（一）真實且深刻的信仰；（二）因奉獻、疾病、失養、無人照顧，或相命者之言或父母之命；（三）夫死無望；（四）婚姻不幸；（五）貧窮；（六）家庭不幸或類似問題；（七）受出家的姊妹、近親或朋友的影響；（八）如果她們是女傭，則是為了逃避苛刻的女主人。在這些原因之中，『婚姻不幸占第一位』，而『百分之六十到七十的人走這條路是因為沒有別的出路』。在她所看過的十五個初次剃度的尼姑當中，有七個人在剃度時哭了出來」（陳榮捷，1987: 105）；而當代「新」的佛教徒，不論男眾或女眾，大都是經過選擇的，一般寺院已經不再淪為失意人的收容所或老年人的頤養院。雖然當今佛教徒出家的動機仍很複雜，但佛教團體為了便利轉型而積極號召知識青年參與弘法工作，卻是不可否認的事實。這些佛教團體，不再過以往較屬自渡型的農禪自修或替人作經懺佛事的生活方式，而改走「人間佛教」的路線（楊惠南，1991；江燦騰，1992；宋光宇，1995），以出世的精神來入世濟眾，走入紅塵關懷社會，宣揚踐履大乘佛教菩薩道的精神。極力於從事慈善、文化、教育、醫療、觀光等各方面的社會工作。這比起佛教前轉型期所辦理的「演講會、研究班、讀經班、圖書館、博物館、傳道會、佛教青年會、紅十字會、戰場、醫院、孤兒和飢荒的看護及食物救濟，衣物的募集和發放、探監、生畜的照料和放生」等等社會服務工作（陳榮捷，1987: 106），要來得吃重而能激起社會部分的脈動。另外，在傳播佛法上，則是強運用現代科技，除了出版書籍雜誌和影音光碟等，更舉辦數萬人參加的大型法會，甚至運用電視、廣播、網路和多媒體等來傳播佛法。而在經營策略上，還將現代企業中的管理理念引入組織運作中，建立制度化的僧團，並且不斷擴大發展，建立全球性的信徒網絡，爭取社會資源和世俗信譽。這更不是傳統的弘法方式所能比擬；而它也正是佛教在當代一邊服務於社會一邊受惠於社會的寫照，幾乎可據以為改寫一部佛教史。可見當代的佛教團體，為了容易推動它們的社會福利（兼行弘揚佛法），在內部的運作上已經起了很大的變化。這也徵候了當今的佛教徒得不斷擴大事業規模，才能確保所屬僧團的生存。而不論如何，當代佛教的內外作為，早已引發舉世的矚目，比起傳統佛教所做的一切相去不可以道里計。（周慶華，1999: 140 ~ 144）

從各種跡象來看，佛教在當代的所有表現，總括一句是為了濟世。它所受到的讚揚，自然不難理解；而它內部的修行法門「禪道」，被企業界所吸收挪用，提高了營運的績效，所得的「不虞之譽」也可以明白。然而，佛教這樣一路走來，卻問題重重：

第一，佛教在當代所以受到社會大眾的肯定，主要是它做了許多的社會福利事業，但我們看這些社會福利事業（慈善、文化、教育、醫療、觀光等等）本是政府所要做的，現在佛教「搶」著做，結果是政府袖手旁觀，而我們百姓依然要繳稅養一批「少做事」的官僚，並且還要大量「樂捐」給佛教界「代替」政府做事，這又成何體統？歷來大家所期待的「大同社會」（詳見第三章第四節），或現代人所提倡的「民主、自由、均富的社會」，都得由大有為的政府帶領全體國民來經營，而無法單單期許某一團體或某一宗教去完成，否則民眾又何必納稅給政府（直接交給該團體或該宗教不就好了）？現在佛教不（不敢）幫著敦促政府做好社會福利事業，而處處要自己率先去做，這又為了什麼？

第二，佛教所從事的社會福利工作，全靠勸募所得款項來支撐（佛教本身非生產單位），不但重複浪費社會資源（如上述），而且無法「譴責」汙染環境、破壞生態的元兇。在這種情況下，我們對佛教所從事的社會福利工作，豈不是得重新評估？

第三，原始佛教是屬於極端厭世的苦行團體的一員。它對世界的看法是認為萬物都無常，虛幻，無實質。因此，萬物都無價值，應當棄絕。現在佛教要發展社會福利事業，更少不了對財富的依賴，這就不只構成行動和教義的相互牴觸，還會造成信徒在彼處「拚命賺錢」而到此處「捐獻贖罪」的弔詭現象。試問佛教憑什麼可以讓這種情事繼續存在？

第四，當今的佛教徒個個身懷濟世的使命，每天忙於分內分外的工作（酷似一個「剃度」的儒家信徒；儒家最重「博施濟眾」），那有多少時間花在修行上（這是佛教徒的本行）？因此，當出家人本身都難以好好修行的時刻，又如何冀望他們也能好好指導社會大眾修行（以達到弘揚佛法的目的）？

第五，在教團本身的運作上，有的有制度化的組織在維繫，有的只靠志工在支撐，但不可忽視的是這些教團所以能發展到今天這個地步，幾乎都是靠它們的領導人以「卡理斯瑪」般的（領袖）魅力（韋伯，1991）在支配信徒或吸引群眾，而這不可能一直持續下去的。因此，在可見的未來，任何一個教團要維持目前這樣「順利」運作的局面，一定備加困難，何況還有前面四個問題存在呢！（周慶華，1999: 144～150）

整體上，佛教所以會走到這個地步，除了它自己太過務外，還有在相當程度上也跟外界胡亂給它出主意有關。比如有人根據勒那（D. Lerner）所說「現代化」必須具備「要有一個自力成長的經濟結構」、「要有一個公眾參與的政治體系」、「要有一個流動的社會形態」、「要具有世俗的和科學的思想觀念」、「要具有能夠適應不斷變遷的人格」等五個條件，而提倡佛教界也要有相應的作為。（楊惠南，1990: 23～31）這是從佛教的出世性格必須轉化為入世性格而相契時代精神的立場所擬構的一條佛教現代化道路，當中要「救活」佛教的用心自是可以理解的。但它忽略了佛教要實施這類的現代化，必定會一改過去由個別信徒或小型僧團活動的低能量消耗，而變為集體信徒或大型僧團活動的高能量消耗；這不但無益於「人間淨土」的營造，還可能成為破壞「人間淨土」的幫兇（如上述所列佛教現代化的條件之一「要有一個自力成長的經濟結構」，無非是利用企業的經營方式，來建立一個能夠出版圖書、雜誌、報紙、廣播、電影、電視乃至辦學校、辦醫院、辦銀行等事業的經濟獨立體系〔不再依靠信徒的捐獻〕。這一旦實現了，所耗費的資源〔連帶提高環境中的能趨疲〕定是千百倍於沒有實施現代化之前）。這在當今所見的一些僧團，正是走著這樣的道路（不無受到類似觀點的鼓勵），以致經常讓人不禁要「捏把冷汗」！又如有人衡量佛教（特指臺灣佛教）缺乏適應現代化社會的能耐，而主張設立強有力的中央級教會來決策全體佛教的發展方向，並且要興辦佛學院和大學來培養高水準的弘法人才。此外，還得籌組一座類似中央研究院的佛教最高研究機構，來從事人才的訓練、佛教教義的探討及佛教發展策略的研究等，以便作為各寺院弘法的南針。（藍吉富，1991: 59～78）甚至還有人依霍佛（E. Hoffer）的《群眾運動》一書所提到本土運動應該具備的幾個要素（包括：（一）具有各種不同性格的領袖；（二）以情感為中心而號召起來的群眾；（三）較不確定但動人心絃的改進目標；（四）被鼓舞起來的熱情等），而聯想到佛教也得仿效這種模式深入社會各個階層，以達到所謂佛教「現代化」的目標。（楊惠南，1990: 39～41）這也不無刺激了佛教相關的「躍動」（論者多半跟現有的佛教團體有淵源，這類「建言」一定不會少說而不被引為「知見」或「實用」）；但佛教如果按照這種構想一一去進行自我的改造，那麼很快就會出現這樣的後果：它除了流於盡學別人的作法（並非自己本來有這種需求）而在首關上就「形勢」比人弱，還因為一逕「向外看」（忘了自己的「返內」欲求）而連原可以自豪的一點「與眾別異」的神祕證悟性格也要蕩然無存了。長此以往，一定更見紛擾。而沒有了自己的「主見」，還會是個「道地」的佛教嗎？恐怕不會是吧！因此，上面那些論述所提供的計策，顯然是不太相應了。（周慶華，2004a: 36～38）

然而，很遺憾的是，佛教卻不顧這一切而自我退卻質變，深深的落入了俗化的迷思。本來佛教是屬於一種神祕型的宗教（鈴木大拙，1992: 37～45；秦家懿等，1993: 110），以追求形上的佛／涅槃（絕對寂靜）境界為目的，現在逐漸世俗化後，原有的神祕性或玄奇性必然也會跟著褪色。這樣一來，佛教就難以維持它的本色，而愈走愈像世道俗流，甚至跟世道俗流沒有兩樣了。（周慶華，1999: 150～151）因此，從佛教也在參與耗用資源的行列來看，它的病徵確實已現而必須一併予以治療。但由於它不是禍端的肇始者（該肇始者乃在創造觀型文化），所以只要自我回返而不再尾隨或附和創造觀型文化的作法，它就可以得到救治；甚至還可以將它原有的精神理念發揚光大，而回過頭來救治其他文化的不能仰體能趨疲危機的威脅。這樣緣起觀型文化式的文化治療，兼具有自我治療和治療他者等兩面性；而它實際在挽救世界的沉淪上，更可以發揮「猛藥」的作用（一旦接受了它的教化，勢必是最少仰賴物質，如同吃了猛藥病立刻痊癒），不啻能夠列為最高指標。

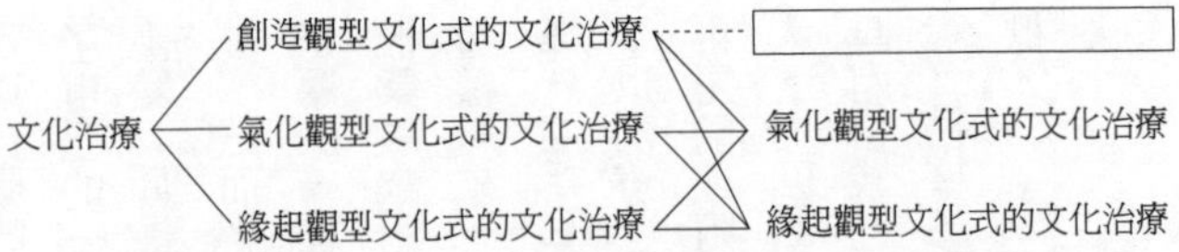

圖 5-5-1　三大文化系統式的文化治療關係圖

第五節　整體文化治療的開展方向

根據前三節所論，已經充分顯示創造觀型文化式的文化治療，只能從自我削減中來達成，否則就得依靠其他文化式的文化治療予以救渡。而氣化觀型文化式的文化治療和緣起觀型文化式的文化治療等，則可以透過自我回返達到自我救渡兼救渡他者的目的。當中緣起觀型文化式的文化治療在對治能趨疲上原是最有效果的，但它的終極嚮所要保障的解脫狀態（佛／涅槃）是一個無可思議的對象（周慶華，2004a: 105～121），以致它在某種程度上還有賴氣化觀型文化式的文化治療來「平衡」，而形成圖 5-5-1 這樣一個關係圖。

因為創造觀型文化式的文化治療沒有可以回返的空間（只有自我減卻以便因應能趨疲危機），而緣起觀型文化式的文化治療終究要在「人」（而不是佛／涅槃）這個層次接受考驗，所以只存氣化觀型文化式的文化治療和緣起觀型文化式的文化治療在自我回返且相互作用兼及他者（而創造觀型文化式的文化治療的相對面就僅以空格陳列）。而這都要向著新能趨疲世界觀來思考整體文化治療的開展方向，如圖 5-5-2 所示。

這也就是前面說過的「只有新能趨疲世界觀在前，其他的文化治療才

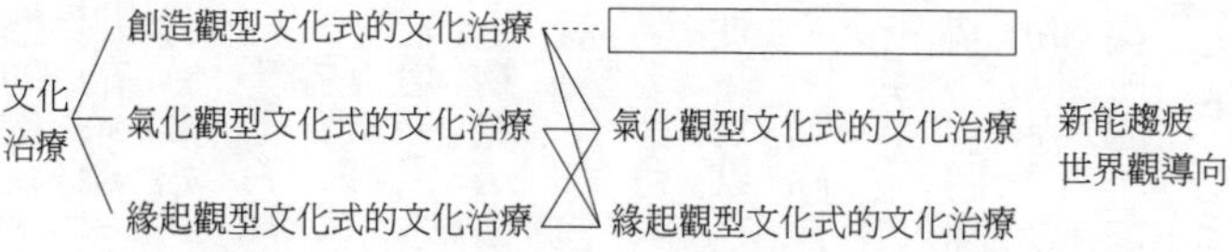

圖 5-5-2　整體文化治療的開展方向圖

能知所進趨以及引為自我修正方向的終極依據（詳見本章第一節）的旨意所在。換句話說，可能的「『出了問題』的文化系統重新詮解調整該次系統中的觀念系統」、「『沒有問題』的文化系統重新強化彰顯該次系統中的觀念系統」和「『出了問題』的文化系統和原『沒有問題』的文化系統卻妥協屈服於他者文化系統等別為創立新的觀念系統」（詳見本章第一節）等於理論上成立的三種文化治療類型（於實際上則已經試為規劃出創造觀型文化式的文化治療、氣化觀型文化式的文化治療和緣起觀型文化式的文化治療等三種文化治療類型），都得以新能趨疲世界觀作為前導來展開整體的治療方案。而這整體的「整體性」，就是創立兼從中擷取能有助於因應能趨疲問題的資源而希冀「畢其功於一役」；以致這種治療方案就不能是「割裂式」的（即使「各行其是」，也都要扣緊相關的精神理念），以防再度的分歧陷落！

當然，這條文化治療的道路還很遙遠，它的終點究竟要設定在那裡也不是現在所能決然論斷，但往這個方向走很明顯已是唯一的選擇。因此，在通往這條道路所要先行劈開的榛莽（才能安然的前去），也就不能有絲毫的懈怠。好比西方人還普遍相信的能趨疲是指「在一個孤立系統中的情形；如果不是一個孤立系統，這樣的推論是不正確的」（李雅明，2008: 199），就得持續的撻伐，直到改進為止，因為這無形中所鼓勵人不必擔心資源枯竭（畢竟地球不是一個完全封閉的系統）而勢必會導致「耗用以致於無物可用」的後果。所謂「從這個時期（二十世紀七〇年代）開始，地球的狀態嚴重惡化：大氣汙染、海洋和淡水汙染、臭氧層的空洞、森林砍伐（每年一千七百萬公頃）、自然的原油流入海洋（每年超過一千萬噸，還不包括由於事故造成的部分），一些特大城市如開羅、東京、墨西哥等地郊區生活條件的惡化。如今地球的所有生態指標都亮起了紅燈」（阿科特〔P. Acot〕，2011: 270），就是此中的警訊。此外，地球暖化促成氣候極端變化而使生物無法生存以及人類為爭奪資源發動毀滅性的戰爭，而造成大家難以活命等，都可能「一觸即發」，卻沒有被計算在內。再說人類如果真的耗用資源成性了，那麼只要有一點點的「鼓勵」的話，都會成了安慰劑，屆時就更難指望他們能夠自救了。因此，從源頭上強調能趨疲的必然負面性，也就沒有可以取代它的更好的對策。

又好比當今各行各業都在講究創新（戴維拉〔T. Davila〕等，2006；艾米頓〔D. M. Amidon〕，2008；蘭德利〔C. Landry〕，2008），似乎創新是能夠「生存」下去的最大保障。所謂「我們降生到凡間擺明了全活該劬筋勞骨，而大家果真也都捱苦受罪不遺餘力（這真是一個要命的世界）。然而，這也是我們唯一能夠安身立命的世界。於是儘管各人學養高低有別，每個人都竭盡所能、全力以赴，同時還不忘挖空心思發明出一大堆小把戲，好讓我們打發活著的時間」（紐頓〔A. E. Newton〕，2011: 22），則無異是源自西方人的通行的宣言。大家知道，創新是西方人仿效上帝從空無中造物的行動（布魯格〔W. M. Brugger〕，1989: 135 ~ 136），而西方人也一貫的以上帝為榮耀／媲美的對象，抱定「人類受造的目的，是為了創造；唯有創造，人類才能以榮耀回報造物主」（魏明德〔B. Vermander〕，2006: 15），但殊不知它所以可能卻是以「掠食」為現實前提的：

> 通常是掠食使創新成為可能。現今最富有的法國人阿諾特的專業歷程就充分證明這個論點。身為家族企業的繼承人，阿諾特趁紡織業於法國衰落且法國政府無力保障紡織就業之際，大肆以低廉價格購併資產。後來他以這些「趁人之危」取得的資金發動一場法律及財務戰爭，而取得LVMH集團的控制權，進而建立一家生產複合產品的跨國公司，旗下包括迪奧、軒尼詩干邑、瑪喜爾香檳和LV。（維葉特等，2010: 21）

這種掠食的極致，就像當今的美國絕不放棄在經濟和科技等方面領先世界各國而維持它的霸權：「全球化帶來科技能力擴散，而資訊科技可以讓更多人參與全球通訊，因此美國的經濟和文化優勢將不如本世紀初那麼占上風。但這並非衰落。美國不太可能像古羅馬那樣衰亡，甚至也不太可能被任何國家超越，包括中國在內。二十一世紀的前半不太可能成為『後美國世界』，但美國的確要開始適應『他者的崛起』（包括國家和非國家行為者的崛起）。美國需要巧實力戰略及強調

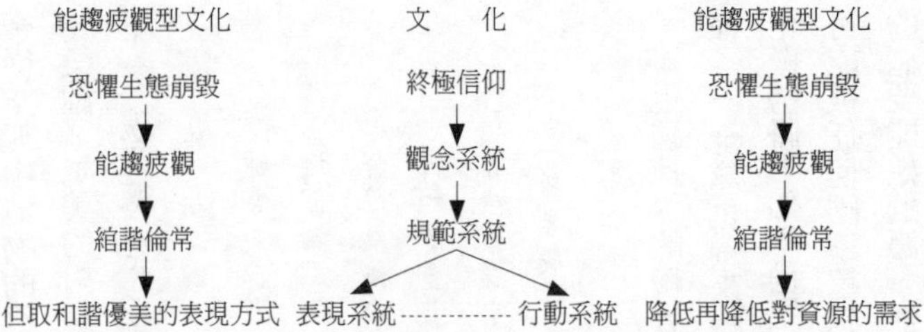

圖 5-5-3　能趨疲觀型文化式的文化治療圖

同盟、制度和網絡的論述，才能因應全球資訊時代的新情境。簡單的說，為了在二十一世紀達致成功，美國必須重新探索，如何成為一個具有巧實力的強權。」（奈伊〔J. S. Nye〕，2011: 287）這種霸權所伴隨著的對他國的干涉，早就使它變成最大的恐怖主義國家（近半個多世紀以來，美國在世界大半個地區動輒訴諸武力而受害者不計其數）。（喬姆斯基〔N. Chomsky〕，2002；2003）這就是創新的「真實面目」，大家還樂見它繼續發皇且傾心尾隨嗎？顯然這不是值得鼓勵的；而實際上地球也沒有多少資源可供給這類創新去揮霍，到頭來我們還是要想辦法「穩著過活」，不能太快衝到能趨疲的臨界點。

為了延後不可再生能量達到飽和的來臨，整體的文化治療方向，就是在觀念系統上以「能趨疲觀」為新的世界觀，並且改以「恐懼生態崩毀」為終極信仰；然後在規範系統上極力於「絹諧倫常」，以及在表現系統和行動系統上分別「但取和諧優美的表現方式」和「降低再降低對資源的需求」。因此，比照前例（詳見前章第一節），自然可以發展出能趨疲觀型文化而實際演為五個次系統。如圖 5-5-3 所示。

很明顯的，這裡「降低再降低對資源的需求」是取緣起觀型文化式的文化治療所重視的；而「絹諧倫常」和「但取和諧優美的表現方式」，則跟氣化觀型文化式的文化治療所有的同一歸趨；至於能趨疲觀乃創造觀型文化式的文化治療內蘊的必須自我退卻後所孳生的（因為該熱力學第二定律也是醞釀自西方世界，創造觀型文化得反向而行才會跟它相應），合而展現一種非割裂式（見前）整體文化治療取向，並且重新以「恐懼生態崩毀」為終極信仰所在。

所以要作這樣的規劃，只因為前三種文化治療有的只在期待中（指創造觀型文化式的文化治療），而有的還不夠通透（指氣化觀型文化式的文化治療和緣起觀型文化式的文化治療等），它們必須在符應新能趨疲世界觀的前提下重為斟酌損益或調整策略，而形成一個穩當的文化治療方案，才能上路無虞。這也就是前面所說的「創造觀型文化式的文化治療，就是從這裡激起該社會中人自我淡化對天國的嚮往及其相關信仰這一內在根由；它以反向自治而得名，是一種退卻式的反省，必須直到停止一切殖民主義和資本主義等才算治療完成」、「氣化觀型文化必須先自救後，才可能對現今的世界有所貢獻；而期待中的氣化觀型文化式的文化治療，也得即刻展開，處在這種氛圍裡的人才能真正過有尊嚴的生活」和「所以（緣起觀型文化式的文化治療）只要自我回返而不再尾隨或附和創造觀型文化的作法，它就可以得到救治；甚至還可以救治其他文化的不能仰體能趨疲危機的威脅」（詳見本章第二、三、四節）等綜合意涵所從出，以及同樣前面所說的「第一種取向的文化治療的開展方向，自然是對那天國嚮往的淡化……第二種取向的文化治療的開展方向，是要從盲目跟隨的迷茫中醒悟過來……第三種取向的文化治療的開展方向，有鑑於前兩種類型都有『騎虎難下』的問題，它要迂迴前進而不斷以不可再生能量將趨於飽和相警，並透過實際踐履的連結來廣起效應」（詳見本章第一節）的立意重點的體現。

為了更鞏固這一「綜攝去取」的整體文化治療取向，還有兩個問題必須分辨解決：一個是創造觀型文化如何退卻（或退卻如何可能）；一個是氣化觀型文化和緣起觀型文化如何在因應能趨疲危機的過程中保證人類的「基本生活」。這是能趨疲觀型文化式的文化治療在踐履時所會遇到以及實際上得有相關遠景可以給人期待的，也是在理論上必須自我彌縫的地方（否則等到別人質疑就落居下風了）。

首先是創造觀型文化如何退卻的問題。這可以從現代化切入來說：大家知道，現代化由西方人所開啟帶動後，就一直循著工業革命開發科技的模式而以耗用地球資源的腳步在前進，但它卻無法保障人類的未來生活能「免於匱乏」；同時在現代化中的「現代性」所含有的非理性成分，也始終在給人類增添禍患，並未獲得有效的改善。我們回顧歷史，從十七世紀啟蒙運動（現代化思潮的另一個源頭）興起以來，理性就成為哲人們至上的權威，理性也成了傳統學術領地上供奉百年的君主。然而，兩次世界大戰使人類遭受空前的慘禍，驚魂未定的哲人痛感理性的脆弱，開始懷疑啟蒙和理性的合法性和權威性。如霍克海默（M. Horkheimer）和阿多諾（T. W. Adorno）就合撰了《啟蒙辯證法》一書，對啟蒙運動進行全面的審查和批判。他們認為啟蒙總是致力於將人們從恐懼中拯救出來並建立他們自己的權威，然而經啟蒙的地球無處不散發著得意洋洋的災難。人類追求理性和進步自由，卻步入毀滅的絕境。而從更深一層來看，理性還含有兩個面相：一個是以人類精神價值的創造和確立為旨歸，力圖改變人類被奴役狀態而向理想情境邁進的「人文理性」；一個是使人陷入計算規範，以度量釐定世界並馴服自然的「工具理性」。人文理性和工具理性在早期資產階級啟蒙思想家那裡和諧統一，表現為對自由、理性、社會公正和自然秩序的追求。只是工業文明的迅速發展，打破了二者的和諧統一，而導致一種以科技為主導的「科技理性」，它完全蕩滌了天賦人權和自由理想，而代以標準化、工具化、操作化和整體化，以精確性為唯一標準對「人文理性」大加撻伐，壟斷了人類生活和社會事務的各個方面，並造成技術統治的冷冰冰的非人化傾向。透過啟蒙，人的靈魂脫離了蒙昧，卻又可悲地置身於工具理性的專制之中。更可怕的是以自由民主為旗幟的啟蒙，居然走向反面：將大千世界乃至整個文化知識系統壓縮成數量化的共同尺度，並摒棄或割裂那不易尺度化的人文科學，從而使人類以內在精神的沉淪去換取外在物質利益的豐厚，從對民主進步的追求演變成人們對權威和暴政的溫順服從，以致高度發展的理性技術管理被用來實現最大規模、最無人道的非理性目的（如納粹德國在奧斯維辛集中營，用毒氣殺害了三百萬猶太人）。從此，理性走向自己的反面：非理性。（王岳川，1993: 145～146）這一幕血淋淋的畫面，到當代還斷斷續續的上演著（早期西方世界對非西方世界的軍事殖民和晚期西方先進國家對其他開發中國家的經濟、科技殖民，都是同一非理性的表現）。（波寇克〔R. Bocock〕，1991；湯林森，1994；薩

伊德，2001）

大體上，「現代」文化的出現，主要是源於西方人向來信守的創造觀所內在的造物主「絕對支配力」的鬆動，而讓西方人得著自由馳騁思慮和無限伸展意志的機會，從此多方激盪串聯而營造成功的。它展現在十四世紀到十六世紀文藝復興所「假想」古希臘時代「人文主義」的復振（其實古希臘時代並未含有這種脫離神控色彩的人文主義），以及十七世紀啟蒙運動對「人文理性」的強調和十八世紀工業革命對「工具理性」的崇拜。當中還穿插著十八世紀以來，由美國獨立運動和法國大革命所掀起的「政治民主」和「經濟自由」等徹底世俗化的浪潮。此外，十六世紀出現的新教的宗教改革，也一起匯入了「推波助瀾」的行列（新教徒所發明的禁欲觀念，無意中帶動了資本主義／經濟自由化的發展。如韋伯就認為新教肯定一個人的得救與否，完全繫於上帝的旨意，個人無力改變這個預選命運。而為了緩和這個嚴苛的教理所帶來的憂慮，教徒找尋一些能夠預告將來命運的象徵，他們以為世事的成功是預選的先兆。於是新教徒不惜一切努力使自己所做的世事成功，而世事成功最好以財富多寡來衡量。因此，世上才有無限制地儲蓄財富的現象發生，同時也刺激了資本主義精神的誕生）。（韋伯，1988）這種情況發展到二十世紀四〇年代，又有了新的轉變，也就是一個被宣稱為「後現代」文化出現了。

二十世紀四〇年代第二次世紀大戰後，由於新科技（電腦）的發明，帶領人類進入一個資訊快速流通的社會（有人稱它為「後工業時代」或「資訊社會」或「微電子時代」），而逐漸形成了一個有別於「現代」文化的「後現代」文化。它的特徵，在於有新科技可以倚仗而能盡情的展現迥異於過去任何一個時代所能展現的特長。如：（一）累積、處理、發展知識的方式，由印刷術改進到電腦微處理，人類求知的手段，有了革命性的改變。（二）知識發展的方式得到了突破，各種系統的看法紛紛出籠，社會的價值觀及生活形態，就朝向多元主義邁向。而它的基本原動力，就是解構思想。所有的觀念、意義和價值等，全部都從過去固定的結構體中解構了出來，可以自由漂流重組。而它的重要的指導原則，是屬於記號語用學式的，一切都看情況及「上下文」而定。人類對事物的看法，由農業社會的是非題，進入工業社會的單選題，現在又進入後工業社會的複選題。（三）所有的歷時系統和共時系統裡的有機物及無機物，包括人、事、物，都可以分解成最小的資訊記號單元，都可以從過去的結構體中解構出來。資訊的交流重組和複製再生，就成了後工業社會的主要生活及生產方式。強大的複製能力，促使社會走向一種以不斷地生產和不斷地消費的運作模式之中，所謂的「消費社會」應運而生。社會人口可以區分為生產者和消費者兩個組群，而生產者本身也是消費者。（四）在資訊的重組和再生之間，大家發現「內容和形式」的關係也可以解構。漁獵牧社會、農業社會、工業社會、後工業社會之間的關係，是相互重疊、相互解構的。漁獵牧社會中有農業社會的因子，農業社會中包含了漁獵游牧、農業、工業甚至後工業社會的因子，工業社會及後工業社會中，也可以發現漁獵游牧、農業……等社會的因子。既然內容和形式可以分離，那麼古今中外的資訊就可以在人類強大的複製力量下，無限制的相互交流，重組再生。（五）後工業社會的工作形態，把工業社會的分工模式解構了。生產開始走向「個體化」、「非標準化」，工作環境則走向「人性化」。因為生化科技及遺傳工程的改進，農業人口減少而農產品增加。因為無人工廠、機器人及電腦輔助設計製造系統的發展，使工業人口減少，工業產品增加，品質不斷創新改進，價格愈來愈低廉。以服務業為主的人口不斷增加，成為生產的主力。（羅青，1989: 316～317）而這種現象反過來帶給人的是一種新的時間體驗：從過去通向未來的連續性的感覺已經崩潰了，新的時間體驗只集中在現時上；除了現時，什麼也沒有。有人把這一體驗的特點概括為吸毒帶來的快感，或者是精神分裂。（詹明信〔F. Jameson〕，1990: 240）一個嶄新的時代，就這樣「快速」的誕生和茁壯了。

此外，在現代化中所要凸顯的「現代性」，被認為「對人類的最主要貢獻是在人的主體性與理性的建立」，而「現代性所建立的主體性是中心主體性；這以人為宇宙中心的主體性表現在個人方面是自我意識、自我決定、自我實現等自我認同的思想與實踐，表現在社會集體方面是科層制組織、自由公平競爭的市場、民族國家等製造集體認同的機制」。（鄭泰丞，2000: 前言3）至於所建立的理性，則是希望藉它來取代中世紀的宗教信仰；在中世紀，基督宗教認為「現實是汙穢而低賤的，不值得也不該去接觸」，而現代理性則要「由現實出發，作出符合或又加批判現實的理論與實踐，並在現實效果中加以檢驗。科學就成為理性的最佳典型」。（同上）以致中心主體性和理性的目標，就是使人像造物主一般地自由。問題是現代性在模仿造物主而以完美的自由為人類的最終目標時，也「重複了前現代的一項主要錯誤，就是對尚未全知的自然宇宙和尚未可知的超自然作了想像中的假定，並依此假定來決定人類的一切事物。在心理上，這是出於人類對未知的自然宇宙的恐懼，也是前現代的自然（包括人性）的災難恐怖帶給人類的創傷所使然」。（同上，前言3～4）還有「現代性在實際上的作為主要是現代化。後者包括政治、經濟上工具理性（或效率）的實現，如民族國家的建立、市場的運作、都市化、教育普及化等等。簡單的說，就是藉由各種科技手段以追逐權力與財富的『實力』。這種追逐和競爭並且不為自己設限。因此，韋伯早就指出現代化並不使人得到自由；相反地，它像個關閉人的鐵籠子」。（同上）這就給後現代思想家留下了可以批判的廣大的空間：有的表現在「改良式」的對自由的追逐；有的表現在拋棄社會文化的完全超越的自由的崇尚；有的表現在女性主義、後殖民主義、生態保護等「反對性」的運動，可說是風起雲湧且高潮迭起。而這已經無法道盡這種思想觀念的千姿百態了，所謂「後現代性」還處在被無限形塑和嘆異激辯中。（史馬特〔B. Smart〕，1997；康納〔S. Connor〕，1999；高宣揚，1999；黃瑞祺主編，2003）

近年來，整個普世化的人類社會，挾著後現代的餘威，更向一個後資訊時代挺進。這個時代以網際網路為核心，嘗試締造一個跨性別、跨階級、跨種族、跨國家的「數位化」世界（柯司特〔M. Castells〕，1988；竇治〔M. Dodge〕，2005；泰普史考特〔D. Tapscott〕，2009；卡爾〔N. Carr〕，2012）；同時也把人類推向了一個新的價值行銷的「知識經濟」世紀。（梭羅，2000；

范德美〔S. Vandermerwe〕，2000；森田松太郎等，2000）相關的思想形塑和行業改造正在傾巢而出，儼然要攀躋上另一波高峰。然而，這種更自由化的生活形式，所帶來的刺激、快感和新浪漫情懷等，卻是以虛無主義為代價的。西方社會從「現代」一起放逐造物主而追求自主性，所藉來代替失落的終極關懷的是哲學和科學；而哲學和科學到了為追求更大自由的「後現代」也一併被放逐了，人們從此生活在一個沒有深度且支離破碎的平面的世界中。為了避免繼續「迷失」，一些有識之士已經看出必須「超越後現代心靈」，重返對造物主的信仰，才能挽回嚴重扭曲的人性和化解塵世快速沉淪的危機。（布洛克〔A. Bullock〕，2000；史密斯，2000；威爾伯〔K. Wilber〕，2000）非西方社會本來沒有「靈性復歸」的問題，但既經追隨西方社會的腳步從現代走到了後現代，現在自然也得同樣面對必須自我拯救的關卡。

還有西方科技的發展一日千里，現在西方人又不滿於電腦資訊的「常熟化」，而宣稱一個嶄新的「生物物質」時代已經來臨：「這個世界即將脫離資訊時代，進入『生物物質』的新時代（屆時電腦資訊將淪為「工具」地位，而不再是經濟的主力）。生物物質時代的驚奇所帶來的全球性影響，將超越網際網路，它的產品會比火、輪子或汽車更重要，它的速度和生產力也將凌駕今天最強的超級電腦。生物物質時代會在短期內生產超越歷史集體智慧的新知識，它的科技力量會讓全球總軍備黯然失色」。（奧利佛，2000: 21）而在這個時代中，西方人所要征服的是幾世紀以來還未「完全」征服的物質；所謂「在工業時代我們征服了空間，在資訊時代我們征服了時間，而在生物物質時代我們將征服物質」(同上，19)，正透露了這一訊息。而它所極力開發的基因改造、複製等生化科技，應用在醫療、醫藥、器官、糧食、畜產、能源、環境、神經電腦以及複製生命上，看好它的人讚許那是在締造「第二個創世紀」；不看好它的人則輕詆那是在搞「惡魔的科學」。(雷夫金，1999；輕部征夫，2000)

從現代到後現代到後現代之後這一普世化(西化)的潮流中，其實每一個階段都隱含著同一種支配理性或權力欲求。以現代文化來說，後現代思想家批判它盡在追求「表象」：所謂表象，指的是「再現」的意思。在近代世界形成的時候，人們發現自己是主體，而外在世界是客體，主體和客體之間無法溝通，所以主體只好透過種種表象的建構，來認知或是控制客觀世界。也就是透過主體觀察的「印象」，對它形成「概念」甚至「理論」(這些都是「表象」，都是一種「再現」)，而藉此就可以認識這個世界，並且還可以控制它。因此，說穿了，整個「現代世界」所追求的東西，不過是一種表象的文化。而這種表象的文化具體顯現在科學理論的建立(如牛頓物理學的三大定律：質量不滅定律、慣性定律、反作用定律)、政治結構的調整(如以「代議士」式的民主制度來主導整個社會的事件和權利的運作)及藝術形態的轉變(如「為藝術而藝術」而不再「為人生而藝術」，並且設立博物館來收藏藝術品)等等。(沈清松，1993)但在從事整體表象文化的追逐中，那主體「我」永遠是價值的根源和權力的象徵，一定會現出「工具理性」和「權力宰制」的雙面性(即使後者有代議制度可以避免單向政治權力的過度行使，但它卻無法阻止各人因此得以遂行「權力宰制」的意志泛濫開來），而導致前面所提及的那些「惡果」。

然而，後現代文化又如何？後現代思想家所用來反駁現代思想家大敘述的，卻是另一種大敘述。（史馬特，1997）也就是「表象文化」（事實上沒有確切的指涉）必須淪為「假象文化」，而由表象文化所帶動的「工具理性」所促成的統合機制（不再具有說服力），也得快速的瓦解或分化。後現代思想家想藉這套說詞（大敘述）來爭取他人迎合、認同、甚至踐履的動機，並不會少於現代思想家。比較無辜的是許多不明究裡的人，被他們牽著鼻子從現代「翻轉」到後現代之後。以致表象／假象追逐熱、網路虛擬熱、知識經濟熱、生化科技熱等等，急竄狂燒，蔓延全球；而沒有幾個人知道那些在背後操盤且自比造物主的人，是否正在為舉世隨他們起舞而冷笑呢！就以目前最風行的網際網路為例：網際網路原是美國國防部先進研究計劃局技術戰士的大膽想像計劃。它源於一九六〇年代，為防止蘇聯在核子大戰時占領和破壞美國的傳播網。在某個程度上，它是種毛主義戰略的電子對等物，以在廣大領土中散布游擊力量，對抗敵人可能有的場域多樣性和知識。如同發明者所期待的，它的結果為一種網路結構，無法由任何中心所控制，而是由成千上萬的自主性電腦網路組成，它在各個電子障礙中，可以無數的方式相連接。最後由美國國防部設立了奧普網路，成為成千電腦網路的全球水平傳播網路的基礎；全球各地的個人和群體，各就其目的使用網路，而離開了已過去的冷戰考量。這被認為是繼現代社會科學後的一大改變（現代社會科學崛起於工業秩序創造的巨變中，它來自封建社會的廢墟。然而，當今巨變再度降臨。資訊時代的最終特徵正在於網路社會，它以全球經濟為力量，徹底動搖了以固定空間領域為基礎的國族國家或任何組織的形式）（柯司特，1998）；但大家卻忽略了網際網路以數位化特性虛擬世界而達到解除一切畛域的目的後，自己卻不禁又成為新的「疆界」、新的「中心」、新的「道」、甚至新的「宗教」（鄭明萱，1997），而且在背後操縱網路技術（軟體、硬體等科技）的人永遠占著優勢：「在以電腦為基礎的資訊化科技發展的衝擊下，資訊化知識成為直接社會生產力主體的同時，國際政治以爭奪資訊化知識的主導權為核心，而那些掌握資訊化知識的生產分配主導權的跨國企業，更有可能成為影響國際政治經濟甚至軍事文化發展的主要力量」。（李英明，2000: 25～26）以致其餘的大多數人，都在一邊「臣服」一邊再度掉入虛擬人生且漫無止境的徹底「虛無」情境的泥淖而難以自拔！

至於由資訊科技發達和遺傳工程進步而引發的知識經濟熱和生化科技熱，所無法避免的「我們看到空前大量的智慧財產相關的爭訟案例。醫院與研究員對立，競奪控制新療法的權利；大學與教職員對簿公堂，釐清那一方才能因為研究結果而受益；基因工程公司在爭奪技術與材料時，更是不計成本；甚至研究莎士比亞的學者也上法院，爭論誰擁有對《哈姆雷特》的特定注釋權」（舒曼〔S. Shulman〕，2001: 5〕這類的「知識的戰爭」以及「得知基因組數據是否意味著未來夫婦將可選擇自己孩子的特徵？而這是我們真正期待的事嗎？改變人類基因最可能造成的後果是，激勵許多善心研究員以及偉大政治家，根據他們認為最有力的性質來創造人類，就像赫胥黎在《美麗新世界》書中所描寫的一樣。去除與生俱來的人性所必須付出的代價和根除幾種人類疾病的利益相比，到底孰重孰輕」（畢修普〔J. E. Bishop〕等，2000: 457）這類的「基因聖戰」，也都是那些擁有主導權的人的「傑作」（他們一邊散布相關的「發現」或「發明」；一邊利用他人迎拒不定的「矛盾」心理加深從中謀利的信念〔反對者也得購買他們的技術或消費他們的產品，才有辦法表示反對的「理由」〕）。因此，後來所陸續出現的「網路大衰退」、「失控的世界」一類「危言聳聽」式的警告和批判（曼德〔M. J. Mandel〕，2001；紀登斯，2001），無非就是在替那些科技新權貴營造另一波更好主宰弱勢者的機會（大家只要相信資訊科技會衰退、遺傳工程會失控那些話，接著就會積極於尋求新權貴們的「拯救」或提供「解套」策略，而讓他們可以繼續主導時代的走向）。在這種情況下，被主導者或喧嚷要「跟上去」的人，就只好永遠當個「順民」甚至「幫兇」而不自知！（周慶華，2004a: 21～34）

可見由創造觀型文化所開啟推動的現代文明，是沒什麼可以樂見它持續下去的；而它最近嘗試「修補地球」而興起綠色企業所隱含的新資本主義和將繼續四處掠奪資源的新殖民主義（詳見第二章第二節），想見只會更增加地球的負擔。因此，它如果不能懸崖勒馬，那麼其他文化中人就得集中力量促使它緩步而後走回頭。換句話說，這可以透過其他文化中人勉力成為抗拒科技宰制及其遺害（包括資源短缺、環境惡化、生態危機、核武恐怖、人性扭曲、惡性競爭和殺戮滅種等）的一股批判力，來「施壓」而使它減卻存活。而只要有心，所謂「在資訊科技發展的列車中，各個國家和跨國企業將爭奪提供資訊化知識的內容、軟體和硬體的主導權；當中尤其以提供內容的主導權為最重要。而搭上和沒搭上資訊科技發展列車的國家之間，經濟發展的差距可能將更為明顯，其間的經濟依賴和宰制可能將更為明顯；值得注意的是，沒有能力進入資訊科技發展列車的國家，有可能選擇逃離資訊科技或形成反對以資訊科技發展為主的文化和文明發展趨勢的態度。此外，面對以資訊科技發展為槓桿的文化發展一體化的趨勢壓力，許多民族國家到頭來可能會回到宗教和民族主義中，尋求抗衡的憑藉」（李英明，2000: 27），這股抗衡科技的潮流勢必會在一些有識之士的「奔走呼號」中成形。而從整個局勢來看，當科技所帶來的負面效益愈多，不滿的聲音也會愈多，這種批判或抵制的工作總要有人來做；如果「國家」怕「失去競爭力」而不便做（或不敢做），就由「團體」來做。（周慶華，2004a: 34）在這種情況下，要創造觀型文化退卻就只剩下一個時間的問題（而不是可不可能的問題），而整體的文化治療也同時有了成效。

其次是氣化觀型文化和緣起觀型文化如何在因應能趨疲危機的過程中，保證人類的「基本的生活」的問題。前面說過，能趨疲觀型文化式的文化治療，在規範系統和表現系統方面是取氣化觀型文化的「絹諧倫常」和「但取和諧優美的表現方式」，而在行動系統方面是取緣起觀型文化的「降低再降低對資源的需求」，這不啻表明了在信守新能趨疲世界觀後有關倫常、審美和行動的取向了（信仰和知識等就是本脈絡所建構的這類）。至於這又如何可能，則不妨從三大文化系統各自的「終極關懷」談起。

終極關懷，指的是呈現在對信仰對象及其啟示的關懷上的一種形態，由於它是終極性的（該信仰對象為終極實體的緣故），所以可以稱為終極關懷。這種終極關懷，可以構成一個立體的存在體系，也就是由終極關懷而引出構成這一終極關懷的「真實」和所要追求的「目標」，以及為獲致「目標」而有的「承諾」（自我擔負）。（傅偉勳，1990: 189～208）如果把終極關懷當作一個「對象性的存在」，那麼從終極真實到終極目標到終極承諾就是一個「實踐性的存在」。而這裡所以統以「終極關懷」一詞指稱該對象性和實踐性的存在，是為了終極關懷本身難可自存，而要有終極真實「保證」它的成立，有終極目標「指引」它的出路，以及有終極承諾「推動」它的進程，彼此構成一個關係緊密的存在體。它在各文化系統有不同的表現，相關的爭論就可以接著依「嚴重程度」的順次來進行。

第一，是創造觀型文化傳統在信仰上帝的基督教徒身上所顯現的，他們所關懷的是人的「原罪」。這是承自古希伯來的宗教思想。根據古希伯來宗教的文獻（主要是《舊約・聖經》）所述，上帝以祂的形象造人，於是人的天性中都有基本的一點神性；但這點神性卻因人對上帝的叛離而隱沒，從此黑暗勢力在人間伸展，造成人性和人世的墮落（這由亞當、夏娃偷食禁果首開其端）。從基督教所拈出的「原罪」觀念來看，人都有與生俱來的一種墮落趨勢和墮落潛能，構成它的終極真實；但人都是上帝所造，都有靈體，所以又都有它不可侵犯的尊嚴。憑著後面這一點，人經由懺悔、禱告，就可以獲得救贖，死後進入天堂，永隨上帝左右（人可以得救，但有限度，永遠不可能變得像上帝那樣完美無缺）。因此，進入天堂就是基督教徒的終極目標，而懺悔、禱告尋求救贖就成了基督教徒應有的終極承諾。雖然如此，這種終極關懷的方式卻因為內質含有「險巇」成分而問題重重。我們知道，根據基督教的說法，人具有雙面性，是一種可上可下的「居間性」動物。但所謂的「可上」卻是有限的，永遠無法神化；而所謂的「可下」則是無限的，且是隨時可能的。（張灝，1989: 9～10）由這一觀念，必然重視法律制度，一以防範犯罪；二以規範人的權利義務。西方的民主政治，就是從這裡展開（至於西方別有源自人性「可上」的一面的自由主義，那又另當別論）。至於西方的科學，也跟對上帝的信仰有關。西方人談真理，原有「本體真理」和「論理真理」的區分。前者指「實」和「名」相符（真理在事物本身）；後者指「名」和「實」相符（真理在觀念本身）。（曾仰如，1987；朱建民，2003）由於事物不會有謬誤，只有人的觀念會有謬誤，以致本體真理勢必「過渡」到論理真理而為西方所存的唯一（強勢）真理。西方人為了讓名和實相符以獲得真理，自然要極力去求得客觀的明顯性（直接的客觀明顯性或間接的客觀明顯性）；於是就會特別重視觀察（並發明工具儀器以為資助）和理論推演（跟觀察形成一辯證的關係）。而為了取得更客觀明顯性（最多是間接的客觀明顯性），多半要去追溯事物發生的原因；而事物發生的原因，最後又可以推到上帝的「目的因」（兼及「動力因」），而這才有事物的「質料因」和「形式因」的成立。這麼一來，就接上古希臘柏拉圖的「理型」（或亞里士多德的「概念」）哲學和中古多瑪斯的神學而為西方科學所從出；而西方人也以科學上的發現或科技上的發明為可榮耀上帝的體面事。然而，西方人所說的民主（等值的參與）卻很難實現（頂多做到局部的程序民主），甚至弄巧成拙而出現「假民主」的現象（如當今的選舉制度所設重重關卡就是）。至於西方人極度發展科學的結果，造成核彈擴散、資源枯竭、空氣汙染、水質汙染、環境汙染、臭氧層破壞、溫室效應和生態失衡等後遺症，早已預兆了人類將要萬劫不復，問題更為嚴重。因此，普受影響的他方社會如果不再悉心瞭解這種關懷方式的流弊而試為改向，那麼就得一起承擔苦果。

第二，是緣起觀型文化傳統在信仰涅槃境界的佛教徒身上所顯現的，他們所關懷的是人的「痛苦」。這是佛教開創者釋迦牟尼從人類實存日日體驗到的無窮盡的身心逼惱（不快不悅的感受），而誓化眾生讓他們永遠脫離生死苦海的悲願所帶出的。而它不論是小乘佛教所偏重的「個人苦」還是大乘佛教所偏重的「社會苦」，都展現了一致的關懷旨趣。還有佛教所說的「痛苦」，具有相當的「實在性」（跟它相對的「快樂」就不具有「實在性」；因為快樂只是痛苦的暫時停止或遺忘而已）（勞思光，1984:〔二〕181～182），且遍及人身心的所有經驗（佛教對於苦的分類甚繁，最常見的有生老病死苦、愛別離苦、怨憎會苦、求不得苦、五陰盛苦等）。而造成這一痛苦的終極真實，主要是「二惑」（見惑和思惑，由無明業力引起）和「十二因緣」（生死輪迴）。最後必定逆緣起以滅一切痛苦和出離輪迴生死海而達到絕對寂靜境界為終極目標。而身為佛教徒所要有的終極承諾，就是由八正道（正見、正思維、正語、正業、正命、正精進、正念、正定）進入涅槃而得到解脫。縱是如此，這種終極關懷的方式也因為「捨離無望」而減卻了它的苦心孤詣。我們知道，佛教所著重人的自清自淨雖然沒有給人間投下什麼災難變數，但也不免曲為指引到令人「望而怯步」或「礙難踐行」的地步。原因就在拋開所有的執著並不是常人所能輕易做到；而繁瑣的解脫法門也會讓人喪失耐性和信心（雖然有所謂「頓悟」得道的，但一般人卻都會苦於無處可悟）。畢竟人間社會永遠是一個「可欲」的場域，無法「阻絕」人心的蠢動。最後大家可能會發現它不但提不住人心，還揭發更多可以供人思欲的情境。因此，人間社會的擾攘和爭奪已經不是佛教單獨「出擊」所能平息的了。

第三，是氣化觀型文化傳統在信仰自然氣化道理的儒／道信徒身上所體現的，他們所關懷的有緣純任自然一路而來的個體的「困窘」（不自在）和緣重視人倫一路而來的倫常的「敗壞」（社會不安定）。前者是道家的先知老子、莊子等人透視人間世誘引個己的分別心和名利欲而遺留的夢魘後所考慮要除去的。這跟佛教徒的關懷對象類似，但著重點略有不同（詳後）。至於依附道家而又別為發展的道教，在既有關懷的基礎上又加了一項「命限」，也足以令人側目。當中道家所認定的「困窘」，基本上跟佛教所認定的「痛苦」無異（這也可以用來解釋佛教東傳中土所以「一拍即合」而廣泛引發迴響的原因），只是構成這一「困窘」的終極真實，多集中在較為明顯可見的「分別心」（別彼此、別是非、別生死）和「名利欲」上，彼此稍有差別。而道家信徒所要追求的終極目標，就是沒了分別心和名利欲的逍遙境界（純任自然）。而為了達到逍遙境界，道家信徒必須以「心齋」（虛而待物）、「坐忘」（離形去如）等涵養為他的終極承諾。這在道教，又加了「方術」（如服食、燒煉、導引、內丹、符籙、禁劾和祈禱等）以保全人的神氣而長生不老。這比道家的作法，似乎又更「進」了一層。後者是儒家的先知孔子、孟子等人考察人間世私心和私利橫行所造成而需要舒緩的惡跡。這跟道家的關懷對象可以構成一種對比，而跟基督教的關懷對象也可以互照出本質的差異（詳後）。原因是上述各教派（學派）所關懷的都在一己的罪愆、苦痛的救贖和解脫上，只有儒家獨在倫常方面著力。它以人倫的不和諧而導致社會的不安定為關懷對象，並且認定私心和私利是構成倫常敗壞的終極真實。如何扭轉，就在確立仁行仁政這一終極目標，而以推己及人（己欲立而立人，己欲達而達人）為終極承諾。這跟基督教顯然有絕大的差別：一個重視自覺自反；一個重視他力救贖。不僅如此，前者最終是要求得人倫的和諧（社會的安定）；而後者最終卻是要求得人神的安寧（這也同樣可以用來解釋基督教傳入後「難以合轍」，而始終無法在中國社會生根發展的緣故）。而這也跟道家（甚至佛教）構成一事的兩極：前者排除私心私利是為了生出公心公利；後者排除分別心和名利欲是為了自我得以逍遙（即使是佛教去除所有執著而苦滅後不再有所作為，也難以跟儒家相比擬）。話雖然是這樣說，基督教、佛教和道家也不是不關心倫常的問題。它們以原罪意識來警告世人不可以叛離上帝的旨意、以苦業意識來消滅人心的惡魔孽障、以委心任運來帶領眾人齊往逍遙境界，也都是為了看到人間一片淨土、到處一片祥和；只是它們的考慮多了一個轉折，不像儒家那樣直就自己和他人的關係切入，一舉揪出倫常敗壞的原因及其對策。

整體來看，道家／道教信徒的終極關懷終究要跟佛教徒的終極關懷「滙」為一夥，而無意於向外推拓建立法制以防止人的叛離，它的「曲為思考」（要藉個體的普遍自求逍遙來解決人間社會的擾攘紛爭）一樣難見成效；只剩下儒家信徒的終極關懷在現實中可以被多加「指望成真」。畢竟儒家提出仁行仁政來指引人向上一路，並不是要剝奪人的私心私利，而是要喚醒大家能推己及人，轉而出現公心公利。這樣要求人（即使好樂、好貨、好色，也無礙於仁行仁政的施行），總比佛道要求人去除欲望來得容易（要人不好樂、不好貨、不好色，簡直難如上青天）。再說儒家沒有講究民主，不及基督教吸引人，這也不構成儒家的弊病，因為儒家原有一套理想社會的設計（也就是第三章第四節所引過的「大同社會」）。不論採用那一種制度，只要做到以上所說各項利己利人的措施，都是儒家所讚許的。只不過歷來還沒有一個時期實現過這個理想，以致讓某些不明究裡的人誤以為儒家已經過時了。其實，儒家正有待開展，它將會是人類免於沉淪的極佳保證。至於儒家沒有提倡科學，不像基督宗教有可以榮耀上帝的憑藉，但這也不是什麼值得遺憾的事；倒是不提倡科學（指西方式的科學），使人類得以長久的緜延下去。因此，重拾這種終極關懷就特別具有時代的意義，它還會是未來照見人類前途的「一盞明燈」。（周慶華，2008b: 66～72）

所謂氣化觀型文化和緣起觀型文化在保證人類的「基本的生活」上，就是以氣化觀型文化中儒家的終極關懷為優先而可能的。它們在近代的「墮落」（盲目屈就），只因為大家信守的不徹底，未能瞭解真義；如今重新以新能趨疲世界觀為前引，乃為應世所需。而在規範系統和表現系統等方面，則以特能符應此新世界觀而選擇的，它源自氣化觀型文化的倫常觀和審美觀（搭配倫常觀而生發的）為最切合人性。至於在行動系統方面，緣起觀型文化的「降低再降低對資源的需求」仍可懸為高標準而僅次於上述倫常的考量。

第六章　剩餘文化治療的致用場域

第一節　文化治療的剩餘情節

整體文化治療的開展方向，正如前章第五節所述，它以「理論先行」的姿態面世，冀望在世人的觀念更新上發揮點醒和趨進的作用。而這自然要有剩餘文化治療的致用場域，以便連結從現實情境中找到必要的著力點。換句話說，整體文化治療的開展方向是策略規模，而具體的實踐作為則得另加測試，以便完成一項理論和實際兼顧的文化治療的使命，使得「致用場域」的問題不流於空談。

這總稱是文化治療的剩餘情節。而所謂剩餘情節，是指文化治療的理論性要落實為具體行動的未展現部分。它不同於馬克思（K. Marx）所說的剩餘價值的剩餘觀。後者是指賤買貴賣所得的利潤（有別於一物換一物的交換價值），又包括絕對剩餘價值（指當經濟組織和工藝技術固定不變下所產生的資本或剩餘價值）和相對剩餘價值（指經由工藝技術的進步而減少工人工資的狀態下獲取）等。（蔡文輝，2006: 106～108）也就是說，在談完文化治療的開展方向後，剩下未談的實踐問題，就是文化治療的剩餘情節。

倘若說文化治療的開展方向屬於理論範圍是故事，而文化治療的致用場域屬於實際範圍是情節，那麼它就有「用於何處」的剩餘部分可談。我們知道，原來故事和情節的區分，在於故事是指「一系列事件的組合體」，而情節是指「以故事為基礎，但重點在因果關係上」。如「國王死了，然後王后也死了」是故事；「國王死了，王后也傷心而死」則是情節。在情節中時間順序仍然保有，但已經為因果關係所掩蓋。又「王后死了，原因不明，然後才發現她是死於對國王的死的悲傷過度」，這也是情節，但中間加了神祕氣氛，有再作發展的可能。這句話將時間順序懸而不提，在有限度的情形下和故事分開。對於王后的死這件事，如果我們問：「然後？」那麼這就是故事；如果我們問：「為什麼？」那麼這就是情節。（佛斯特〔E. M. Forster〕，1993: 75～76）而這到了晚近，被擴大為故事指涉「一切人類活動和傳播」（布魯克〔P. Brooker〕，2003: 262），而情節則隨著增義（但仍得強調原有的因果關係）。因此，這裡所說的剩餘情節，就是轉義後的故事所遺留的部分。它以「文化治療的開展方向」的理論為因，而以「將要有所用處」的實踐為果，合而展現一幅先前尚未論及的「文化治療的剩餘情節」的面貌。

由於文化治療的開展方向有一體多面，所以它的剩餘情節也自然可以朝多方伸展，以符應敘事學所說的必要曲折或多樣性。（熱奈特〔G. Genette〕，1990；馬丁〔W. Martin〕，1991；巴爾〔M. Bal〕，1995）如整體文化治療的開展方向所要收攝的「退卻」後，才有的創造觀型文化式的文化

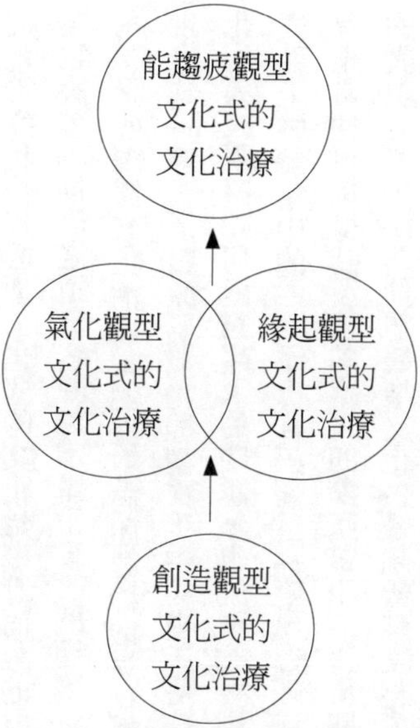

圖 6-1-1　文化治療的剩餘情節預備圖

治療，以及「回返」後見效的氣化觀型文化式的文化治療和緣起觀型文化式的文化治療等，這究竟要如何的退卻以及回返又如何可能等問題，就成了優先剩餘的情節；它所要進行的文化治療，就不僅僅是以新能趨疲世界觀明列來對治就可以了，背後還得為對方疏通退卻和回返的道路，才能順當或理直氣壯的告訴人家這非接受治療不可！以前章的規劃來看，整體文化治療的開展方向，是從創造觀型文化式的文化治療向氣化觀型文化式的文化治療和緣起觀型文化式的文化治療等上升再上升而成立的，以致文化治療的剩餘情節就以此為預備所在。如圖 6-1-1 所示。

當中創造觀型文化式的文化治療要

有效，在相當程度上得向氣化觀型文化式的文化治療和緣起觀型文化式的文化治療等掘深的部分看齊；而氣化觀型文化式的文化治療和緣起觀型文化式的文化治療等的重新結穴處，則在能趨疲觀型文化式的文化治療。因此，整個文化治療的踐履就是在這一層層「撥除迷霧」中而可能的。而它的削去法和歸真法等（前者是針對創造觀型文化式的文化治療而說的；後者是針對氣化觀型文化式的文化治療和緣起觀型文化式的文化治療等而說的），也就必須列出文化治療的剩餘情節，而好好的為它設想「伸展之道」（詳見本章第三、四節）。

又如整體文化治療的開展方向所要擷取氣化觀型文化的「綰諧倫常」和「但取和諧優美的表現方式」等，這對原屬氣化觀型文化中人自不成問題，但對別有所重的創造觀型文化／緣起觀型文化中人來說又如何能夠趨入的問題，也成了次要剩餘的情節；它所要從事的文化治療，也不僅僅是表面上強調當中的「合乎人性」或「切近人情」就足夠了，實際上仍得有後續的文化治療曉諭才有正當性可以標誌。依前章第四節所帶出的終極關懷來說，綰諧倫常及其隨順成立的但取和諧優美的表現方式，遠非創造觀型文化／緣起觀型文化所能想像，又怎能堅決要對它有所寄望？畢竟氣化觀型文化中的社會是「橫向」結構式的（人和人相互依賴（而無所依賴神／上帝），所以大家就會全力關注「人際關係」，而「人際關係」的建立又以由近及遠（由親及疏）為最恰當。因此，綰諧倫常也就成了此系文化中人的衷心所寄）；而創造觀型文化／緣起觀型文化中的社會是「縱向」結構／「無向」結構式的（前者以神／上帝為最高主宰，每一個人都是神／上帝的子民，彼

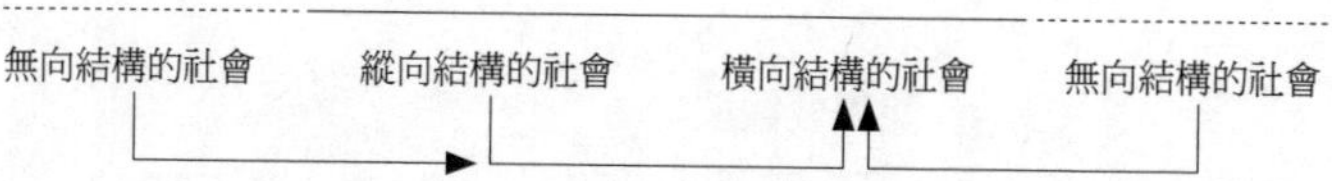

圖 6-1-2　不同結構社會的接觸改向圖

此只對神／上帝負責，而且相互平等，以個人為本位，以致形成一個無形的縱向社會；後者以解脫為務，並不時興任何社會關係的經營，於是終極上就以無向結構為結構）（周慶華，2005: 240～241），彼此頗不可共量，這又如何「促其改向」？但又不然！這不同結構的社會，還是可以靠現實的相互接觸而觀摩調適以為趨近。如圖 6-1-2 所示。

上圖中，縱向結構的社會和橫向結構的社會等分居光譜兩端，而無向結構的社會則在光譜外。它們的相互接觸，是指創造觀型文化／緣起觀型文化中人已然在面對氣化觀型文化中人，以致只要認真採綰諧倫常（及其隨順成立的但取和諧優美的表現方式）的態度對待氣化觀型文化中人，自己就有可能返身改向，重新以此觀念自修，終而治療成功。因此，整個文化治療的踐履在規範系統方面，也就是因為有這一「觀摩調適以為趨近」的現實條件而可能的。而它的臨近看真切且化為行動力，同樣也就得著為文化治療的剩餘情節。

又如整體文化治療的開展方向在最基本層次採用緣起觀型文化的「降低再降低對資源的需求」作為，這對原屬緣起觀型文化中人來說早已成了「教義悖論」（也就是人修練到完全無所需求於資源時，那又何必存在？但人確實還存在著，明顯是一大悖論）（周慶華，2001: 37～39），而對其他文化中人來說又要怎樣撙節

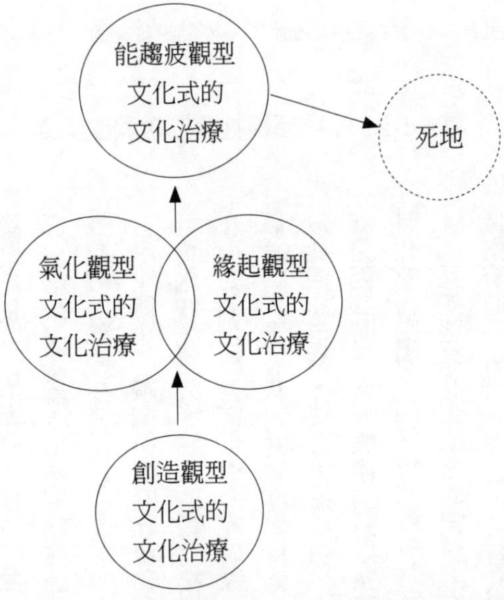

圖 6-1-3　負能趨疲在文化治療前階的影響圖

損益的問題，一樣也成了次要剩餘的情節；它所要開展的文化治療，也不僅僅是正告大家「去做就對了」而已，在實質上依然得為必要的止境規模向度，相關的治療才不致淪為「自行絕滅」的代名詞。我們從另一種可能發生的負能趨疲（並非通常所說地球外來資源的介入而出現的負能趨疲狀態）來看，當人降低再降低對資源的需求後，其他物種的繁盛或相互累進可能會回過頭來「威脅」人的存在。這時新能趨疲世界觀的信守就會變成一種「自我埋葬」的捷徑，不是死路一條，就是又重返各文化系統現今的形態，而讓文化治療機制的啟動失去意義。如圖 6-1-3 所示。

所謂墮落到死地的，代表的是人的

絕滅；但它幾乎無法想像將會是如何可能的。最後大概就是治療失敗「歸零」而返回原先的「各自拚鬥」，從此不再計慮而任由時間來決定一切。顯然這不是大家所樂見的（不然也不會陸陸續續有人在開藥方要拯救世界，雖然那些藥方都還不見成效），而本研究也不可能把結論推向這種「深淵」。因此，整個文化治療的實踐在行動系統方面，就得花費相當的心力去設想它的「停損點」或「終止線」，而讓文化治療的剩餘情節在這個環節留有餘蘊。

後面這一點，是在關切前面所提到的「這條文化治療的道路還很遙遠，它的終點究竟要設定在那裡也不是現在所能決然論斷，但往這個方向走很明顯已是唯一的選擇」課題（詳見前章第五節），這於實際上雖然眼見它遙遙無期，但在理論上卻必須自我解答圓滿，才不會陷入「無以服人」的境地。而從剩餘情節也難免「有多端」的可能性來說，在這一單項裡就包含了「做得到」、「做不徹底」和「做不停止」以及「應付全抗拒」、「應付半抗拒」和「應付不知抗拒」等可以想見的多元情節線；而這究竟要如何善後或引導得法，也就還在深受考驗。

第二節　剩餘情節的功能性

以一般被構設的情節來說，人類所實踐過的寫實性作品大宗部分，它的結構的基本樣式是開頭、發展和結局等三個階段；再複雜一點的，在發展的過程中還有變化和高潮等兩個階段。而這可以形成多種的圖式。（康洛甫〔M. Komroff〕，1978；佛斯特，1993）如：

（一）鐘漏型（滴漏型）：如法郎士（A. France）的《泰絲》中兩個主要人物：禁欲主義者伯福魯士和妓女泰絲。前者要去拯救後者，他們分居不同地方，終於見面了，泰絲因而進了修道院獲得救贖，伯福魯士卻為了跟對方見面而掉進罪惡之中。這兩個人物互相接近、交會，然後再分開，正好形成一個鐘漏的形式：

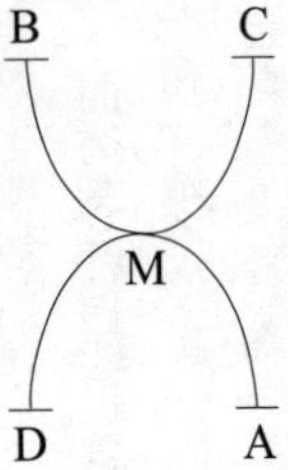

（二）長鍊型：如路伯克（P. Lubbock）的《羅馬照片》中的那位在羅馬遊歷的觀光客，他在那裡遇到了一位朋友狄林，介紹他去參觀咖啡廳、畫廊、梵蒂岡、義大利皇宮周圍等，最後兩人又相遇了，原來這位朋友是他女主人的姪子。兜了一圈後，兩人又合在一起，形成一個長鍊的形式：

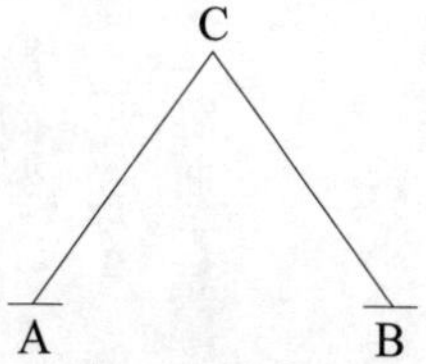

（三）圓型：凡是指向「永恆的循環」或兜回開始地點的故事形式都是，圖形就像一個圓圈：

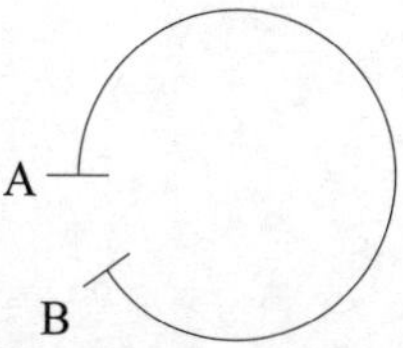

（四）橫8型：如艾略特（G. Eliot）《雪拉斯・麥納》，書中有兩個主題，各有自己的行程，彼此在一點上相遇、分開，然後再連在一起，形成一個類似橫8字的圖形：

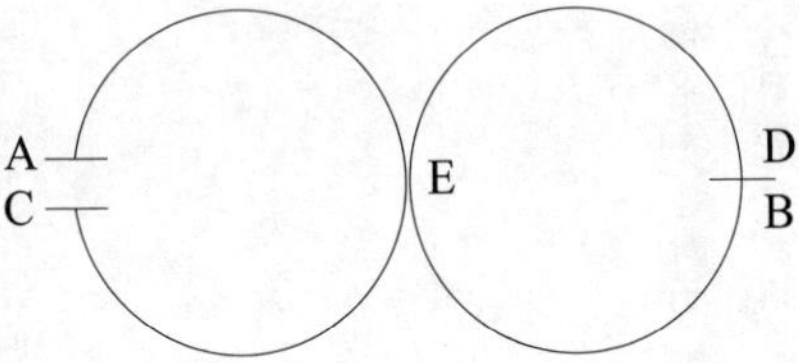

（五）半拋物型：如史坦貝克（J. Steinbeck）的《人鼠之間》、康拉德（J. Conrad）的《吉姆卿》、德萊塞（T. Dreiser）的《美國的悲劇》等，小說開始以後，進行到某一覺察點，故事就順著命運的終局，一降而到結尾，形成一個半拋物狀的形式：

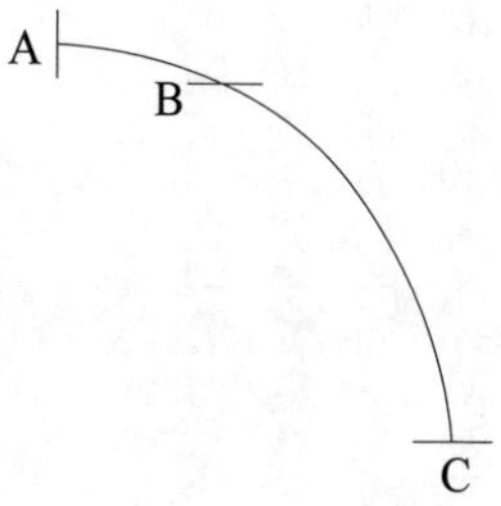

（六）拐角型：跟半拋物型相反，小說進行到某一覺察點後，命運轉好，宛如灰姑娘般的成功故事，形成一個拐角狀的形式：

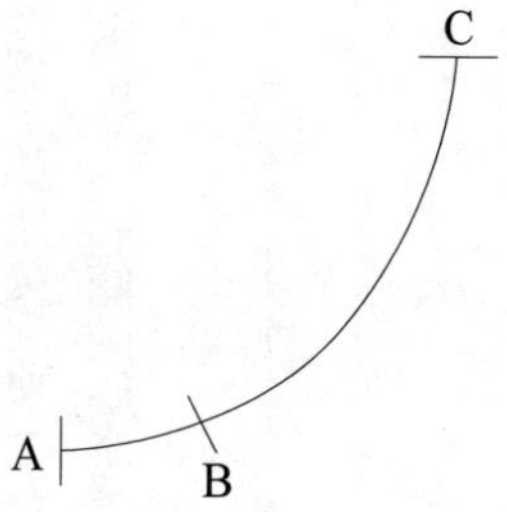

（七）鋸齒型：如塞萬提斯（M. de Cervantes）的《唐・吉訶德》，書中每一樁奇異的事件都躍升到最高潮，結尾才回到開頭的水平上，形成一個鋸齒的形式：

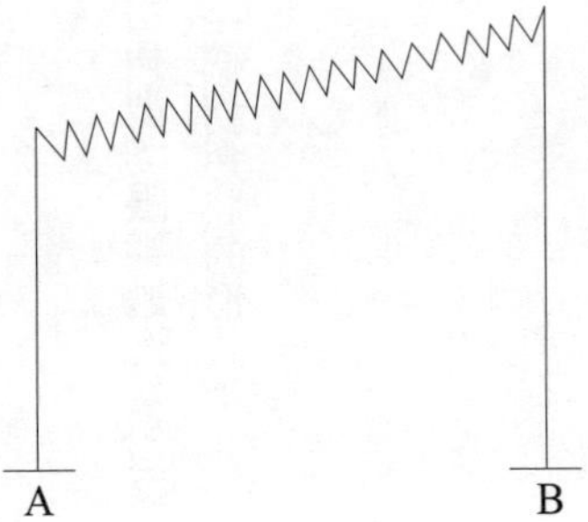

以上這些圖式，在中國傳統小說中大體上都能找到例子。如《西遊記》就接近鋸齒型；而由悲劇轉為喜劇的情況，似乎又更多。（龔鵬程，1987: 150）另外，情節結構中的「變化」一個階段，是就情節的歧出或人物的衝突來說的；而歧出或衝突到最緊張或最高點時，就稱它為「高潮」。這兩個階段未必所有的敘事作品都具備（還有縱使有「變化」的也未必會達到「高潮」），但其他三個階段（開頭、發展和結局等）則無疑是各種敘事作品所共有（即使是一些超現實的作品，也不難理出當中的這一結構）。（周慶華，2002b: 197～200）

上述這些相對應本脈絡所拈出的文化治療的剩餘情節，多少也得有「借為發微」，才能顯示理論建構的綿密性。話是這樣說，事實上卻會受限於論說形態而無法像實證研究那樣抱著必定「可以曲折」的信心，讓它在具體情境中發揮「治療了」的效果。因此，這就得再有相關剩餘情節的功能性的限定。

本論說屬於理論建構而非實證探討。一般所說的實證探討，包括量化研究和質性研究。當中量化研究，是指運用設計問卷和統計分析等方式來概推事物的普遍狀況；而質性研究，則是指運用參與觀察和深度訪談等方式來瞭解個別事物的存在實情。而歸結起來，量化研究的模式為「定義研究問題→文獻探討→形成假設→研究假設→抽樣和研究工具設計→資料蒐集→資料分析→結論→修正假設」；而質性研究的模式為「經驗→介入設計→發現→資料蒐集→解釋／分析→形成理論→回到經驗」。（胡幼慧主編，1996: 8～10）此外，二者都有信度和效度的問題：前者（指信度），在量化研究方面是指研究結果可以被複製的程度或測量程序的可重複性，但在質性研究方面卻隱含著外在信度和內在信度等雙重意涵：所謂外在信度，是指研究者在研究過程中如何透過對研究者地位的澄清、報導人的選擇、社會情境的深入分析、概念和前提的澄清及確認、蒐集和分析資料方法的改進等作妥善的處理，以提高研究的信度；而所謂內在信度，則是指當研究者在研究過程中同時運用多位觀察員對同一現象或行為進行觀察，然後再從觀察結果的一致程度來說明研究值得信賴的程度（而這些可以綜合透過三角交叉檢查法、參與者的查核、豐富的描述、留下稽核的紀錄和實施反省等來「確保」它的可信性）。（高敬文，1999: 85～92）後者（指效度），在量化研究方面是指研究工具可以測量到正確答案的程度或測量本身是否可以正確的反映研究者所要探討的概念的真實意義，但在質性研究方面卻隱含著內在效度和外在效度等雙重意涵：所謂內在效度，是指質性研究者在研究過程中所蒐集到的資料的真實程度以及研究者真正觀察到所希望觀察的；而所謂外在效度，則是指研究者可以有效的描述研究對象所表達的感受和經驗，並且轉譯成文本資料，然後經由厚實描述和詮釋的過程，將被研究對象的感受和經驗透過文字、圖表和意義的交互運作程序予以再現。（胡幼慧主編，1996: 142～147；潘淑滿，2004: 92～97）

然而，不論如何，這些實證探討都不可能像信守者所設想的那樣，可以維護研究對象的獨特性和擺脫研究者的主體意識和價值觀的介入「干擾」，畢竟研究對象是研究者所「選」所「觀」的（它沒有獨立自主性），而整個取樣和訪談的過程以及最後的分析詮釋也一再受到研究者的「設定」和「前結構」的制約，根本沒有所謂的「客觀性」和「純粹性」可以標榜。（周慶華，2004b: 176～177、207～208）因此，回到理論建構上來說，它縱使無法像實證探討那樣有實際「驗證」的舞臺，但只要它的建構得法且有踐履的可能性，就可以深予寄望；更何況它已經在制高點上即將「指導」著實證探討的進行呢！後者是說，所有的實證探討都是在印證某些理論或修正某些理論，依附性或伴隨性濃厚；而本論說所建構成的一套文化治療理論，正好可以作為大家進取印證的依據，它的「優位性」或「重要性」不言可喻。

通常所說的理論，是指一種有組織的知識；這種知識是由「一組通則結合成的系統，這些通則彼此相連，並且表示變項間的關係」。（呂亞力，1991: 18）而這種連結的方式，就是所謂的解釋。正如荷曼斯所說的：「所謂一個現象的理論，就是一套對此現象的解釋；只有解釋才配得上用『理論』這名詞」。（荷曼斯，1987: 18）有個現成的例子，它是有關一個歷史事件的心理學解釋：「近幾年來，科學界對歷史的解釋本質發生很大的爭辯。在這一爭辯不休的聲浪中，哲學家韓波所採取的立場我最為贊同：他認為解釋一定要包含普遍的命題或法則。另外一個哲學家舍律文也曾說：『假如我們想解釋為何征服者威廉從來不襲掠蘇格蘭，答案很簡單了：因為他沒有想獲得蘇格蘭貴族們的土地的欲念；他在戰場上非常君子的打敗蘇格蘭王莫爾康，使北方邊界得以保全。但上面這種解釋根本沒有任何法則。』說實在的，在這樣的解釋中的確沒有任何法則。如果按照我們的標準來衡量，這算不算一種解釋？就命題的功能來說，這種解釋一點演繹系統都沒有。只有前提存在，解釋才有效。現在我們把上面的敘述加以整理分析，形成下列三個符合演繹系統的解釋步驟：（一）一種鼓勵對個人的價值愈高，則他採取行動取得此一鼓勵的可能性愈大。（二）在某一假設情況下，征服者威廉認為對蘇格蘭的征服沒有多大的價值。（三）所以他不會採取行動來征服蘇格蘭。如果你嘗試去做的話，你也可以整理出這類合邏輯的分析方式。（同上，34～35）這以行為心理學的一個命題「如果做某件事的反應得到鼓勵，那麼做這件事的次數會增加」（詳見第四章第三節）來解釋歷史上（不）掠奪他國土地的事件，構成了一個有效的演繹論證，就是最基本或最單純的一種理論形態。（周慶華，2004c: 7～8）更具體一點的說，理論建構，講究創新；大致上從概念的設定開始，經由命題的建立到命題的演繹及其相關條件的配置等程序，而完成一套具體系且有創意的論說。（周慶華，2004b: 329）而本論說所建構的這套文化治療理論，也因此而可以條理出整體的架構（詳見圖6-2-1）。

由於理論本身的指導實踐的需求性，它總會在一個「理論競比」的氛圍中存在，正如經濟學家凱因斯（J. M. Keynes）所說的「那些厭惡理論或聲稱沒有理論更好的經濟學家，不過是處在較為陳舊的理論掌握之中（也就是無處不有理論）」（伊格頓〔T. Eagleton〕，1987：序1）；而它的自我標高化，則是為了改變世界的走向。因此，我所建構的這套文化治療理論，就至少在為真能化解能趨疲危機的欲求上投入了一個變數，接著就看往後的影響變化。

換個角度看，所有的理論建構從知識立場來說，都是在為發展文化著想（雖然內裡仍然預設著權力意志）。它們的已經存在或將要存在的典範性，也都形成了塑造一個歷史傳統的重要憑藉。倘若說歷史傳統是指從過去延續到現在的事物或指一條世代相傳的事物變體鏈（按：前者可以算是傳統一詞最基本的意涵，它包括一個社會在特定時刻所繼承的建築、紀念碑、景觀、雕塑、繪畫、音樂、書籍、工具以及保存在人們記憶和語言中的所有象徵建構；而後者則可以算是傳統一詞較特殊

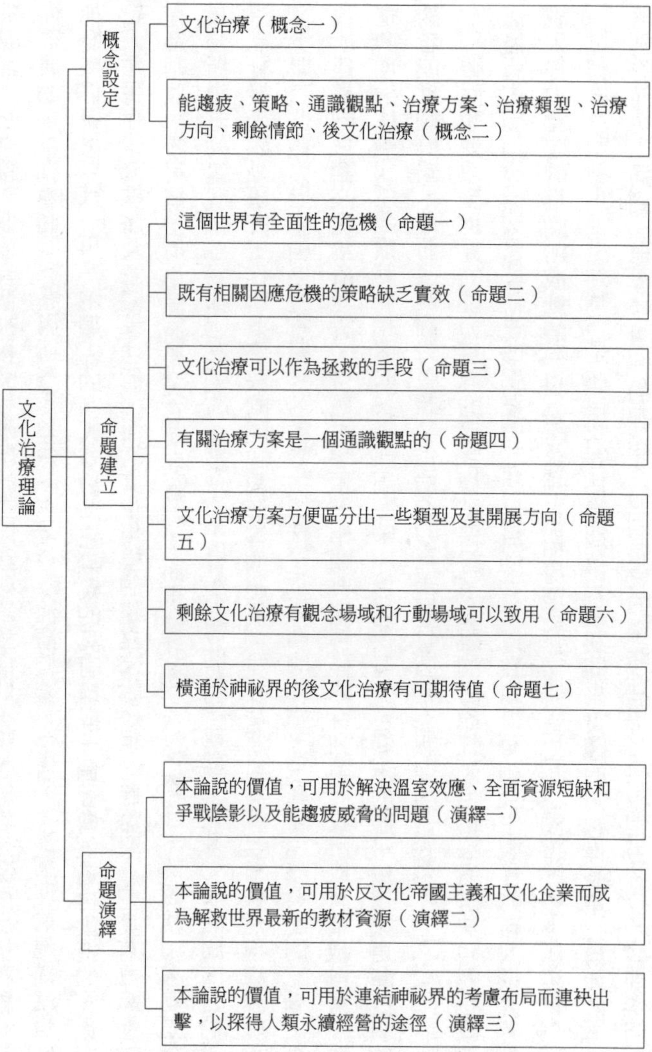

圖 6-2-1 本文化治療理論的架構圖示

的意涵，它圍繞一個或幾個被接受和延續的主題諸如宗教信仰、哲學思想、藝術風格和社會制度等而形成的一系列變體）（希爾斯〔E. Shils〕，1992；沈清松編，1995），那麼理論建構就是確保這種歷史傳統可以被一再「彰顯」的一大資源；它無疑的具有構成一個社會創造再創造的文化密碼和給人類生存帶來秩序及意義等功能。而從文化規模的建立來說，也的確需要一些具有典範性的東西作為基礎，才可能宏偉格局而希冀它發展無礙。而根據孔恩（T. S. Kuhn）的說法，典範是指常態科學所遵守的範式：「我所謂的『典範』，指的是公認的科學成就，在某一段時間內它們對於科學家社群來說是研究工作所要解決的問題和解答的範例。」（孔恩，1989: 38）雖然這種典範可以被「革命」取代，但所出現的新典範又是另一個秩序化局面的開始。現在藉用該典範的意涵，來衡量我所建構的這套文化治療理論，自然也想預入相關典範轉移的行列。而我所以有這種自信，乃在於這套理論比照我所建構其他相關的理論（周慶華，2011b: 17～18），的確可以用來更新既有的救世觀念或實踐模式，進而接連到對整體文化治療的宣揚而有助於人類前途的謀劃。

雖然想要改變世界的權力意志的自我標誌保證了論說的可能性，但卻沒有解決可為接受的問題（縱使第四章第三節曾提及可能形成瀰「藉以自況」），以致還得有相互主觀性的自我期許。換句話說，權力意志的發動所成就的「只是一種文化治療理論」而不是「可為接受的文化治療理論」；「可為接受的文化治療理論」是在自我評估後期待大家認同來實踐的，它僅受第二級次的「識見」的管轄而可以通到「與人較量」的課題。而因為它的策略性還在（暗中仍為行為心理學的那一權力意志在終極上起作用），所以但以能擁有相互主觀性來自我期許。

所謂的相互主觀性，已經有傳播學者將它界定為「個體對於傳播所出現的各種回應」，但「矛盾的是，這些回應並不是個別的。在某種程度上，這些回應是由一個文化或次文化中的所有成員共享。因此，用淡紅色的光線、柔焦所拍攝出來的一張相片，也許令人回應的是主觀的感傷；但這是使用共有的慣例，在表意的第二序列上所產生出來的影響（也就是內涵意義）。我主觀的感傷經驗，對我來說是獨一無二的；但這張相片的內涵意義卻可以引起在我的文化中其他成員共通的感覺。這種共有的主觀回應的領域，就是一種相互主觀性。而這也就是一個文化去影響它的成員的最主要方法；同時透過這種相互主觀性，成員才會肯定自己的文化認同。這個概念對於我們去理解什麼是內涵意義及神話是很重要的；因為第二層的表意序列上的意義，就是在相互主觀性的範圍中產生影響的，而那也就是意識形態會產生影響的所在」。（歐蘇利文等，1997: 204）這在本脈絡中並沒有這種優勢（也就是尚未成為事實）。因此，我只能說窮盡我的所能所構設的這套文化治療理論，能邀得有相似背景者的優先認同（然後再擴及影響其他人），而使理論本身最少具有相互主觀性。

這種相互主觀性的自我期許，是有文化推演上的意義的。也就是說，一套精密的方法的構設成功，可以在某種層面上更新文化的視野，而使得一種文化的創發力被激勵成為可能。這不妨舉傅柯對「性」的論述作為類比：傅柯在他的《性史》一書中談到了他所謂的「壓制的假設」：通常人們認為在比較早的時期（尤其是十九世紀），性一直是被壓制的，所以現代人就奮力解放它；殊不知性根本不是一種被壓制的自然的東西，而是一種錯綜的理念，是由一系列社會實踐、調查、言論和書面文字（也就是話語）或推論實踐製造出來的（所有這一切在十九世紀共同製造了「性」）。在傅柯的論述中，「性」是由跟各種社會習俗和實踐聯繫在一起的話語建構起來的（也就是經醫生、神職人員、行政官員、社會福利人員、甚至小說家們用以對待他們認為是性行為現象的各種話語綜合模塑成的），但這些話語卻把性描述為先於話語本身而存在的東西。現代人大部分接受了這種描述，並且指責這些話語和社會習俗是在力圖控制和壓抑它們自己正在建構起來的性。傅柯在他的闡述中把這個問題顛倒了過來，他把性作為一種結果而不是起因。他認為性是那些力圖分析、描繪，並且規範人類行為的話語的產物。（傅柯，1990）傅柯這種性話語的揭發，所帶給人的「更新性觀感」的刺激自然不必多說，而它別為引起人觸類旁通的「後續效應」更是可觀。如「我前面已經提過『文學是什麼』這個問題所以出現，並不是因為人們擔心他們也許會把一部小說錯當成一部歷史或把算命籤上的一句話錯當成一首詩，而是因為批評家和理論家們希望透過說明文學是什麼來推進他們認為是最重要的方法，並且摒棄那些忽略了文學最根本、最凸出的方面的批評方法。現代理論中『文學是什麼』這個問題所以重要，就是因為理論凸出了各類文本的文學性。對文學性進行思考，就是把文學引發的解讀實踐擺在我們面前作為分析話語的資料；把立即知道結果的要求擱置一下，去思考表達方式的涵義，並且關注意義是怎樣產生的以及愉悅是如何創造的」（卡勒〔J.

Culler〕，1998: 45）。這類「文學只不過是批評家和理論家利用來論說的一個對象」的洞見，就是從傅柯相關的論述得到啟發的（按：論者在這段話之前還提到「傅柯作為新的歷史對象的發明者而特別具有影響力；他發明了『性』、『懲罰』和『瘋狂』等等，我們以前一直認為這些對象是沒有歷史的。傅柯在自己的著作中把這些都看成歷史的建構，並且鼓勵我們考察一個歷史時期的推論實踐，包括考察文學怎樣有可能塑造了我們想當然的那些東西」〔同上，9〕，這就有它的思路上的「一貫」性了）；又如「從表面上看，傅柯是反性學的。他認為性解放的美麗世界只是神話；因為性自由只是性壓制的另一形式，人文科學家和性學家只是利用『正常和變態』、『健康和疾病』、『性快感和性不滿』等概念來製造性問題，以遂其奪取權力和控制人類生活的目的……傅柯的論說唯一合乎事實的，是有關權力轉移。性愈開放，性學知識就愈支配人的生活，而性學家也就愈重要。現時的歐美國家，性治療家就如雨後春筍。但權力本身並沒有什麼可恥，一般人生活在權力之下也沒有什麼可恥；可怕的只是腐化和濫用的權力」。（吳敏倫編，1990: 105～107）這類「新舊性學論述都是權力的象徵」的進一步引伸，也是傅柯相關的論述所涵蓋而被察覺特別帶出的。它們所顯現的對「差異」的敏感以及對構設「新論」的興趣，都來自於傅柯的論述所具有的相互主觀性的「先行支配」。在這種情況下，傅柯的論述就有了「多重」推演文化的意義了。（周慶華，2004c: 54～57）

以我所規模的這套文化治療理論來說，既然自認為可以有效益世且罕人所能論說企及，那麼就不能沒有這類相互主觀性的自我期許。換句話說，取得相互主觀性的地位，在目前只能想望；而這種想望會鞭策我把整套理論構設得可觀一點。而最後就以這一點作為論說較隱微的附帶條件，以有別於權力意志在自我標誌的「張揚」性。因此，為使理論充實化的文化治療的剩餘情節補述，就必須在這個點上再「奮力一擊」，以能致用於觀念場域並連帶普遍見著於行動場域來顯示它的「後續極盡發揮」的功能，而使整體理論構設足以稱得上「沒有一點虛發」可以被指摘。

第三節　致用於觀念場域

先前一再強調文化治療的重點在於治療觀念病（詳見第三章第三節），因此有關文化治療的剩餘情節也就勢必要致用於觀念場域。這觀念場域是「觀念伸展的地方」，而它的治療方向順著前章所說的不啻就是：如果我們期待創造觀型文化中人淡化對天國的嚮往，那麼就得知道他們所以要如此嚮往的內在根由而予以諫諍迫使改向；同樣的，如果我們希望氣化觀型文化中人和緣起觀型文化中人不要盲目跟隨別人，那麼也得知道他們已經跟隨的其實下場到底有多嚴重，而予以揭發警惕放棄。（周慶華，2010: 73）這麼一來，如何的「迫使改向」（退卻）、如何的「警惕放棄」（回返）等，也就成了這裡需要進一步交代的。

依觀念的觀念性來說，它可以有多重的意涵，包括：（一）作為意識內容的任何東西或任何一種覺察活動；（二）某些事物的心理意象或心像；（三）一件事物在一個對象中體現出來且為理智所把握的、真實的相似性、表象或本質；（四）任何一個一般的意念、想法印象或概念；（五）幻想、虛構或想像的任何東西；（六）所持守的信念、意見、假定或學說；（七）事先計畫或打算發生的某些事情，如一項計畫；（八）遵循的原型、理想或模型等。（安傑利斯〔P. A. Angeles〕，2001: 189）這裡則但取接近「所持守的信念、意見、假定或學說」那一意涵，也就是具優位性或終極性的世界觀一類的觀念。至於場域，固然是指觀念所伸展的地方，但仍嫌語意「不夠明確」，還得給予一番界定才行。大致上，這可以布爾迪厄（P. Bourdieu）的說法為準：布爾迪厄所說的場域概念，並不是四周圍以籬笆的場地，也不是「領域」的意義，而是一種「力場」。這是由各種社會地位和職務所建構出來的空間，它的性質決定於這些空間中各人所占據的社會地位和職務；而不同的地位和職務，會使建立於職務占有者之間的關係呈現不同性質的網絡，因而也使各種場域的性質有所區別。（邱天助，1998: 120）這種場域觀，又是源自「社會空間」的概念。布爾迪厄以「社會空間」來指涉社會世界的整體概念。在他看來，社會空間就像市場體系一樣，人們依據不同的特殊利益，進行特殊的交換活動；而社會空間是由許多場域的存在而結構化的，這些場域如同市場一樣，進行多重的特殊資本（包括經濟、文化、社會和象徵等資本）的競爭。換句話說，人類活動的目標在於各種不同資本的累積和獨占，以維護或提升在場域中的地位。因此，社會生活本身就是一種持續的地位鬥爭，而每一個場域都成了衝突的地方。也由於場域中每一個行動主體都具有特定的分量或權威，所以場域也是一種權力的分配場。（同上，121）觀念的場域化，就跟社會空間的場域化類似，它們最終都要被權力衝突所「填滿」。因此，此地所指的觀念場域，就是觀念競爭和策略運用的地方；它以一種彼此「相互較量」的關係網絡存在，且有可能出現單方偏勝的局面。

當今的世界，就是創造觀這種世界觀所單方偏勝壟斷的；它以原罪信條的訂定作為對天國終極嚮往的中介，早已發展出優選觀和各種化解塵世急迫感的創造發明策略（詳見前章第二節）。因此，要迫使它退卻，唯一的辦法就是聯合所有外在的力量強為譴責該原罪教條的「虛矯誕妄」和「疊加壓迫」（前者指原罪教條本身的問題；後者指原罪教條所演化為對異教徒或他者社會的殖民征服和文化宰制等）。而一旦這種譴責壓力大到足以危及它的自處性，也許會再從它自己的內部醞釀改革調整的風潮，那就是更所期待的事。

我們可以這麼說，雖然在基督教後出的解釋中，不盡然都認為原罪就是這個樣子，而有的甚至還否認原罪的存在（所為罪惡是後天造成的）；但原罪說還是相當普遍的被人信守著，同時也相信必須經由懺悔、禱告而獲得上帝的寬恕，才得以贖罪、克服死亡。而就因著這層關係，原罪說就隱含了兩個「立即可見」的問題：首先，原罪導致個人的必然死亡而得尋求上帝的救贖，（靈性的身體）才有機會永生，這是最顯著層次的相關觀念，而且明列在《新約・聖經》裡。（香港聖經公會，1996: 191～193）跟它相應的作為，自然就是懺悔、禱告等行為（曾仰如，1993: 45～64）；尤其是懺悔，它包括了對罪行所導致的惡果的恐懼、對神的權威和地位不尊重的懊惱、有痛改前非的決心、對神的依恃及獲得神寬恕的希望和信心等因素，特別有接近得救的可能性上的意義，可說是信徒最「念茲在茲」的。這從《舊約・聖經》裡所錄的大衛王在犯了通姦罪（跟有夫之婦拔示巴通姦）和殺人罪（殺死情婦的丈夫）後的懺悔詩篇，可以窺見一斑：

神啊，求你按你的慈愛憐恤我！
按你豐盛的慈悲塗抹我的過犯！
求你將我的罪孽洗除淨盡，
並潔除我的罪！

因為，我知道我的過犯；
我的罪常在我面前。
我向你犯罪，唯獨得罪了你；
在你眼前行了這惡，
以致你責備我的時候顯為公義，
判斷我的時候顯為清正。
我是在罪孽裡生的，

在我母親懷胎的時候就有了罪。

你所喜愛的是內裡誠實；
你在我隱密處，必使我得智慧。
求你用牛膝草潔淨我，我就乾淨；
求你洗滌我，我就比雪更白。
求你使我得聽歡喜快樂的聲音，
使你所壓傷的骨頭可以踴躍。
求你掩面不看我的罪，
塗抹我一切的罪孽。

……

主啊，求你使我嘴脣張開，
我的口便傳揚讚美你的話！
你本不喜愛祭物，倘若喜愛，我就獻上；

> 燔祭，你也不喜悅。
> 神所要的祭就是憂傷的靈；
> 神啊，憂傷痛悔的心，你不必輕看。
>
> 求你隨你的美意善待錫安，
> 建造耶路撒冷的城牆。
> 那時，你必喜愛公義的祭和燔祭並全牲的燔祭；
> 那時，人必將公牛獻在你壇上。
>
> （香港聖經公會，1996: 582～583）

這樣「窮盡所能」的懺悔，儼然要讓神無從選擇（只有寬恕他一途）；而相對的，受他「傷害」的人，就全然不在這場懺悔中得到應有的「補償」。其次，原罪也導致人對同類的不信賴，而必須設法嚴防侵犯、欺騙、壓迫等等不公義的情事，這是較隱微層次的相關觀念。跟它相應的作為，主要是在制度上防範人的犯罪：「神是至善，人是罪惡。人既然沉淪罪海，生命最大的目的便是企求神恕，超脫罪海，獲得永生。這種思想，應用到政治上，演為清教徒的互約論，人的社會乃是靠兩重互約建立，一是人與神之間的互約。一方面人保證服從神意，謹守道德；另一方面，基於人的承諾，神保證人世的福祉和繁榮。在這人神互約之下，人們彼此之間又訂下了進一步的信約，言明政府的目的乃是阻止人的墮落，防制人的罪惡。在這一大前提下，政府的領袖如果恪遵神意，為民造福，則人民接受他的領導；倘若他們不能克制自己的罪惡性，因而違反神意，背叛信約，那麼人民可以起而驅逐他，否則整個社會必獲神譴，而蒙受各種天災人禍。總歸來說，清教徒的幽暗意識隨時提醒他們：道德沉淪的趨勢，普遍地存在每個人的心中，不因地位的高低、權力的大小而有例外。就人的罪惡性而言，人人平等！因此，他們對有權位的人的罪惡性和對一般人的墮落性有著同樣高度的警覺」。（張灝，1989: 9～10）也因為這樣，「相互信賴」對基督教徒來說，就成了遙不可及的夢：

一個基督教徒由於他的信仰，不得不對人世的罪惡和黑暗敏感。這種敏感，他是無法避免的。基督教對人世間罪惡的暴露可以說是空前的。我們因此才知道罪惡的根深柢固，難以捉摸和到處潛伏。基督教的神示一方面是充滿了慈愛和寬恕；另一方面也惡狠狠地亮出了人世的真相，基督教的福音使罪惡意識牢繫於人心……它看到別人看不見的罪惡……（這種）原罪的理論使得基督教徒對各種事情都在提防……隨時準備發掘那無所不在的罪惡。（張灝，1989: 16～17 引阿克頓語）

在這種情況下，要相互信賴又如何可得？（周慶華，1999: 210～216）難怪西方人紛紛在「自揭瘡疤」：「我們應該假定每個人都是會拆爛汙的癟三；他的每一個行為，除了私利，別無目的」、「政府的存在不就是人性的最好說明嗎？如果每一個人都是天使，那麼政府就沒有存在的必要了」、「大人物幾乎都是壞人（地位愈高的人，罪惡性也愈大）」和「權力容易使人腐化，絕對的權力絕對會使人腐化」等。（張灝，1989: 14、18 引漢彌兒頓、麥迪遜、阿克頓語）這不就是全源於一個原罪觀念在作祟，才導致人人互不信任的？

此外，在基督教的講法裡，一個永生的信者在精神上背著十字架，跟隨耶穌基督走向光明道路，不以純外在化、形式化甚至僵化了的律法為行為的準則，而是以耶穌基督生前所宣示的福音和有關倫理道德的訓示為最高準則。耶穌基督是律法的總結，純內在化了律法的真諦，以「愛」字統括一切律法。（傅偉勳，1993: 118）這「愛」，包括了愛上帝和愛人；而愛人方面，還包括了愛仇敵。（香港聖經公會，1996: 209、70～71）然而，這卻跟原罪說相牴觸！在原罪說的前提下，人是不可信賴的（不可愛的），而現在卻要驅使自己去愛別人（甚至愛仇敵）。試問這種愛如何可能？再說愛人也要對方願意接受（或需要被愛），不然豈不成了「自作多情」？而從這一點來看，原罪說的發用後，勢必以一種「暴力愛」收場（既不信賴別人，又要試著去感化別人，以彰顯自己特能包容別人的罪惡；殊不知別人未必有罪惡感，也未必需要他「強」來感化）。這種暴力愛的背後，隱隱然的存在著人自比為上帝的妄想：

罪就是對上帝的反叛。如果因為有限與自由相混，見處於理想的可能性之中而不能說它無罪的話，那麼它一定是有罪的，這是由於人總自詡是自己有限中的絕對。他力圖將他有限的存在變為一種更為永久、更為絕對的存在形式……這便是人身上一切帝國主義性的根源，它也說明了為何動物界受限制的掠奪欲會變成人類生活中無窮的、巨大的野心。這樣一來，想在生活中建立秩序的道德欲望便與想使自己成為該秩序中心的野心混雜在一起，而將一切對超驗價值的奉獻敗壞於將自我的利益塞入該價值的企圖之中……但由於人認識的侷限性，由於希望自己能克服自身的有限這兩點使它們註定會對他局部有限的價值提出絕對的要求。簡單的說，他企圖使自己成為上帝。（尼布爾〔R. Niebuhr〕，1992: 58）

這一自比為上帝的妄想，終於演變成帝國主義而進行對「他者」的支配、懲治，甚至無度的壓迫和榨取。如「（一）過去西方傳教士往往輕視或破壞傳統中國文化和宗教，一些傳教士仍存『白種人的優越感』，雖然他們在中國設立學校、醫院，並介紹西方的科學，但他們最後的目的還是在誘導改宗，因此基督教本身被認為是文化的帝國主義。（二）中國人不能瞭解，為何西方基督教國家來侵略領土，訂立不平等條約，而傳教士也享受了許多特權」（林天民，1994: 41），可以為證。這是原罪說最大的盲點所在。換句話說，原罪說假定了人人都會犯罪，而一個基督教徒自比神，橫加壓力在非基督教徒身上以索得悔過的承諾，卻忘了他自己的罪惡已經延伸到對別人的干涉和強迫服從中；以致他原先對神的懺悔，終究抵不上對世人的虧欠。（周慶華，1999: 217～219）

很明顯的，長期以來所有殖民的災難，都跟原罪說脫離不了關係。而這也證明了基督教徒既不瞭解別人（如印度佛教講緣起，中國傳統講氣化，都跟基督教的神造說不類，當然也沒有所謂原罪的觀念），也不瞭解自己（不然也不會存有上述的盲點）。為了不讓上述的盲點繼續存在，原罪說理當要有些調整。方向大略如下：

首先，罪惡不是先驗的（而是後驗的），它是由上帝或人所界定的。一個人是否犯了罪，不是它必然為罪，而是先有規範，然後有人無意中或不願受它的規範而犯了它，以致「罪名」就成立了。因此，罪惡不是必然性（原罪），而是可能性。以這一點來改造原罪說，至少會比較合理而可信。

其次，一個人犯罪，向上帝懺悔，上帝就會寬恕他，免除他的罪。但如果他持續性的犯罪且一再的尋求上帝的寬恕，上帝又該如何？還有人犯罪向上帝懺悔，而受害者卻得包容他（愛仇敵的緣故），這又是什麼邏輯？是否要改成向直接、間接的受害者懺悔，才是正途？倘若對方不領情，他就得接受相關法律的制裁；而上帝只在暗中作最後的仲裁（不合理的，上帝才「介入」干預）。這應該也有助於人間社會的公平正義。

再次，以「愛」彌補罪惡所帶來的缺憾，固然是一個很不錯的「設計」，但它不當被濫用，造成有些人自居為上帝而另一些人就被看作可憐蟲（等著別人去愛他），使得原本和樂的生活，卻因為「強施愛」而變得緊張和複雜起來。人普遍有自尊，不須多餘的同情。基督教強調愛的重要性，還得附帶不能「一廂情願」一個條件，否則世界永遠要充斥著擾攘不安的氣氛。（周慶華，1999: 220 ~ 221）

以上是對原罪說所隱藏的問題和盲點的揭發和規諫。凡是信奉此教條的人不能明理而自我調整改向的，就要他者輿論來施壓而促使對方退卻，連同緣它而來為尋求救贖的各種興作也一併譴責，以完成文化治療的剩餘情節所致用觀念場域的第一階段寫真。換句話說，為了去除或緩和殖民災難和能趨疲壓力等人類所遭遇的深重危機，不能再讓原罪及其對天國的嚮往觀念單方偏勝下去；大家得強拾相關文化治療的取向信心，在這個最核心的具實在性的觀念面前表態反對，還給生態應有的尊嚴和自然伸展空間。

文化治療的剩餘情節所致用觀念場域的第二階段寫真，是指本無緣的其他文化系統隨人起舞的回返啟導。它的可能性，只在一個極力抗拒西方政治、經濟、科技和軍事等的壓迫馴服（只要對前三者「政治、經濟、科技」等誘惑的反制成功，較令人駭怕的「軍事」威脅就會無以為繼），就可以達成。但長期以來所以會出現片面迎合而顯得志氣低迷，主要是自我文化的「轉化」無力（形塑不了抗衡外來文化的策略和行動力）和不知伊於胡底的「苟活」觀念所致。

好比西方人對於無意或無所謂創造發明以榮耀或媲美造物主的異教徒或非我族類，總是誣詆有加。曾經得過諾貝爾文學獎的泰戈爾（R. Tagore）（他的生命形態可以隸屬於東方另一以「自證涅槃／解脫痛苦」為嶄嚮的緣起觀型文化傳統），聲譽在西方竟然大不如想像：「現在西方已經少有人閱讀他的作品，英國小說家葛林甚至在一九三七年就指出：『至於泰戈爾，除了葉慈先生之外，我實在不相信還有誰會認真看待他的詩。』」（沈恩（A. Sen），2008: 130）還有「更甚者」：「西方人很少有欣賞東方文學的，中國和日本詩人在西方的讀者也為數不多」。（寒哲（L. J. Hammond），2001: 43）原因不就是這些東方的文學作品都不合西方人馳騁想像力以為創新慣了的胃口！而再「拉開」來看，東方人一切仿效或半仿效西方人的表現，又有那一樣被人看中且大為讚賞過？有的儘是像底下這類的「冷嘲熱諷」：

亞洲的現代文化很多仍是沒有創造力。日本小說很繁榮；印度也還有一些真正高質量的文學家，存在著一些有趣的畫家。從整個來看，是呈再造而不是創造的趨勢。在數學和自然科學方面，日本已成為完全的現代文化。印度在物理學領域有一些高質量成果，並且旅居國外的印度人在這個領域和其他相關的領域中也一直起著顯著的作用。在印度，自然科學的研究的規模還是很大，但整個科學領域中科學成果的質量，總的來說還不能認為已達到國際標準。巴基斯坦在這方面不論是在數量上還是在質量上似乎更不行。日本和中國是亞洲具有比較先進的現代文化國家，兩國存在的明顯趨勢是，一些很有才華的年輕科學家都暫時或永久的從他們本國移居到西歐和北美。整個東南亞，科學研究幾乎不存在。在社會科學方面，創造性和即使只是熟練的高標準的日常工作也很缺乏。正在進行有價值的工作是地方編史和本土傳統文化研究。（希爾斯，2004: 499）

這當然是典型的「西方中心」的論調，把一切不符西方創新規範的東西都蔑視不提，而對於已文化傳統何以能夠創新不絕以及有意無意凌駕他者的霸權心態如何了卻等也一概鮮少反省。對於這種非公允的評論或莫名的指控，想「為之氣結」的人可能還得有點強心來看下列這段話：「不久前，我們為未滿五歲的兒子西蒙找學校，而申請進入北倫敦一所小學的程序之一是跟校長面談……那位校長告訴我們，他的學校『拉丁文很強』，只要小男孩展現對拉丁文有天分，就可獲准學希臘文。從校長閃著亮光的眼睛可以判斷，顯然這是拉丁文成績優良的獎賞。我大吃一驚。『拉丁文！』我說：『你們為什麼教拉丁文？現在世界上有多少人說拉丁文？』『呃，是沒有，但拉丁文是所有語言的根本。』校長說。『你是說，包括中文、越南文和印尼文嗎？』『噢，不是那些語言，』校長說：『我是指所有歐洲語言。』『噢，你是說垂死的歐洲語言，像法語。你知道今日世界上有多少人說中文嗎？』校長搖搖頭。『我不知道。』『超過十億人。』校長似乎很驚訝。『你有沒有教中文的打算？』我問。『沒有，老實說，我從沒想過。』」（貝克曼〔M. Backman〕，2008: 19～20）這擺明了就是「唯我獨尊」；寧可學（教）他們「本系統」已經死去的拉丁文（瓦克〔F. Waquet〕，2007），也不願碰一下正在流行的他系統的中文，豈不欺人太甚？一個老大中國，居然只剩下「任人嘲弄」的份（而不再有一點被景仰或被敬畏），實在是匪夷所思！試問相關文化還可以這樣不顧別人鄙視的眼光，而胡亂或無知式的當別人附庸以為「逞能」下去嗎？如果不在意顏面，也不計較前景，那麼繼續「苟且偷生」也不失為一種混世或欠世的好方法；但如果覺得還有「谷底回升」的必要和想望，那麼向已經快被「消蝕殆盡」的自我文化的回返，也就成了唯一的希望所繫。而它無疑的是躲藏或隱匿許久的自我專屬的文化韌性：如一個有關「綰諧倫常」或「道成人心」（及其但取和諧優美的表現方式）的氣化觀型文化精髓和「降低再降低對資源的需求」或「逆緣起解脫」的緣起觀型文化顯勝。這一精髓和顯勝，早已發用，卻於近一個多世紀以來雙雙掩跡（不論是被迫還是自我妥協改宗），殊為可惜！由於它們有覆蓋性和可以穿透生靈的實力，所以在當今「世道淪胥」的情況下，更顯得必要重新召喚，以為因應和緩和能趨疲危機所帶來的衝擊和禍害。因此，文化治療的剩餘情節在這個環節所能使力的，就是讓非創造觀型文化中人知曉借不斷批判敦促創造觀型文化退卻的機會，自我省悟可以貢獻於世界的地方而重返原先的航道。而以上這些，都得以非耗能式的傳播方式（詳見第三章第三節），希冀它們發生效應；相信世變日亟後，它們都會成為瀰而廣為播散奏效。

第四節　普遍見著於行動場域

文化治療的剩餘情節凡是能致用於觀念場域的，也必然可以普遍見著於行動場域，因為「觀念先於行動」而「有意的行動都受制於觀念」，這一可形塑的形上法則已經在理論和實踐中禁得起考驗了。因此，把「普遍見著於行動場域」當作一個籲求，基本上是可以名正言順的。但源於前面所設定的文化治療著重在觀念病的療癒，以致所期待普遍見著於行動場域也就僅屬於「連帶併及」，終究還是要以觀念病受檢視為主脈。

依據一般的行動理論所指，大多數人的行動是「主動的」：它們構成了一類事件，當中某個主體（行動者）導致事件起某一或某些變化；因此當某人移動手指時，是某人使得他的手指在移動。如果所導致的變化是一個持續過程（如在一張紙上持續書寫文字），那麼這個行動就被稱作「活動」，如寫作。而當行動者避免作主動的行動時，就成了「省略」行動。但不論如何，所有主動的行動都是有意圖的。（奧迪〔R. Audi〕主編，2002: 9 ～ 10）這有意圖的行動，一方面來自對背後相關觀念的呼應或踐履；一方面則為了遂行行動者的權力意志（也許還兼有文化理想）。因為有後者的存在，所以行動也要進入競爭情境而使得它同樣要被場域化。此外，當上述這行動的兩面性出了問題時，所引發的效應就會非同小可！也就是說，一旦付諸行動了，像造成能趨疲危機那樣，想彌補就得付出更大的代價。

這是從文化治療的角度，所看到現在的情況。而為了符應新能趨疲世界觀，所採取實際的綰諧倫常及其隨順成立的但取和諧優美的表現方式，以及降低再降低對資源的需求等作為文化治療的剩餘情節，就顯得更費周章。換句話說，已經明朗化的事件，它的「敗壞行動」既然上路了，要它停下來或重新改向，就好像徒手去拉一輛前進中的車子，不但容易自我挫傷，而且還可能造成車子突然暴衝而造成更大的禍端。這時的文化治療所謂的「見著於行動場域」，就不宜出以這種急躁式的喝止，而得仍以理相說服，直到它確實感覺障礙在前面而收斂反向不再冒進為止。而這必要配製來作為符合人間需求又可以展望未來生活依據的，無疑就是上述那一裁合氣化觀型文化和緣起觀型文化的特長。它們所體現於儒佛兩家的具體作為，我曾有過讓它們進行對諍以為「取精用宏」的計慮：

佛教的自證涅槃和慈航倒駕而渡眾拔苦，跟儒家的自覺仁心而發為仁行並進能博施濟眾，彼此齊一悲憫情懷，但不同調。前者以解脫超世為旨趣，後者以造福樂世為宗門。彼此本無對話的可能性；但因有相近的濟渡性格，很可以藉為對觀評比，以便為人間的永世經營尋找資源。而此一對話就勢必是對諍式的：以儒家仁行的「有差等的愛」，對諍佛教慈悲的「無差等的愛」；而以佛教的「行後去執」，對諍儒家的「留名情節」，使社會更見合理而祥和的運作。此外，儒家所開啟的後設覺悟能力，也可以對諍佛教所倡心識變現萬有的難題；而佛教所

提點的涅槃境界，也可以對諍儒家相人偶仁行終究未能安頓自我的侷限。（周慶華，2001: 123）

這裡所保留的「有差等的愛」和「行後去執」，就是為上述綰諧倫常及其隨順成立的但取和諧優美的表現方式以及降低再降低對資源的需求等而作背景。它們可以比其他的倫理規範和行事準則等更高合理性去符應能趨疲世界觀，而在福世善民和預測未來發展的策略上恆久的優著勝出。

就整體來看，儒家和佛教都是「病態」社會的大藥王，只是各自有些諸如留名情結和無差等的愛等在落實上的難題罅隙有待解決彌縫（周慶華，2001: 124～128）；而到了近一百多年來，又都不肯極力抵抗西方的思潮及其科技文明的壓迫，以致幾乎要在自我強化功能和抗衡外來強勢文化等該有的雙重表現上落空！因此，有些已經在進行中的行動，就得優先列入文化治療的剩餘情節而予以關注。如前面所指摘的有關儒家轉為追隨西方科學理性和民主思想的倡議，以及佛教現代化和企業禪的作為等（詳見前章第三、四節），都是早已在行動場域醱酵而亟須扭轉的地方。而它們的回返動力，就來自有識之士本著類似文化治療的觀念從內部予以催化，以恐懼喪失自家面目和正在跟西方世界同蹈絕滅的不歸路等危殆相勸諫，並自我踐行「回返形態」作為示範，庶幾可以發揮匡時濟世的功效。

至於文化治療的剩餘情節要見著於西方世界的行動場域部分，則如同致用於西方世界的觀念場域的情況，必須聯合其他社會的批判力量來對治；倘若還不見效，那麼就再追加「集體抵制」它的散發。好比西方人已經在規模的類似底下這種氣候變遷下的世界經濟改造計劃的「全球新政」，就依然讓人看得怵目驚心：

> 第一，我們必須更有效率的使用能源……第二，我們必須停止濫伐森林……第三，我們必須讓現存的科技（或快要研發出的科技）儘速開始運作。在電力方面，包括風力、太陽能、水力、海浪及潮汐、地熱，以及核能；同時由於碳氫化合物還會被使用一段時間，我們也必須快點運用……汽車廢氣的排放量，能透過很多方法在短時間內降低：可以藉由引擎和控制系統的設計，對車輛及改善過的基礎設施的妥善利用……第四，我們必須強力投資尚處於中期階段的新科技……這些必須進一步改善的科技，包括太陽能、更好的電池、強化的光合作用、新世代的生質燃料和核融合等等。未來的可能性是令人期待且無限寬廣的。（史登〔N. Stern〕，2009: 75～76）

這大多仍是再利用和開發新能源那一套作法（詳見第二章第二節），能趨疲壓力絲毫也沒有減低。因此，文化治療的剩餘情節所要見著於西方世界的行動場域，就可以在這類措施上予以嚴厲的批判，指出裡面的多數行動遲早要面臨「無以為繼」的窘境。如果不徹底改絃更張，那麼只好等待世界絕滅的到來。換句話說，再利用只能轉為少利用而開發新能源則必須中止，一切僅以從自然中微量取用以維持基本生存為依歸，而這股強為制衡的力量則主要在聯合非西方社會中人拒受蠱惑和勉力予以反挫中形成（倘若能激起西方世界中人從內部自我改向，那麼該制衡的力量將會起更大作用）；否則「任其發展」或「助其持續」，最後一定會受連累而同歸於盡。

又好比有些在推動世界轉變的聯盟組織（包括「布達佩斯俱樂部」、「世界轉變聯盟」、「世界轉變媒體和事件」和「帕恰瑪瑪聯盟」等），他們看到了世界「人口不斷增加，貧窮情況日益嚴重，社會和政治衝突的可能性與日俱增，戰爭陰影加劇；氣候變遷加速，糧食、飲水和能源短缺，工業、都市和農業汙染更形惡化，臭氧層進一步被破壞，生物多樣性加速減少，大氣層的氧氣持續流失。我們也面臨以下原因引發的一些重大災難和危機：核子意外和外洩的核子廢料，因氣候改變而引發的毀滅性大洪水和龍捲風，以及人為因素而累積在土壤、空氣和飲水中的毒素」（拉胥羅〔E. Laszlo〕，2011: 27），而想來一個「全球性的呼喚，呼喚每一個人前來參與可能是世界歷史上最偉大的一系列活動，一個全球性的演化，這也是由人類自覺地集體創造出來。這樣的呼喚現在正以意識進化的全球之聲姿態現身，全世界都可聽到」（同上，20）；但他們卻都像《混沌點：2012》一書所規模的那樣，要達到「洋洋灑灑」的意識進化十大標準：

第一，你的生活方式能夠讓其他人也過得很好；在滿足自身需要的同時，並不會減損他人滿足需求的機會。

第二，你的生活方式尊重所有人的生命、經濟和文化發展的權力，不管他們居住在什麼地方，是那一種族、性別、國家，也不管他們的生活形態和信仰是什麼。

第三，你的生活方式會保護生命最根本的權利，同時也保護一個支持所有生命體在地球上生活和成長的環境。

第四，在跟大自然整體和諧共存的情況下追求幸福、自由和個人的滿足，同時也考慮到社會上其他人的類似需求。

第五，要求你的政府在和平與合作的精神之下，認同其他國家和人民，承認人民有權利追求更美好的生活，以及一個能供所有人類生存的健康環境。

第六，要求企業替他們所有的股東以及所在環境的永續發展負起責任；要求他們生產的商品和提供的服務都能滿足合法需求，且不會破壞自然，也不會減少規模較小和缺乏特權的新公司在市場競爭的機會。

第七，要求大眾媒體不斷提供有關基本趨勢和關鍵歷程的可靠資訊，讓你及其他民眾和消費者能夠就影響到你們生活和福祉的問題，做出明智決定。

第八，從你的生活中挪出一些空間，幫助那些比你可憐的人也過著有尊嚴的生活，讓他們免於赤貧帶來的掙扎和羞辱。

第九，鼓勵年輕人和心胸開放的各年齡層人士進化他們的精神，賦予他們力量，使他們能夠在自身及子女的未來問題上，做出合於倫常的決定。

第十，跟心智相近的人合作，保存或恢復環境的基本平衡，同時注意你的鄰居街坊、國家區域以及整個生物圈。（拉胥羅，2011: 179～180）

試問像這樣幾乎是要全體動員且「面面俱到」來追求幸福和滿足的生活，它跟目前全球化所加值的「經濟榮景」有什麼本質上的不同？因此，文化治療的剩餘情節所要見著於西方世界的行動場域，也可以在這類只會加劇能趨疲危機的作為上訾議它的治絲益棼，從而讓如上集體譴責的聲音同樣迫使它真正的縮減而實質的「返璞歸真」；不然等到發現徒勞無功後想要補救，就太晚了。

上述這些所設「降低再降低對資源的需求」的底線，是回返到原先「節欲」和「禁欲」的光譜段中（詳見第五章第四節），既不全然的斷欲，也不再向「縱欲」端靠攏，但以保有可以維護生態平衡的天然取給模式為切要；此外，凡是超出範圍的附麗或炫美的作為，都有可能再度陷落全球化這一萬劫不復的絕境！正如有一關係倫常的問題，在中西方已經有案例可以考索印證：

晉靈公不君，厚斂以彫牆；從臺上彈人，而觀其辟丸也；宰夫胹熊蹯不熟，殺之，寘諸畚，使婦人載以過朝……宣子驟諫。公患之，使鉏麑賊之。晨往，寢門闢矣。盛服將朝，尚早，坐而假寐。麑退，嘆而言曰：「不忘恭敬，民之主

也。賊民之主，不忠；棄君之命，不信。有一於此，不如死也。」觸槐而死。（孔穎達，1982b: 364）

強盜大英雄奇襲之前，先預警地方上那名專門追捕強盜的警官，快找地方掩蔽。反過來，警官也曾一度將阿蒙逼困山洞死角，當時洞內尚有強盜之妻、他新生的嬰兒以及另一名婦女。為了救這三個人，阿蒙願意交出自己。警官上前接受他的投降，可是當中一個女人發話了：「你以為你是公平交手，抓住了他。其實你贏，只是因為他不想讓孩子死掉罷了。」聽了這番嘲諷，警官竟然無法動手去逮捕他，因為這種贏法太不光彩。最後，竟放他逃了。（霍布斯邦〔E. J. Hobsbawn〕，2004: 72 引凱莫的小說《鷹盜阿蒙》）

有位武士目睹主人被殺，由於武士必須為主人復仇，他花了幾個月的時間追蹤暗殺者。最後，他在暗巷圍堵暗殺者，當武士拔刀想要砍掉被圍堵的暗殺者時，殺人者在武士的臉上吐了口痰。就這樣，武士將刀緩慢平靜地收回放入刀鞘，轉身走開。一臉茫然的殺人者叫喚他：「為什麼你不殺我？」武士回答：「因為你激怒了我。」（柏肯〔J. Burkan〕，2001: 188）

這裡涉及一個重要的道德規範「正義」。這種正義性，在中西方有不同的賦義而難以混為一談。好比中西方都有「僱傭」或「半僱傭」武力來遂行權力欲求的情況（霍布斯邦，2004；梁啟超，1971；陶希聖，1982；田毓英，1986；曹正文，1994；董躍忠，1995；易劍東，2000）；而這不論是否也摻雜太多不義的成分（按：所謂的不義，是指不能公正的對待每一個人而使對方可以順利的追求幸福。〔阿德勒，1986〕），對被僱傭者來說他都要面對一個「以武力效命」的問題。這時武力的權力媒介特性就會因為情境背景的差異而染上不同的文化色彩。如在第一則所敘述的是中國傳統上的刺客行跡。該刺客明顯遇到了刺殺良臣等於跟百姓過不去／不刺殺良臣則無法向僱主國君交代的道德兩難困境；而他最後的抉擇則無疑樹立了一個忠信不能兩全時可以「一死了之」的典範。這曾被解釋為傳統中國人在面對「份位原則」（關注在人際互動的關係網絡中，當事人在他的份位上的絕對要求）和「行事原則」（所關切的是導源於行為本身價值的絕對要求）的價值衝突時，常以「份位原則」的優先性作為選擇的依據。（沈清松編，1993: 1～25）而它更深一層的原因是傳統中國人信守氣化觀，所以一切都會認為自己是「靈氣所鍾」而必須「自視甚高」的獨立承擔起來。其他文化傳統中的人別有信仰，自然就不會出現類似的道德行為。而第二則所敘述的是西方傳統上的巡警勤務。該巡警不願「勝之不武」而放走強盜，背後所隱含的「公平決鬥以決勝負」（而不累及無辜）的信念，則顯然是傳統西方人信守創造觀而對於受造者為一獨立的個體「必須行為自負」的精神體現。至於第三則所敘述的是日本傳統上的武士誼行。該武士的表現則兼有中國傳統的「盡忠」德行和西方傳統的「榮譽至上」修為（這可能跟日本人長久以來勤學中西方文化累積沉澱「菁華」有關）。以上這些彼此「易地而處」勢將無法如此順當的演出；可見當中各有文化主體在進行調節推動，而使得武力也跟其他媒介一樣可以深入文化性的權力場域去取得「優為折衝」的位子。如果說武力所向在某些時候也是為了化解來自他方更大武力的威脅，而它的「以暴止暴」手段則為「至於無暴」的不二法門，那麼它就不可能僅止於「一個」正義需求的驅使而已。所謂「人對『正義』的渴求永遠無法滿足。在他的靈魂深處，對於不能滿足他的正義需求的社會秩序，始終有著一份抗拒感。不管生存何時何處，他都對那個社會的秩序或整個現實生活環境不滿，認為它不公不義。人，就充滿著這股奇特、固執的驅策，對過去、現在、將來的種種事物，永遠不肯忘，永遠在思索，永遠要改變。在這同時，內心還隨時想望明明得不到的東西（即使用神仙童話的形式獲得區區幻想式的滿足，也算一種解決辦法）。也許這就是古往今來，不分階級、宗教、民族，一切英雄傳說的基礎吧」（霍布斯邦，2004: 194 引奧伯拉契說），這就忽略了正義需求的正義性並非「一個樣子」。換句話說，不同文化系統中所賦予「正義」的意涵不盡一致（如傳統中國人就常以自我承擔「苦果」為正義；而傳統日本人所兼具的「忠」行也無法純以西方傳統的「公平為義」的觀念來衡量），以致武力的可能的「止戈」性也就趨向各異了。因此，武力的權力媒介特性就更得留意它的「適才適所」因緣，才不致誤認或特許它的泛威嚇或泛施暴功能。（周慶華，2005: 108 ～ 111）

這種正義的「擴大」訴求，很容易就會連到由創造觀型文化所帶動的政治、經濟和科技等全球化浪潮，而導致人性嚴重扭曲和塵世快速沉淪等噩運的「對治」上。這在對氣化觀型文化傳統中相關道德理念的重新召喚上，顯然有相當的迫切性。也就是說，創造觀型文化中人所有的「必須行為自負」信條，會轉成有事大家「分為承擔」的觀念，以致不計代價的開發自然和耗用地球有限資源（反正會有人來分擔可能的惡果）。而這在氣化觀型文化中人，既然會「獨力承擔」相關的責任，就不可能隨波逐流的去破壞自然和增加地球的能趨疲壓力（因為他會發現自己沒有能力承擔那種惡果，根本不可能給自己「造孽」）。因此，相對西式的「大家行正義」而無法善後來說，中式的「我自己行正義」在當今就顯得特別值得推廣了。（周慶華，2011b: 78～81）可見「大家行正義」，就是附麗或炫美的作為，他的終點就在地球的滅絕上；而「自我行正義」，也正是方便用來制衡「大家行正義」，經由氣化觀型文化中人的回返有成後作為能趨疲觀型文化式的文化治療的「配備」而可以廣為推行見效。

第七章　後文化治療的可期待值

第一節　橫通於神祕世界

前面所談的文化治療，都著眼在現實界，以新能趨疲世界觀領航，整合各文化系統該退卻和該回返的成分（在創造觀型文化方面但求它退卻而先達成基本的自我治療，並未寄望藉它來救渡世界，這是第三章和第五章所愷切陳述過的），一起來療癒所有的觀念病，同時一併影響到相關的活動。這看來「了無餘韻」了，卻又不然！因為還有一個神祕界（靈界）在關涉著現實界的運作而尚未給予連結。於是這裡勢必要再跨向神祕界，而思考可能的後文化治療的問題。

基本上，後文化治療的「後」，是把它界定在表示延續性或再向前的概念，而不同於晚近普遍流行指稱的「後現代」或「後設」的意思。我們知道，通常所說的「後現代」，它有某些可以察考的文化邏輯，如「體現在哲學上，則是『元話語』的失效和中心性、同一性的消失；體現在美學上，則是傳統美學趣味和深度的消失，走上沒有深度、沒有歷史感的平面，從而導致『表徵紊亂』；體現在文藝上，則表現為精神維度的消逝，本能成為一切，人的消亡使冷漠的純客觀的寫作成為後現代的標誌；體現在宗教上，則是關注焦慮、絕望、自殺一類課題，以走向『新宗教』來挽救合法性危機的根源：信仰危機」（王岳川等編，1993：代序38）；但在後文化治療方面，則是以它來補足文化治療所欠缺顧及的部分，有呼籲大家認真考慮橫通於神祕界以便更為落實文化治療的意味。至於「後設」一詞是自我意識的稱呼：

現今對於「後」層次上的言說和經驗所加深了的認識，部分來自於一種增強了的社會與文化的自我意識。不僅如此，這也反映出對當代語言功能文化的更廣泛的理解，懂得語言功能在構成和保持我們的日常「現實」感方面的作用。關於語言只是被動地反映一個清晰的、有意義的「客觀」世界的簡單觀點，再也站不住腳了。語言是一個獨立的、自我包容的系統。這個系統產生出自身的「意義」。語言和現象世界的關係及其複雜，充滿疑問，但又是約定俗成的。「後」這樣的術語，就被用於探索這具有隨意性的語言系統和與其明顯相關的現實世界的關係。（渥厄〔P. Waugh〕，1995: 3～4）

換句話說，後設是對人類如何反映、建構、傳達他們在這個世界上的經驗所遇到的難題，而表現出來的一種甚為普遍的文化興趣；它透過正當的自我探索去追尋上述這類問題，把世界當作書本去抽取傳統的隱喻，但又常常依據當代哲學、語言學或是文學理論的術語對這種隱喻加以改造。（渥厄，1995: 3）雖然如此，它還有是只具中性的「哲學方法論」上的意義，還是兼具非中性的「規範理論」上的意義的爭議。所謂「或有人說，後設理論如後設倫理學，也常構成一種特定的哲學理論，難於採取思想上的中立。譬如英國後設倫理學家赫爾就以自己的一套後設倫理學看法，轉化成為一種偽似性的獨家規範倫理學說，外表上似乎保持『後設』性質的價值中立，實質上乃是一種規範性質的倫理思想。我雖瞭解後設理論墮為規範理論的情形存在，（但）就後設理論家的價值中立要求這一點說，後設理論基本上仍應看成一般的哲學方法論」（傅偉勳，1990: 6～7），像這段文字中就隱含了兩種相對反的看法。由於本脈絡中的後文化治療著重在引導敞開視野，所以無疑是規範性的（至於上引論者的「不滿」，我只能「隔代」辯解說：後設理論也是人創設的，並沒有任何先驗的標準可以規定它的內涵，一切都得採用「界定」用法）；為了避免混淆，這裡還是要跟後設稍作區別。（周慶華，2004a: 8～10）也就是說，後文化治療是文化治療的續進或加碼式發展，它讓文化治療更得著便利和減少不必要的阻力而發想的。

正由於這是要通貫於神祕界的文化治療，所以它得保留某種程度的治療方式給神祕界參與，並讓神祕界來總綰現實界中所不能的懲罰機制。後者是說，凡是啟導無效所導致生態失衡以及種種禍害後果的，神祕界就該介入而進行終極的仲裁，以維護一定的秩序和平和（雖然目前還不見有「極大規模」的行動）。而這一向很少被估算進去的「高級管控」，現在就得重新考慮且賦予深層警戒

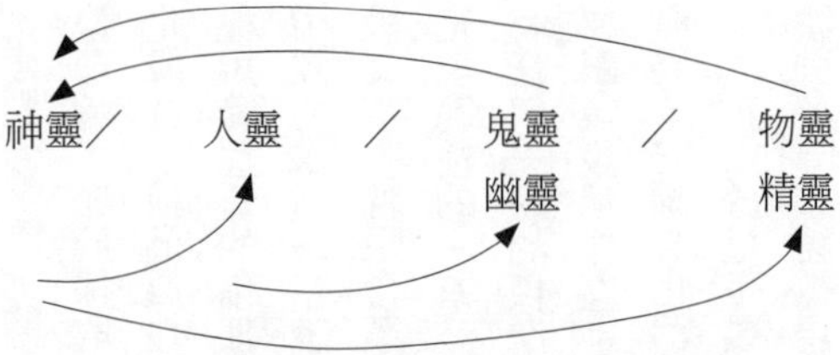

圖 7-1-1　神靈／人靈／鬼靈／物靈關係圖

的功能。縱是如此，這一部分多半無法測度（只能以理中合有計入），以致只好透過「兼行視野」的提示，希冀在一番文化治療理論的宣達後，再推出這個必須連帶神祕界「一起發用」的後文化治療論述。

所謂的神祕界，是指純靈所在的世界。而靈原可以涵蓋神靈、鬼靈、人靈和物靈等（它們彼此之間的關係，約略是神靈為純不依附他物的自然靈；而有些自然靈遇機得著了肉體後就變成人靈；人靈在所寄存的肉體死亡後又恢復為自然靈，但因為它有過一段時間拘束在肉體內，已經痴重了，所以不再跟輕敏的自然靈同級而僅稱為鬼靈（至於鬼靈因故而升級為「神」格的，另當別論）；鬼靈沒有固定居所而一如現實中的流浪漢的，就姑且稱它為幽靈（這是西方人的常用詞）；至於物靈，它也是由（不同層次的）自然靈轉來寄存於物體內，包括山魅、水怪、樹妖、石祟、蛇精、狐仙等等尋常可見的稱呼（它們多半也會被合稱為精靈；或者精靈另指物靈半附不附物體的自然靈））（周慶華，2006: 9），但因為人靈和物靈有肉體或物體的拘束，必須在來現實界前或返回神祕界後，才能相通於純屬靈的世界。如圖 7-1-1 所示。（同上，9）

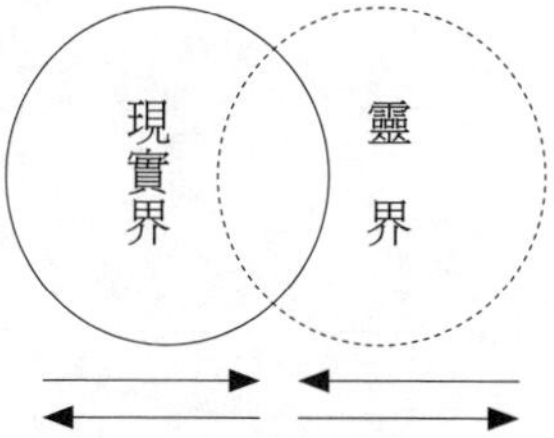

圖 7-1-2　神祕界和現實界的一次元關聯圖

在這種情況下，我們所能併著思考的就只剩神祕界的存在體可能的作為。而相對來說，純靈的世界，祂們所受拘束較少且在「暗處」（大多數無法感靈的肉體都不能見識），能耐自然較為高強而可以左右現實界的運作。因此，兩界就有可能處在多種相涉的關係中：它在最基本的層次是一次元和一次元的關聯（詳見圖 7-1-2）。

當中神祕界較難體驗，姑且以虛線圈劃來表示；而神祕界和現實界在空間上可以「半合半離」，也可以「全合」或「全離」（圖下方的一組箭頭就是分別在表徵這兩種情況；雖然「全離」那種情況有點不好想像）。這樣神祕界和現實界的關聯，就是次元性完成的；它們彼此的對應也從形式（空間概念）深入到實質（內在理路），而受論述規範的完全統轄（不然就無法設想兩界有不在同一個空間，而神祕界和現實界還可以交涉那種情況）。此外，它出了最基本的層次，還可以有一次元和多次元的關聯、多次元和一次元的關聯以及多次元和多次元的關聯等三種情況（詳見圖 7-1-3）。

照理這幾種關聯情況都有可能存在，只是它們的分合或拆疊現象不易掌握；以致僅能以「容許」的方式看待，而把討論的重點擺在

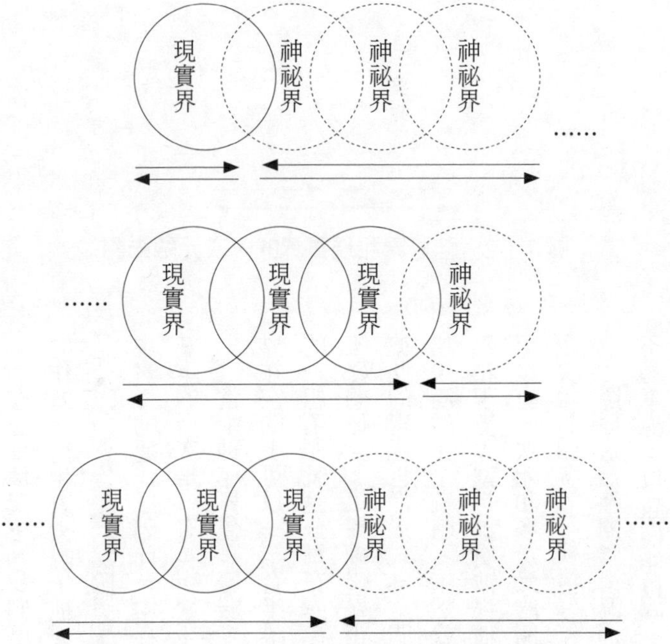

圖 7-1-3　神祕界和現實界的多次元關聯圖

兩界相通的部分。換句話說，不論神祕界和現實界會是怎樣的一種交涉關係，在建構理論的過程中都得給相關的構成分子安排一個隱藏式的集合區域（也就是接近先驗性的存置場域），而將各種次元性的關聯情況「隨機」發露或布建。（周慶華，2006: 36～38）

神祕界和現實界的這種關聯性，在理論上還得解決相關靈體的存在性質以及探討祂們所可以達致的效應等問題。前者（指相關靈體的存在質性），是為了確保所論「不為虛發」；後者（指探討祂們所可以達致的效應），是為堅定對神祕界「必有作為」的信念。在有關靈體的存在質性方面，一般科學也常要「越俎代庖」而有一番說詞，但都僅及靈體的「物質」性（如有的說靈體是「神經位元的作用」；有的說靈體是「真空能量的虛擬震盪作用」；有的說靈體是「不起延續作用的可能的原質」，這些都沒有一個例外），而不易安插它的「精神」性（一般科學只會承認人的意識這一總括精神性的表現為「物質的作用」）。（沃爾夫〔F. A. Wolf〕，1999；克里克〔F. Crick〕，2000；柯爾〔K. C. Cole〕，2000）這樣一來，所有外靈的警示以及內靈離開肉體後的種種自主現象等都會被抹煞掉（而事實上不能如此武斷和霸道）。因此，宗教所提供的一些資訊，也就必須認真的把它納進來「妥為安置」。

依創造觀型文化傳統中的宗教所示，靈體是神／上帝所創造的。它在比較具體的說法是神造了肉體後賦予的：「神用地上的塵土造人，將生氣吹在他鼻孔裡，他就成了有靈的活人，名叫亞當」。（香港聖經公會，1996: 2）這樣靈體就是「生氣」了，但後人在重新理解設想上卻喜歡用「稀薄細微的物體」或「精神性實體」或「內在宇宙」或「較高的自我」一類高度抽象的詞語來指稱。（柯西諾〔P. Cousineau〕主編，1998；麥克勞林〔C. Mclaughlin〕等，1998；呂大吉主編，1993）然而，不論是生氣還是其他指稱，都要接著肯定它有思感等能力才能「成就」所謂的靈體，而這在該宗教中同樣可以把它歸功於神的能耐的分衍賜予。

依緣起觀型文化傳統中的宗教所示，靈體是因緣和合而成的。它以神／識（按：神和識在漢譯佛典裡是互釋詞）的形態存在：「神也者，圓應無主，妙盡無名，感物而動，假數而行。感物而非物，故物化而不滅；假數而非數，故數盡而不窮。有情則可以物感，有識則可以數求。數有精神，故其性各異；智有明暗，故其照不同。推此而論，則知化以情感，神以化傳。情為化之母，神為情之根。情有會物之道，神有冥移之功。但悟徹者反本，惑理者逐物耳」。（慧遠，1974: 31下）而這種神／識，則一樣受緣起法的制約。所謂「若法因緣生，法亦因緣滅。是生滅因緣，佛大沙門說」（施護譯，1974: 768中）、「此有故彼有，此起故彼起……此無故彼無，此滅故彼滅」（求那跋陀羅譯，1974: 92下）等等，所說的萬法緣聚緣滅情況，都包含著神／識這個對象。這把靈體無限的推演而不（能）預設第一因，甚為費解；而靈體所具有的思感等能力也還有舊習／新薰何以可能以及染／淨如何同體或擘分等複雜難了的課題未曾解決。（周慶華，2004a）雖然如此，該靈體仍然內具在同為因緣和合的肉體中而不實質反起緣起作用。

依氣化觀型文化傳統中的宗教所示，靈體是流布於天地間的精氣。天地間有陰陽二氣（它是從混沌中判分而出現的）；而陰陽二氣又有駁雜的部分（就是一般的氣）和精純的部分。當中精純的部分，就是所謂的神靈（陽精為神，陰精為靈）：「陽之精氣曰神，陰之精氣曰靈。神靈者，品物之本也」。（戴德，1988: 508～509）這神靈交感（陽精和陰精遇合），則可以化生萬物：「二氣感應以相與……天地感而萬物化生」。（孔穎達，1982a: 82）而人的肉體自然也在這一化生的範疇裡：「凡人物者，陰陽之化也」（高誘，1978b: 260）、「天地合氣，命之曰人」（白雲觀長春真人編纂，1995a: 720）、「氣凝為人」。（王充，1978: 202）在人肉體內的陰陽精氣，又被稱為魂魄：「魂，人之陽精也。陽精為魂，陰精為魄」。（高誘，1978a: 70）人死後，魂魄消散，又恢復為神靈。不過，魂氣固然還原為「神」，魄氣卻又多出一個「鬼」名：「體魄下降於地為鬼」（戴德，1988: 509）、「存亡既異，別為作名，改生之魂曰神，改生之魄曰鬼」。（孔穎達，1982b: 764）而這魄氣只能歸地（而不像魂氣可以昇天），從此跟魂氣分異。這把肉體視為靈體的孳生，頗不同於前兩類的說法。（賴亞生，1993；鄭志明，1997；馬昌儀，1999；周慶華，1999；王德育，2000；蒲慕州編，2005）只是它的細碎化（如分神／靈、魂／魄之類）以及相關的化生說等，依舊難以想像。

上述這些靈體說，用來指涉實際對象都有一定的效度；但彼此所用詞的差異卻會妨礙旁人重為對靈體的描述。如果要作點選擇，那麼「精氣」說是可以考慮的。也就是說，「生氣」一系不是嫌準度不夠就是嫌抽象難解；而「神／識」一系也嫌過度萃取（只就靈體的能耐來說）；只有「精氣」一系把靈體的形質一併有效的道出了（精氣一詞將靈體的「實體」及其「能力」都說脫含蘊了）。也由於靈體的形質是精氣，所以它也有重量：

> 美國的麥克．唐加爾博士，在一家醫院裡做了一項特殊的實驗：他將一名即將咽氣的肺病患者移放到一架很大但非常靈敏的光束天秤上，經過了三小時四十分，

> 病患的面部表情遽然消失，一剎那間光束發生了偏移，二一・二六克的重量失去了。這一發現令他興奮不已，在以後的兩年半裡，他又對五名臨危病患進行了驗證，這些病患在死去的一瞬間失去一〇・六至四二・五克的重量。這似乎說明，除了靈魂離開了人身，沒有其他的解釋。（方迪遜〔O. Foundation〕，2005a: 77）

這種輕微的重量（各靈體彼此之間還會有體形量度上的差異），再配上靈體的氣動性質，使得靈體可以有飛昇、快速運動的和縮脹（脹的部分是指收縮後可以再恢復原形）等肉體所不及的本事。但這要說到它還有論者順著（氣化觀型文化傳統中的宗教所示的）魂魄分合觀而說人有三魂七魄，死後七魄（尸狗、伏矢、雀陰、吞賊、飛毒、除穢、臭肺）歸地、三魂（爽靈、胎光、幽精）一受祀一投胎一守護（守護投胎的靈體）（葛洪，1978；白雲觀長春真人編纂，1995b；馬昌儀，1999），則太過離奇而難以置信。靈體可能會因為自力或他力破壞而傷殘，卻無法想像它還可以分化。這些不妨藉底下三個「互通」的例子來作說明：

> 我發現自己來到了離我的寓所約二十里路遠的一座公園裡。小時候我常到這個公園來玩。我感到無比的興奮，身上充滿著源源不絕的能量……剎那間，我想起來我的身體還在二十里處之外。剛剛我正在試圖練習靈魂出體，而我真的辦到

了。我已經脫離了軀體，我興奮得不可自持……二話不說，我抬高雙手像火箭一樣地飛將起來。以前我曾經多次作過飛翔的夢，但這次的感覺不一樣；這絕對不只是我的想像而已。我正在飛著、轉彎、翻騰，從「巷塘公園」的樹梢上呼嘯而過；我的正常意識完全存在，此刻正體會著這次嶄新的經歷……我覺得該回去了，於是閉上眼睛，往後一靠，對自己說：「回到布朗克區，回到布朗克區。」我感到一股風馳電掣般的速度，並發現自己已經回到了我的身體裡……過了一兩分鐘，一切才回復正常，我終於安全的回來了。（史塔克〔R. Stack〕，2004: 4～6）

月印養有一條狗，十多年了，頗有靈性。每當月印誦經時，一敲木魚，這條狗必定搖著尾巴前來聽經……後來這條狗忽然不知染上什麼癩病，皮毛脫落而且身有臭氣；但依然每日前來聽經如故。有一天，月印突然告訴他的徒弟說：「這老狗染病頗令人討厭，你們把牠拉出去殺了！」徒弟聽了都驚訝萬分，莫知其意；但因月印平素莊嚴持重，弟子都不敢違逆，只好將狗叫出。但又不忍心殺牠，只得暫時將牠拘禁，不使前往聽經……過了三天，這隻老狗乘隙又偷跑出來聽經。月印看到不禁大驚失色，對他的徒弟說：「你們沒有殺掉這條狗，可能因此壞事了！」於是趕緊命令他的徒弟趕到某村某姓人家去採問。果然發現有一大腹便便的孕婦，生了三天還生不出來，生命垂危，連醫生也束手無策。月印得知後，告訴他的徒弟說：「你們不忍心殺狗，難道忍心殺這個婦人嗎？這條狗不死，婦人肚中胎兒就無法出生！」因此，命令徒弟殺掉這條狗後，立刻再去某家探詢，果然那位婦人已經生下一個男孩了。月印跟他的徒弟說：「這條狗因為聽經得善果的緣故，將託生為某家的孩子，以後會有小祿位；我可能看不到，你們或許可以作個見證。」……等這個孩子長大後，果然做了小官，家中也頗有積蓄；到了晚年，就常常寄宿在廟中，並大力出資整修老舊傾圮的寺廟和供養廟中的和尚，後來活到七十餘歲才離世。（蔡文華，1995: 96～98）

曾問三山九侯先生：「老師，為什麼佛祖的金身有如此多？是不是全省各寺院的佛祖是同一個佛祖，但又如何保佑全世界的眾生？靈山寺的佛祖和祥雲寺的佛祖有什麼不同？」三山九侯先生對我說：「蓮生，這當中的奧祕，我若說出來，你就明白了；我若不說，眾生永不明白，只知其性理，不知其實理。佛祖靈光永駐世間，這永駐世間乃是佛子行如來聖事，此人就是佛陀再世一般。今天全省各地的寺院，佛祖可說是一個佛祖，因其佛性一也；但也可說不同一個靈身，因其靈個個有差別也。」「這如何說？」我甚奇怪。「佛祖法身永駐佛國，其

> 神通不可思議，眾生佛性都由佛出。今天佛祖靈光見眾生有善根緣者，在世行八正道、修十善、證涅槃樂、直超佛國，佛祖親自迎迓，親自教導諸佛子；而後領其佛靈從空中而降凡間，駐寺院，受人類萬代香火的供養。一一佛靈從人而來，一一佛性同也；而一一佛靈則各個有差別了。如此你明白了嗎？」「這真是太不可思議，我終於明白了。」（盧勝彥，2004: 52 ~ 53）

第一個案例中的出體經驗，印證了靈體的飛昇和快速運動等本事；第二個案例中的入胎轉世情況（即使該轉世主體是物靈），印證了靈體的收縮本事（隨著肉體的成長，靈體再逐漸恢復原形）；第三個案例中的靈界存在體自道「假分身」說，印證了靈體的無從分化性。所有靈體的「變化」本事大抵如此，這只要稍作調整就可以重新「據以為說」。（周慶華，2006: 162 ~ 168）

至於在有關探討祂們所可以達致的效應方面，依多方比較細究的結果，至少有能夠成為最新認知的範疇以及改變世人道德僅及現實考量的觀念和召喚多元審美觀等作用。如能夠成為最新認知的範疇部分：當代的知識規範，普遍排除自我造就的範疇而轉向客觀真相去尋得保障。它所強調的知識是一個自然存有；而這個自然存有，則可以透過合理支持而使它成為真的信念。（朱建民，2003: 135 ~ 137）這種信念，無異表徵了主體對客體的意識的占有。因此，從認識的角度來說，「知識是一個被認識的事物的意識的占有，並以它為不同於自己的」。（趙雅博，1979: 72）在這個被論者所模塑稱許的界定中，蘊涵了「一切的知識肯定認識主體和被認識的客體的相異」、「一切的知識都是由認識主體對被認識的客體的生命占有」和「一切的知識都推定一個意識的開始」等三個知識的特徵。（同上，72～75）雖然如此，是否真有自然存有作為客體來保障知識的存在性，卻成了懷疑論和知識論兩個領域中的人相互爭辯的對象。當中持知識論立場的人，經常以「不予理會」或「極力反駁」的方式在對待懷疑論者的懷疑論調。（趙雅博，1979；黃慶明，1991）但這究竟有沒有護住知識的客觀存在地位？據我看還是沒有！理由是知識論在提出一個證成知識的程序時，還得有另一個證成來保證；依此類推，勢必導致知識的證成的無限延後困境。（王臣瑞，2000: 204～205；周慶華，2004c: 49～51）它的解決辦法，不是用這種方式跟懷疑論「蠻幹」，而是從根本上回返對知識是「人所創設」的自覺上來因應。也就是說，一切知識的存在都是人所創設的；它的權宜安置符碼或斷言長短，可以預存假設而為他人（具有相同背景或相似經驗的人）所檢證認同，卻無法要求它有什麼絕對性或客觀性作為辨認的標記。因此，像邏輯實證論所要縮小知識的範圍而堅決主張的「只有在經驗上可以檢證的語句才有認知意義」（艾耶〔A. J. Ayer〕，1987），就幾近「無稽之談」。當中它的「盲視」不只是「為何有意義的事物應該侷限於經驗上可以檢證的事物？這在文化史上從來就是行不通的。這種限制原則將來也無法大行其道。實證論者所謂的檢證，是構成意義的可能條件之一；但它並非唯一的可能條件」（杜普瑞〔L. Dupre〕，1996: 64～65）這類話語所訾議的過度獨斷，還有連邏輯實證論所會用到的每一個語詞也是先有人創設才有後續的「約定俗成」的使用（邏輯實證論無法在這些用法以外別作檢證），也沒有獲得絲毫的察覺。（周慶華，2004c: 122）因此，相關理論的建構在首要上就是要能夠創新知識的規範，以體現知識／權力或權力／知識框架下再造另類知識的「自由度」和「新鮮感」，而使得「同理」為更新知識論的企圖心有機會伸展。

又如能夠改變世人道德僅及現實考量的觀念部分：知識範疇所制約的是我們對世界人生的看法，而道德規範則是直接對我們的行為構成框限，可以說它有著更「立即可見」的效果來供人檢驗。根據學者的研究，自古以來人類的道德觀，大約有天道主義的道德觀（如中國傳統儒家的據天命以規範人倫）、自然主義的道德觀（如中國傳統道家的依順自然而不強作為）、禁忌主義的泛道德觀（原始社會，個體受神鬼支配，轉化為各種傳統、民俗和民德習慣）、社會學家的道德觀（假定社會的存在先於個人的存在，必然會透過社會連帶關係而產生一種權威或社會期待，最後轉為共同的道德規範）和功利主義的道德觀（西方由農業社會轉變到工業社會，道德方面也由涂爾幹〔E. Durkheim〕的社會個人主義轉為邊沁〔H. Benthem〕的純粹個人主義，而產生功利主義道德觀：所有行為的是非，都必須以它是否能增進人類的幸福為判斷標準。當中有兩個主要的原則：（一）個人在追求他的私利的最大效益時，以不危害社會大眾利益或公共福祉為原則；（二）為確保第一原則，立法者應本著大公無私的精神，訂定能夠反映時代和反射社會需求的創意性法律，一方面使個人能夠有效的追求最大利益，一方面又能夠確保社會大眾的利益或公共福祉不會受到侵害）等幾種。(陳秉璋，1990)如果要將它們「分派」到現存的創造觀型、氣化觀型和緣起觀型等三大文化傳統的話，那麼在氣化觀型文化傳統中自然以天道主義的道德觀和自然主義的道德觀為主脈（這兩種道德觀在內在本質上是相通的，差只差在彼此表面上的應世策略互有乖違：一個重視集體秩序的營造；一個重視個別生命的安頓）；而在創造觀型文化傳統中則綜攝著社會學家的道德觀和功利主義的道德觀（尤其是功利主義的道德觀，當今的西方人幾乎都是它的踐履者；同時透過政治、經濟、軍事的全球性征服，也已經廣泛影響了非西方社會）。至於尚未被計入（沒有可以指稱對應）的緣起觀型文化傳統以「無有作為」為最高指標的道德觀，這也另有一番風華而可以別為重視。（周慶華，2004a）由此可見，這個世界的道德規範是多樣化的；但如今原有的眾多道德觀（包括還有少數遺留的禁忌主義的泛道德觀在內）被普世風行的功利主義的道德觀壓抑侵蝕後，相關的簡樸、清雅、閒適及少競爭的和諧融通的生活形態（多半由堅持其他道德觀的文化傳統所崇尚）也一併遭到漠視毀棄，大家轉為競謀人類的物質生活的幸福而導致資源短缺、環境惡化、生態破壞和核武恐怖等後遺症，這就得有新一波的「還魂重現」的極力促動。這種促動是一個相涉的影響力或支配力的回復或追討歷程，期待從此不再有「集體」的道德烏托邦幻想。(周慶華，2005: 238～240) 而在這個基礎上，我們才能分別想到「靈體的過渡」問題，所有的信守者各自去設想必要的因應「永續經營」要求的策略而使現實的道德得以昇華。這時帶進神祕經驗而讓它「適得其所」以及多方「發人警省」，也就有正面促進道德發展的作用。這樣相關理論的建構所接續的功能，就是有關道德的昇華可以它為憑藉，從而改變世人道德僅及於現實層面「盤算對應」的陳腐觀念。

又如能夠召喚多元審美觀念部分：除了知識範疇和道德規範，還有一個美感結構也是我們所可以檢視發問的。它所分劃出來的世學的一大領域（跟前二者合為世人所要追求的三大價值：真善美），已經成了許多人念茲在茲且論說不輟的對象。（門羅〔T. Munro〕，1987；福斯特〔H. Foster〕主編，1998；劉昌元，1987；劉文潭，1987；史作檉，1988；史文鴻，1992；潘知常，1997；張法，2004）然而，從現代以來，創造觀型文化傳統所形塑出來的美感結構的強勢凌駕而造成其他文化傳統的美感結構的萎縮或退卻，以致原有的「廣大」的美感結構逐漸狹小到幾乎接近單一化的地步。像這種審美趣味的有意「征服」和盲目「屈居」現象的持續存在，就是舉世會「變本加厲」混亂而讓人不得不加重憂慮的一大根源。好比西方人為模仿上帝的風采而運用幾何原理發展出來的透視畫（這樣才能「還原」或「存真」上帝造物的實況），歷經幾個世紀的演變，「終於」也隨著殖民主義／帝國主義的威力遠播而橫掃他方世界的審美心靈（豪斯〔A. Hauser〕，1997；宮布利希〔E. H. Gombrich〕，2000；貝爾〔C. Bell〕，2002；愛德華〔B. Edwards〕，2004）；但我們所看到的卻是非西方世界的人「莫名其妙」的苦苦在追趕一條從具象到抽象、從結構到解構、從寫實到超寫實等等永遠由西方人「創新」領航的道路（陸蓉之，1990；劉其偉，2003；謝明錩，2004），而將自己的文化傳統所有的審美趣味視如敝屣（如氣化觀型文化傳統所崇尚的如「氣」流動般優雅瀟灑的寫意畫和緣起觀型文化傳統所崇尚的靜修「依止」描繪的瑜伽行者的寫實畫〔馮作民，

1998；章利國，1999；高木森，2000；李霖燦，2003〕，幾乎快要全數退場了）。這種「損失」不只是既有「藝術財富」的棄守，更是連「超前無望」一起的「雙重失落」心理的無從調適。又好比非西方世界的人大概無法想像西方人的音樂創作，也跟他們的科學研究和學術構設一樣在終極上是為了榮耀上帝（如巴哈〔J. S. Bach〕就曾經說過：「所有音樂的終極目標，就是榮耀上帝、修補靈魂。」）（索羅斯比〔D. Throsby〕，2003：138）而為了容易成名致富西方人居然也會不擇手段的把文學產業化（如大仲馬〔A. Dumas〕「他身後有一批固定的捉刀人，隨時備好稿子，只待大仲馬簽名發表。當時坊間就流傳這樣的笑話，大仲馬問同為小說家的兒子：『你看過我最近的大作嗎？』小仲馬〔F. Dumas〕回答：『沒有，爸爸你？』」）（同上，139）；像這種都可以跟上帝連上關係（文學產業化部分是「一箭雙雕」的作法）的「正面」或「側面」審美觀，豈是非西方世界的人所能夠有效的仿效深著的？但在帝國霸權所向披靡的「市場壟斷」的情況下，有那一個非西方世界的人不憚於它的繁采華蔚而眩然失轡？以致這條「尾隨」的不歸路，也形同是在宣告著一個「異質性」的美感情趣的凋零。（周慶華，2005: 253～254）現在結合神祕經驗，正好可以藉機發掘原先不同的審美結構的「豐富性」。畢竟能夠進入現實世界和神祕世界互動的層次後，一切的審美判斷就要透顯它的「淵源有自」和「不能相強」特性。換句話說，神祕世界中總會有「古老」的靈體，祂們左右或牽動世人的審美趨向一旦如願，那種有礙顏面的屈從或妥協行為（也就是迎合異己的審美趣味）就很難想像。因此，建構相關理論也就有著重新召喚多元審美觀的「神聖」的任務；它所要提供給所有審美心靈的是一份「自助助人」的機趣，永遠閃耀著多面無盡靈動的光彩！（周慶華，2006: 13～19）

根據上述，我們已經活在兩界相涉的關係網絡裡；同時所有現實界的知識、道德和審美觀等感應，也都必要相通於神祕界而取得新的進趨憑證，才能夠確保它的可信度。而在這文化治療方面，也因為基於我們對神祕界的試為瞭解而開始另一階段的活絡化。換句話說，只要知道橫通於神祕界，就可以促成文化治療的極大化。只是這種極大化還在預期推動中，它的完成仍有不可知或不確定的變數，所以僅依衡量全局的狀況而有所相通於面前規模的文化治療方案，姑且以後文化治療作為承繼的標誌而予以期待。

第二節　綰結為後文化治療

就橫通於神祕界所可以達致的效應來看（相關靈體的存在質性可以「收編」在此中，不必再作討論），它在文化治療上所希冀於神祕界「配合」的，也是像本脈絡所力主的能趨疲觀型文化式的文化治療那樣，並未考慮再「另闢途徑」；但因為神祕界不是一個全然可以掌握的對象，它究竟是怎麼在布局運作的我們並不太清楚，以致只能以「應該如此」或「希望如此」而把文化治療推向有神祕界參與的後文化治療，它可能會有我們所意想不到的演出成分。

至於這一推向有神祕界參與的後文化治療，根據前面所說的「依宗教學普遍看法，人死靈體不滅，而不滅的靈體又有可能轉生現實界，以致在地球這一相對封閉的系統內『生生相續』就變成一種常態；而這種常態在質能不滅的類比下，現實界人口多了，神祕界的純靈體就少了，從而造成兩界的失衡。而兩界失衡的結果，無異就是耗能太快以及災難不斷。後者（指災難不斷），是說當神祕界比現實界要具有主導權時，就有可能發動大小不一的災難以為警示並試圖恢復局部的平衡。至於前者（指耗能太快），則是最令人擔憂而得極力去克服的一件大事。因此，如果不必有神祕界的警示，人類就能自動展現『無所幸福』的姿態，那麼也就不會再有過多的靈體要來現實界『倖博一世的福分』而參與耗能的行列。而這樣也形同間接啟發了現實界的人，自己的肉體消失後，不致隨便『乘願再來』或夥同他人『乘興強來』而繼續耗能下去」（詳見第三章第四節），這就是第一要緊事；但情況卻還停留在想望中（並未真的發生人類懂得有效自制的現象）。由此可見，生靈的奔赴而來現實界，是造成當今地球資源日漸枯竭以及相關禍害的主因。這除了人得自我憬悟而即時節制，神祕界也應該有相應的對策，才能免於大家步上能趨疲末路的危機深化。而這所要縮結為後文化治療的，就是促使那「管控機制」立即採取行動。

依據報導，隨著世界人口以每秒誕生兩名新生兒的速度直線上升，地球人口預期在未來九十年內突破百億；但糧食和資源增加追不上人口成長，同時教育和就業機會的不對等，都使此一里程碑成為挑戰而非喜事。如「聯合國祕書長潘基文日前表示，人口跨過七十億的重點非關數字，而是跟人類生存狀況休戚相關：『七十億人口需要足夠的糧食和能源、良好的教育和就業機會，以及平安順利把子女撫養長大的自由。一個人想擁有的東西，都得乘上七十億倍。』」（蔡鵑如，2011）而這顯然是不可能如願的事。因此，後文化治療在這個「重要關頭」，就得展現出必要的魄力，以各種可能的方式警示和啟導生靈毋須留戀這不再美好的世界。

雖然如此，在這個過程卻還有一個問題要解決，也就是為何擁有主導權的神祕界會「縱容」生靈這般的奔赴現實界而最後又把現實界搞得烏煙瘴氣？對於這個問題，有人引古希臘神話中的「潘朵拉的盒子」作為思考的出發點，但卻難以令人滿意，因為原故事是說：

> 天帝（宙斯）為了懲罰獲得火種的人類，決心向人類施行報復，命令火神創造了人間的一位女人，又命眾神把各神具有的特點賦予這個女人，因此取名潘朵拉。潘朵拉下凡那天，天帝贈給一盒寶箱，就是Pandoras's box（潘朵拉的盒子）。箱內所藏並非金銀珠寶，乃是加害人間的災難和不幸，如貧窮、疾病、瘟疫、戰爭、天災和死亡等，使人類永不得安寧。天帝再三告誡，萬萬不可打開寶盒。潘朵拉最後無法控制女性的好奇心，終於打開了盒子，結果肆害人類的災殃一湧而出。驚恐之餘，她趕快關上盒子，所幸留下了希望。從此大地變得多災多難，但人類卻能歷劫無數的災難而不屈不撓，乃因有一線希望存在。（關辰雄，1996: 4）

而這在論者所看到的，包括從農業發展所衍生出來的問題（如增多且集中的人口，促使城鎮、制度、階級、國家和軍隊的建置；社會財富的累積和分配不均，造成搶奪和防衛的爭戰不休；人畜的親密接觸和人口的密集，演變為傳染性疾病增多等）、近代工業革命發生後所造成的後遺症（如窮竭資源以及對煤、石油和天然氣等化石燃料的依賴所造成的全球暖化等）和現代社會的問題（如高熱量但營養不足的垃圾食物充斥，普遍靜態的工作和娛樂形態，使人體重增加，並出現糖尿病、心臟病和高血壓等慢性病；全天候的人工照明，無所不在的背景噪音，以及如影隨形的工作壓力，讓人焦慮、失眠、甚至精神異常；理性科學抬頭，造成傳統神話式微，以致有基本教義派的反彈和恐怖主義的猖狂等）等文明崩壞衰頹的現象，以為它大概是被開啟的潘朵拉的盒子。（韋爾斯〔S. Wells〕，2011）但裡頭卻也存有不幸人類唯一的憑藉「希望」：

在人類面臨歷史關鍵的此時，由生物和文化的不相容所造成的問題，我們已擁有部分解決工具：想要拯救自己，代表人類要接受而非壓抑人的天性；代表要重新評估人類文化對擴張、占有以及完美化的重視，代表要向跟人類過去的生活方式有所聯繫的族群學習，基本上人類在整個演化史上都是以那種方式生活。這麼做，或許能讓人類撐過接下來的兩百萬年。（韋爾斯，2011: 313～314）

這裡所隱藏的問題，就像源自希伯來宗教的西方一神教所相信的上帝造人，卻無法把人造的完美的情況一樣（詳見第五章第二節），都無從理解神祕界為何要「如此安排」；並且對於非西方社會中人同樣被鼓勵（甚至被威脅利誘）參與耗能的行列又要如何解釋它的可能性，也沒得從該「倖存」的希望找到答案。更何況現實界不斷地擠進這麼多人，這又是什麼希望在誘引著？因此，這裡顯然還藏有一個黑暗的區塊，需要我們給它透點光，才能接到所要縮結的後文化治療上來。

這不妨從前述的「管控機制」談起。一般所說的機制，原為心理學上的用詞。心理學上有所謂「防衛機制」（defense mechanism），最早為佛洛伊德（S. Freud）所創用，意指個人在應付挫折時，為防止或減低焦慮所使用的各種適應方式。（洛斯奈〔J. Rosner〕，1988: 80～82）而防衛機制，也被簡稱為機制。只不過在後來的衍義中，機制已被「截取」或被「專用」來代表一種驅動力。（劉宓慶，1993: 99～100；汪信硯，1994: 119；王宏維等，1994: 50）這種驅動力是由相關的（生理或心理）機能所制約，所以機制也就有「機能」和「制約」的意思。（柏格爾〔A. A. Berger〕，1994: 76～78；葉家明，1997: 268～276）。前者（指機能），代表它能產生作用力；後者（指制約），代表它在產生作用力的同時也會受到某種程度的約束。可見這已經有了語意的轉換，而且跟原來的自我防衛意涵似乎愈離愈遠。（周慶華，2011c: 120）因此，這裡的「管控機制」，依理也是要取語意轉換後的用法，以便一探神祕界究竟是如何的在跟現實界互涉。

以神祕界必然會對現實界進行管控的情況來看，它的機制性同樣也得處於「它在產生作用力的同時也會受到某種程度的約束」的彈性境地而無法絕對化。致使我們可以設想：對於當今世界局勢如此不堪而神祕界好像還不見什麼「大動作」來試為緩和，有可能是神祕界管控能力有限；也有可能是還不到容忍的極限而未出手；還有可能是為反向教訓人類的妄自尊大而讓他們自演滅亡（隱含神祕界也有陽謀）。因此，機制就真的是機制，它有發揮作用的能力，又有自我不及或刻意縱容的侷限。倘若是這樣，那麼我們所期待的後文化治療就是一種「催生式」的（而不是「俱在式」的）。也就是說，既然神祕界未能懲治或要延緩懲治人類的沉淪，而我們眼看此事非同小可，那麼就得鄭重「呼籲」神祕界快點介入以防不測。

也許有人會說神祕界早就不斷透過「天災人禍」的發動或驅策來作為平衡權力的媒介，它本身就是有意造成的（不論是直接造成還是間接造成）。好比當一個古老的洪水故事進駐我們的腦海時，另一個「誰發動了洪水」的警覺也得跟著深植：

耶和華見人在地上罪惡很大，終日所思想的盡都是惡，耶和華就後悔造人在地上，心中憂傷。耶和華說：「我要將所造的人和走獸，並昆蟲以及空中的飛鳥，都從地上除滅，因為我造他們後悔了。」只有挪亞在耶和華跟前蒙恩……神就對挪亞說：「……看哪！我要使洪水氾濫在地上，毀滅天下；凡地上有血肉、有氣息的活物，無一不死。我卻要跟你立約，你同你的妻和兒子、媳婦，都要進入方舟。凡有血肉的活物，每樣兩個，一公一母，你要帶進方舟，好在你那裡保全生命……」挪亞就這樣行。凡神所吩咐的，他都照樣行了……洪水氾濫在地上四十天……凡地上各類的活物，連人帶牲畜、昆蟲以及空中的飛鳥，都從地上除滅了，只留下挪亞和那些跟他同在方舟裡的。（香港聖經公會，1996: 5～7）

沒有「沒意義的死亡」，也沒有「恆久無謂的死亡」（這些都還可以循著不同的文化系統去「各為追蹤」），從這個挪亞方舟的洪水故事裡大家可以「細細的聯想」。此外，像地震、海嘯、颶風、傳染病、戰爭和其他（如飢荒、毒害、氣爆、火災、車禍、船難、空難、溺斃、山難、病痛、自殺、老化和夭折等）等所造成的死亡，也都可以比照著去尋繹「當中的道理」。（波伊曼〔L. P. Pojman〕，1997；卡倫〔A. Karlen〕，2000；張劍光等，2005；向立綱，2010）這當然是有可能的；而有見識的人大概也不會否定神祕界可以經由上述這些方式來挽救生態的失衡。（周慶華，2006: 278～279）但對於人類從開始耗用資源而造成許多禍害以來，這類「點」的懲治總給人感覺「執行不力」，甚至會讓人懷疑神祕界根本還意識不到事情的嚴重性或已經意識到了卻控制不了。這樣我們再行期待神祕界「拿出魄力」或「調整策略」來配合文化治療而展開匡世的行動，也就成了諫諍得宜且可以博得奧援的一大美事。因此，所謂的「給它透點光」，就是以這個理路來瞭解神祕界，終而要它一同憐憫地球的危機，別再眼睜睜看著人類胡作非為下去或冒險再行試探人類的闇昧，而一逕在考驗地球的忍受度。換句話說，要藉助神祕界的後文化治療得及時全面啟動了。管控生靈的奔赴現實界和懲治已經奔赴卻在糟蹋現實界的生靈等，是所要綰結為後文化治療的最大蘄嚮。此外，還有一個令人擔心的本體的問題也需要一併解決。它是指神祕界可能本來就分劃而治，導致所隸屬文化系統中的現實界出了病症，該相通的神祕界也責任難免，而最後又要如何希冀不同文化系統的神祕界「相忍為蒼生」？我們看西方人所自豪的「反叛」：

反叛者的人道精神就在於，他們的行為促進了文明。反叛者的功能在於撼動僵固的習俗和文明秩序。這種撼動雖然痛苦，卻有它的必要，如此社會才能免於沉悶和冷漠。顯然我所指稱的不是那些自稱反叛者的人，而是那些真正的反叛者。文明就是從這些人身上開花結果的。（梅伊〔R. May〕，2007: 276）

但他所舉「普羅米修斯從奧林匹斯山諸神那兒偷火當作禮物送給人類」和「亞當和夏娃受蛇鼓動而抗拒上帝耶和華的指令」這兩個例子，則恰好都成了反證（而不是像他所說的文明從這類反叛中發生），因為所有的文明創新都早已被回歸為對神／上帝的仿效和媲美，甚至當科技文明愈發達，西方人愈覺得神／上帝英明無比而想把創新的榮耀歸給祂（詳見第五章第二節）。因此，論者繼續解釋的反叛旨意，就不大可能是事實：

> 普羅米修斯和亞當、夏娃這兩則故事的明顯相似處在於，諸神被視為是人類的敵人，祂們要讓人類永遠臣服。耶和華駭怕吃了善惡知識果實的亞當、夏娃，會把永生樹的果子也吃下去。人類必朽事實再一次被納入，成為創意和文明不可或缺的先決條件。我們渴望不朽，我們努力形塑不朽的象徵，我們為死亡而受苦，事實確是如此……如果我們不知道自己將要死去，我們不會比神更具創意，只會整日懶洋洋地躺在奧林匹斯山上，日復一日，永無終止；每天無聊至極，只靠偶爾跟他人發生戀情來打發日子。（梅伊，2007: 277）

由於論者不知道這完全是西方人自己為符應信仰所選擇的道路，而當他們一旦有了「成就」，又不自覺的以上帝第二自居而回過來驕傲且壓迫非我族類。因此，論者所觀察到的「在美國，虛假的無知和這個國家建國的歷史一樣長。作為『上帝選民』的我們，揚帆駛離英格蘭，反過來對抗歐洲，因為它代表原罪、不義、貴族剝削和宗教迫害。這些人希望能在美洲建立實現正向價值的樂土：正義、公理、民主和良心的自由……（但）很快在新英格蘭就出現了宗教迫害……集體屠殺印地安人……美國人是『拓荒者』，是印地安人的滅族者，這乃是神的旨意；然而殺戮印地安人的疚責，我們至今尚未面對。這就是虛假無知的標記，總是把自己的利益和天意等同」（梅伊，2007: 45～46）這類殘害他者的現象，就不是一個「虛假的無知」可以解釋，它根本就是比照〈創世紀〉那一耶和華發動洪水剷除不順服者的作為。在這種情況下，我們又如何能寄望該一系統中的神祕界也願意放棄對西方文明的「裁成」而來自我救治？對於這一點，我們仍然要以籲請的方式，希望祂們悔改或藉由它系統的神祕界主動施壓而「促其改善」，這樣才有可能開展後文化治療而不致功敗垂成。

最後如果還有未盡意的地方，那麼它大概就是我們為什麼要相信神祕界的存在而後文化治療也真有可能？前者（指我們為什麼要相信有神祕界的存在），是為了尋求助力而必要肯定的；而實際上它的存在也可以從相通於科學檢證的角度來確認。大家知道，科學在知識論的範疇裡是以講究「檢證」著稱的，而神祕經驗如何可以獲得有效的檢證就「最先」遭到了質疑。但所謂的檢證本身也還是一個有待解決的問題（而不是已經「不證自明」了）；以致神祕經驗的檢證這條路也就有得「重作定位」或「另眼相看」了。換句話說，現實經驗的檢證不能強為典範，靈異經驗在一定要「相比」上，一樣也有被檢證的可能。

這不妨從科學「紛紛紜紜」的性質觀說起：「廣義的認知指一種確切的知識，狹義的認知則指一種已經證明的知識；它跟信仰不同，是基於每人自己的經驗和洞悟的知識。學術或科學並不指個別知識或個別判斷，而是指跟同一對象有關而它的論證又邏輯地彼此連接的知識的整體。因此，對學術或科學來說，系統的互相連接是本質因素之一。論證的彼此連接反映出對象本身的關聯及因果關係」（布魯格，1989: 470）、「我們決定把科學作更寬闊的界定（界定為含有下面三種特性的活動）：（一）科學追求理解，所謂『理解』是為實在界的某個面向找到滿意說明的一種感受；（二）這項理解靠著普遍定律或原理（可廣泛地適用於各種可能現象的定律）而達成；（三）該定律或原理能用實驗加以檢驗」（高斯坦〔M. Goldstein〕等，1992: 6 ～ 7）、「我們可以歸納出科學具有下列的特徵：（一）科學是以事實為中心的動態研究成果；（二）科學包含活動性的研究過程；（三）科學必為獲得知識的過程和成果的雙軌體；（四）科學成果乃為透過科學態度和科學方法而獲得的累積化和系統化的整體知識；（五）科學的成果和科學的過程，二者相互交叉作用而促進科學的進步；（六）科學技術的革新方法和進化，是促進科學發展的基本因素」。（歐陽鍾仁等，1980: 3 ～ 4）這有的說科學是一種系統性的知識；有的說科學是在尋求實在界一些普遍性的定律或原理且能經由實驗加以檢證；有的說科學是獲得系統化知識的過程或成果的總稱，莫衷一是，幾乎讓人無從想像或據為判斷科學所具有的性質。這種眾說紛紜的現象，所徵候的無非是大家對科學各有認定；而每一種認定只在個別的論述脈絡裡為有效，對旁人的接受與否不具有強制力。

既然是這樣，後人為了方便論述，自然也可以再提一種說法（不論是裁舊還是新創）。而這在我個人的考慮是：科學在一般的認知中，比較可觀的是「綜合」式的強調它是有系統地獲致知識的方法、活動和結果等；而這種情況又可以透過實驗予以檢證，但這卻不具有絕對的客觀性，理由在於該知識的源頭是無從確定的；而所有檢證的過程也缺乏可靠的保證。前者（指該知識的源頭是無從確定的），可以底下這段論說為證：

由當代科學哲學的發展來看，不但實證主義已經衰落，而且在（伽達瑪）《真理與方法》出版（一九六〇年）前後已經有不少反實證主義的科學哲學家出現……例如普蘭儀認為科學知識並非完全客觀的，而是涉及科學家的承擔的親知；科學知識都有暗中已經先肯定的預設或隱默之知。這些預設像伽達瑪所說的成見一樣是永不能完全清楚化及證明的。巴柏認為科學的發現並不靠歸納法，而是依賴創造的直覺；科學也需大膽的猜測、預期和成見；實驗的目的就在不停地否證它們。孔恩否定科學是直線進步的，科學史被他視為典範（科學團體共信的理論）被取代的歷史；典範是知覺的先決條件，脫離了它，我們就不能設想任何真實。伽達瑪一方面覺得孔恩的理論使他的自然科學觀中的一些看法過時；另一方面很高興孔恩的理論正好支持了哲學詮釋學進路的普遍性。費阿本像伽達瑪一樣反科學主義、科技專政以及用一套方法來壟斷所有的真理；他也認為科學家所處理的材料（包括定律、實驗結果、數學技術知識論的成見等）都不能完全跟他的歷史背景分離。（劉昌元，1998）

這等於否定了科學知識有固定的源頭可以追溯（所謂成見、隱默之知等等，都暗示著科學知識來自一個不可測度的幽暗世界）；而常人對科學知識的相信為真，自然也跟他的成見有關而不具有絕對性。後者（指所有檢證的過程也缺乏可靠的保證），則可以藉意力克遜（E. Erickson）的認知論來作說明：意氏認為認知有三個層面：第一是「事實狀況」，就是可以經由觀察的方法和當代技術來鑑定、查對的天下萬物的事實、資料和科技等；第二是「真實狀況」，就是我們對瞭解事實的意識和感觸所融匯於「事實狀況」摘要的見識；第三是「實際狀況」，就是由親歷其境或由個人行為參與而得的知識。理論上是這樣說，實際上事實所以被認為是事實，只不過是依賴於不盡完善的觀察力和不盡周全的鑑定工具而已。而真實狀況既是加諸事實狀況摘要的主觀見識，就不可能獲取合於「事實」的資料，也就沒有一個客觀標準作為確定它存在的依據（事實由於觀察力和工具、技術的改進而改變；真實狀況的「實質」，也就隨著新事實的出現而修正改變了）。至於實際狀況，涉及如何運用認知的方法和親歷其境參與所欲認知的事物這二者的交互作用；但這一體驗和原先的認知必然會有差距，以致難以辨認體驗和認知的孰是孰非。（李明燦，1989: 162～166 引述）這也等於排除了科學知識有所謂絕對客觀的檢證標準；而常人所以還對科學知識抱以可給予檢證的信念，那也不過是「誤」以檢證本身（最多只具有）的相互主觀性為絕對客觀性罷了。

這樣有關神祕經驗的檢證也就沒有理由宣稱它不可能。舉凡人的感知、信念和後設思維能力等等，都可以成為檢證神祕經驗的依據；而它同樣不具有絕對客觀性「缺憾」的自我察覺，則可以轉由高度相互主觀性的追求（而期待更多具有相同背景或相似經驗的人的認同）來勉為「彌補」。這條相關神祕經驗的「檢證道路」，所要創新知識的規範（更新知識論的前提及其內涵）是向一個同為可能的神祕領域拓展，它一樣值得我們來「慎重看待」。換句話說，在一般的科學領域，對於無窮廣闊的宇宙星海以及極為細微的物質成分（如原子、電子、核子、中子、質子、介子、引力子、光子、超子、層子、膠子、中微子、陽電子、夸克和超弦等非肉眼所能看到的東西）等，都可以依經驗和想像而推測它們的可能性，為何獨獨不能順理從人有感知、信念和後設思維能力等稟「靈」經驗而去推想其他同質的次第靈的存在？因此，神祕經驗已經不再是一個「可不可以檢證」的問題（因為它「當然可以檢證」），而是一個「要不要檢證」的問題。這「要不要檢證」的問題，所考驗的是我們「廣知」的意願和能耐，神祕經驗本身不一定會越級強求（但它可能會隨時「蠢蠢欲動」向人討情）。好比底下這兩個案例所暗示的：

當他們到達謝克因意外車禍喪生的地方，就放下普通的錄音機於草堆中，開始按下錄音裝置。一個鐘頭後，他們收聽到令人驚異的內容：「到這裡以前，我一直希望能和你見一次面，誰知竟然發生了這次的意外……」足球選手一聽，果然是他的朋友謝克的聲音；而且謝克似乎就是在和這位足球選手訴說……「我愛踢足球，記得我們在炎熱的太陽底下練球，竟因操勞過度而暈倒；那種疲累的感覺比我現在不知輕鬆多少倍。有生以來，頭一次我覺得這麼困苦、疲乏、喘不過氣……」這時謝克突然停住，只聽到往來車輛奔馳的喇叭聲以及秋天的蟲鳴；但奇怪的是，當謝克說話時這些聲音卻都沒有被錄進錄音帶中，只有謝克來自靈界清晰的聲音。（赫伯金〔B. Hopkins〕，2004: 85～87）

沃格爾請一個心理學家在十五英尺外對一株海芋表示強烈的感情。試驗時，植物作出了不斷地強烈回應，然後突然停止了。沃格爾問他心中是否出現了什麼樣的想法，他說他拿自己家裡的海芋和沃格爾的作比較，認為沃格爾的遠比不上他自己的。顯然這種想法刺傷了沃格爾的海芋的「感情」。在這一天裡，它再也沒有回應，事實上兩週內它都沒有回應……植物對談論「性」比較敏感。一次，一些心理學家、醫生和電腦工程師在沃格爾家裡圍了一圈談話，看植物有什麼回應。談了大約一個小時，植物都沒有回應。當有人提出談談性問題時，儀器上的圖表發生了劇烈的變化。他們猜測，談論性可以激發某種性的能量。在遠古時代，人類祈祝豐產時，在新播種後的地裡進行性交，可以刺激植物的生長。植物對在有燭光的室內講鬼怪故事，也有回應。在故事的某些情節中，例如「森林中鬼屋子的門緩緩打開」，或者「一個手中拿刀子的怪人突然在角落出現」，或者「查理斯彎下腰打開棺材蓋子」等等，植物似乎特別注意。沃格爾還利用事實，證明了植物也可以對在座人員虛構想像力的大小作出回應。（方迪遜，

2005b: 48 ～ 50）

前一個案例是一位足球選手在聽聞一群科學家正在做「在死人當時死亡的地方，如果他的靈魂仍然停留在該處，就可以錄到死人的聲音」的實驗後，特地請他們來為他在車禍中喪生的夥伴做錄音；後一個案例是一位化學師所作的「植物反應」的實驗（包括人對植物的侮辱、性話題的刺激和講鬼怪故事的吸引等）。這可以視為分別檢證了鬼靈和物靈的存在；而所藉助的電子器材則更有益於該檢證的信度和效度的建立。這時我們的信或不信，就看我們願不願意擴充知識向度到非現實經驗的領域；而該案例中所顯現的（當事人的）神祕經驗，則形同是在向我們「施壓」而得勉為因應（以免自己遭遇類似的情況而不知道怎麼反應）。至於還有其他可以採擇的檢證途徑（如直接的心電感應、靈通、夢感、甚至執念信仰等等），那就隨各人方便而不必再詳加敘述了。（周慶華，2006: 43 ～ 50）

所謂我們為什麼要相信有神祕界的存在，也就是因為神祕界有我們可以信賴的地方，而相信它存在對於「尋求助力」自然有他處所沒有的便利性和奇效性（當然這裡面也不排除神祕界「有可能搞鬼」而壞了文化治療的大計，但從它的有比較高的位階才能顯示存在的意義立場來看，這種「會一起壞事」的情況原則上可以不考慮；否則我們就得但行文化治療，而不必再寄望加強版的後文化治療）。

至於後者（指我們為什麼要相信後文化治療也真有可能），則是為多尋求助力而必要肯定神祕界的存在後所可以想望的。而這從許多跡象諸如地震、海嘯、颶風和水患等所引發的災難，已經在某種程度上展現神祕界的懲治力（詳見後節）推測，相信現實界再不懂得節制後這類的懲治力一定會轉而升高，以致不慮可以將它引來接榫本脈絡所說的後文化治療而期待效果明顯。即使不然，任由神祕界仍舊「不發用」或「無動於衷」，頂多也只是少了一股助力而已，大體上並不會有什麼大損失。

第三節　後文化治療的展演面向

縱使有可能發生神祕界不參與文化治療而看不出有什麼大損失的情況，但這裡仍然希望「這不會是事實」，以便能徵得一點助力算一點；更何況神祕界的介入通常都是以「災難」作為警示方式，它的懲戒效果往往比什麼都可觀，因此還是要慎重的依賴它來拯救地球的危殆。而這就涉及一個「展演面向」的問題，必須比照文化治療的模式來為它規模一番。

如果說文化治療已經可以確立為能趨疲觀型文化式的文化治療模式（詳見第五章第五節），那麼後文化治療就是加入了神祕界的參與而以著重在懲治層面為本色。這在理論上是如此，但實際上卻會因為神祕界僅能以「懲治」手段來作事後的修補而顯見它本身就有匱缺，以致還得有治本和治標兼顧的策略才能真的看到相關治療的成效。而所謂的「規模一番」，也就是基於這個因緣而提出的（否則只是一個懲治的再行深化，又有什麼「規模」可說呢）。

首先，在「阻止」生靈的盲目奔赴一事上，以目前所看的現象來設想，神祕界不是根本控制不了，就是可以控制而不願控制。倘若是前者，那麼它的「懲治」的因應辦法，其實已屬枉然（因為生靈陸續奔赴而讓神祕界的懲治「疲於奔命」）。倘若是後者，那麼我們就得亟於呼籲它應該在源頭有個了斷，免得大家瘋狂擠進現實界後窮耗資源而難以善後。有兩個例子分別提到：

我記得在一九七一年，有一回我由丹麥乘船回美國，在挪威輪船伯京德號上，遇到一位虔誠的女天主教徒。她憤怒地批評現代人墮落，信教的人減少；並抨擊家庭計劃和避孕習慣都是「人類避免人口膨脹的不虔誠方法」。她談到這個社會政策時說：「我們都不相信上帝。為什麼？上帝自有辦法控制人口啊！」我問她上帝如何控制人口。她回答：「戰爭、飢荒和疾病。」很懷疑我怎麼提出這麼愚蠢的問題。我無力地答道：「或許人類的『不虔誠的方法』還好些。」（波伊曼，1997: 153）

這場演講的最後，許多觀眾都提出類似的問題，那就是：「我們可以做什麼？」不過，有一位聽眾卻發出驚人之語。穿著體面、談吐高雅的一名年長南方女士告訴我，雖然她覺得我的演講內容很有說服力，但她很高興中國人能有這麼高的消費力，排放出更多溫室氣體，加速氣候變遷。她說：「一但地球的資源耗盡，耶穌基督就會重返人世！」（葛凱〔K. Gerth〕，2011: 265）

這所引兩位女士以神祕界會介入來收拾殘局的說法，不無隱含了一個盲點：正是該系統中的「管控機制」失靈（上帝本身就是要人家榮耀或在爭奪神祕界的支配權時出此「破壞性」的下策），才鼓動和驅使許多生靈奔赴現實界代它「主導世局」或「收編順服者」，而這卻全未被顧及。因此，我們同樣也只能疾呼該系統的神祕界再不調整策略，就要一起眼見世界滅絕了。換句話說，神祕界只要在源頭調節生靈游走兩界的數量而以不為難生態為原則，就等於參與了文化治療的行列。但如果真有控制不了的情況，那麼也就罷了，後文化治療的任務也不必期待神祕界來擔負，畢竟現實界的生靈仍要習慣「自生自滅」。

其次，透過災難來懲治生靈的逾越分寸上，這是我們可以感知神祕界已經在採行的「消極性治療」，但有關它的成效卻還要再評估。雖然相對於一般把災難歸咎為人謀不臧或偶發變數而無法再進一步解釋還有誰在背後促使人謀不臧或偶發變數來說，權為許以神祕界在扮演生態失衡的補救者總是比較可以激發大家「悔改前過」，但關於神祕界既然能把現實界當作「試煉場域」卻又常懲治不徹底（也就是短暫災難過後人類還是依然故我，而沒有一點「受到教訓」的樣子），實在有必

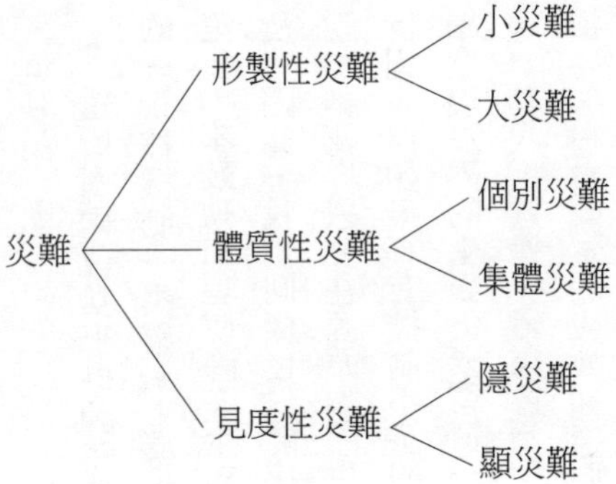

圖 7-3-1　災難類型圖（一）

要提醒它該是「思變」的時候了。我們約略可以看出來，神祕界的這一試煉，無形中就照著神祕界所能「導演」的戲碼而一一的在世界各地上演，諸如地震、洪水、海嘯、颶風、傳染病、戰爭和其他（如飢荒、毒害、氣爆、火災、車禍、船難、空難、溺斃、山難、病痛、自殺、老化和夭折等）等，都被排上了議程。這些災難，可以先依屬性而予以歸類，如圖 7-3-1 所示。

這些類型的區分，只是為了方便掌握災難的屬性，而不代表它真有三大類六小類。換句話說，災難只有兩種類型，不是大／小災難，就是集體／個別災難或顯／隱災難。而這再把實際被指稱的發生狀況列出，彼此的交涉情況就變成圖 7-3-2 那樣。僅就人和人以及人和他物會鬥爭不已，推及神祕界的存在體和人及他物也會鬥爭不已，以致出現了上述那些災難現象。這所假定的神祕界的存在及其跟現實界互涉重重，只須因應唯物論或懷疑論的否定或不信論調就可以成立。那麼唯物論或懷疑論的否定或不信

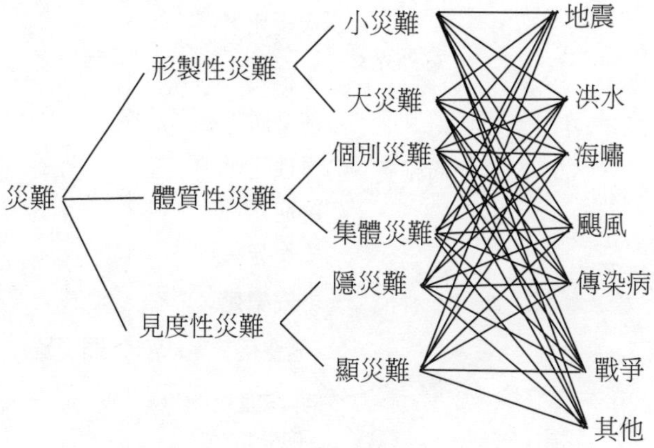

圖 7-3-2　災難類型圖（二）

論調，是否能構成對上述神祕界干預說的威脅？如果它只能以「無可驗證」或「不確定如實」的看法來反駁神祕界的存在跟現實界互涉重重（齊達〔T. Kida〕，2010；久我羅內，2010；成和平，2007），基本上是不會有說服力的，因為世上無可驗證的事物「何其多」，而唯物論者或懷疑論者卻要相信它們的存在（如精神只依附物質或人有幻覺之類），這是什麼道理？更何況神祕界的事物還有許多人經驗得到呢！（周慶華，2006: 43～74）也就是說，不能因為你自己經驗不到就否定它的存在，這在邏輯上是難以說得通的。因此，相信災難是神祕界發動來懲治生態的傾斜，也就不慮無據了。只不過這些災難在跟死亡作系聯後，反而出現了一個讓人擔心的相關懲治所以不太有效果的癥結。也就是說，死亡跟災難系聯的結果，就是肉體在災難中徹底的潰敗。它可能是意外死（如天災死或人禍死），也可能是病死（如傳染病

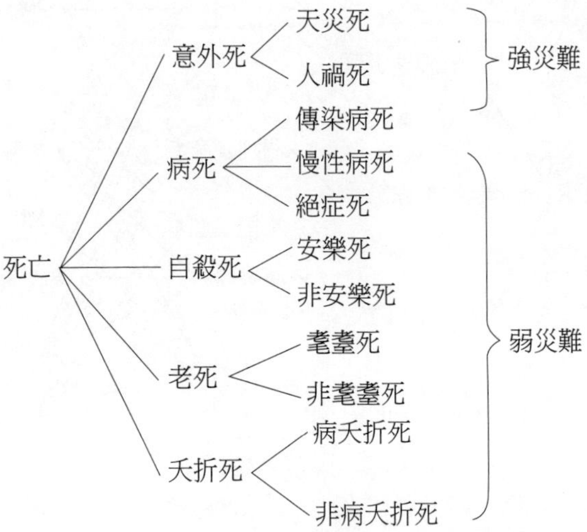

圖 7-3-3　死亡和災難的關係圖

死或慢性病死或絕症死），還可能是自殺死（如安樂死或非安樂死）或老死（如耄耋死或非耄耋死）或夭折死（如病夭折死或非病夭折死），而這些本身就顯出了災難性。如圖 7-3-3 所示。

當中的強災難／弱災難的區分，只就死亡的急促／非急促來說，並未涉及規模的大小。這跟前節的災難分類似乎兜不起來而有白費論述的嫌疑，但又不然！強災難也有大／小災難或集體／個別災難的分別；而弱災難也有顯／隱災難的差異，因此不以前節的類目來作連結正好又開啟了另一種災難的分類法，而彼此並不會有什麼衝突。比較需要說明的是，意外死中如戰爭所導致的人禍死、病死中如疾疫所造成的傳染病死和自殺死／老死／夭折死等，何以能夠都視為神祕界操縱的災難所致？對於這個問題，不必從一些強勢的言論（波伊曼，1997: 153；向立綱，2010: 291～293）中取得答案，只要依理來推測以及將某些相關跡象作為佐證就可以予以解決。我們知道，戰爭源自於利益的爭奪以及有可能被援為淨化種族或印證武勇等利器（波伊曼，1997: 154～163），但這都沒有考慮到最初下達命令者的「一念初心」究竟是如何可能的。也就是說，明明知道戰爭會殺很多人也會死很多自己人，那種極度殘忍的念頭倘若不是有神祕界在操縱，那麼比照一般人都「不致如此」就無法想像它的可能性（只有神祕界不在意「人」死亡多寡，才會導演這種毀滅戲）。且看東西方都有長篇的文學作品在敘寫上古時代天上眾靈的爭戰，一個是古希臘時代出現的《伊利亞特》和《奧德塞》史詩所描述特洛伊戰爭前後諸神的互爭地盤（荷馬〔Homer〕，2000a；2006b）；一個是中國明代出現的《封神演義》小說所描述周武王討伐商紂時諸神仙佛妖的鬥法助戰。（陸西星，2000）這些內容或有荒唐怪誕的成分（源於個人認知的不同），但一定要說成那都是「將人類社會翻版後再賦予唯妙唯肖的各種超自然能力」（周逸衡等，1996: 42～43），就太過「自以為是」了。原因是西方一神教興起後，類似上述的「神爭」一轉變成「神與魔鬥」且更為劇烈的傳聞，始終沒有從人心中剔除（阿姆斯壯〔K. Armstong〕，1999；福特〔D. F. Ford〕，2000；艾恩斯〔V. Ions〕，2005），顯然那並不是心理投射的結果，而是兩界循環互進經驗的點滴遺留；相對的，東方世界所特有的神仙佛妖等靈物，也一直是該傳統中人崇祀感應的對象（馬書田，2002a；2002b；2002c），小說所框架鋪陳的未必盡屬胡謅。而其實，這一點還不是最關鍵的，最關鍵的是裡頭所蘊涵的「神爭」或「魔鬥」的緣故，都跟為了搶奪對「人」的支配權有關。這顯示了在兩界的互動中自居於優勢的神祕界存在體，終於找到了試煉「具體」或「實在」支配本事的場域（人有「肉體」可供凌辱毀壞，遠比眾靈間「相互比劃」不痛不癢來得有成就感）；而現實中人自覺鬥不過神祕界存在體，只好尋求「依附」以便苟活。這也就是神祕界要不斷「染指」現實界，而現實界老是忙於「溝通」神祕界的緣故。（周慶華，2006: 268～269）以這點來佐證戰爭的非純現實性，也就可以給人有「恍然大悟」的感覺，從此不再耽於戰爭的非人道或超恐怖的單一思維裡。這麼一來，從災難到死亡，就有可能是神祕界內部自我折衷妥協後勉為策動的結果，並不是什麼大刀闊斧而可以真正見效的行動力。依此類推，我們也可以想像，如病死、自殺死、老死和夭折死等，也都很難跟神祕界的操縱脫鉤（當中老死，表面看來好像是自然演化的結果，其實不然！因為有人一百多歲才老死，有人六、七十歲就老死，並不一致，自然演化說無法解釋這種差異現象）。尤其是自殺死部分，如果不按照前述「世俗式」的區分為安樂死和非安樂死，而純就自殺原因來歸結它的類型，那麼這就可以有下列這麼多種情況（詳見圖 7-3-4）。

在這些死亡本能、自力和他力等自殺原因中，就有神祕界的因素介入（指神譴、鬼禍和物祟等等），而其他在不明朗的時刻也未必「如所分辨」（也就是很可能都是神祕界在操縱）；以致所謂的自殺並非「真自殺」，而神祕界所以介入的動機也得從平衡生態的角度來解釋才有它的合理性。換句話說，只要是神祕界牽引的自殺案例，大致上都有為平衡生態的「正當」理由。而這也可

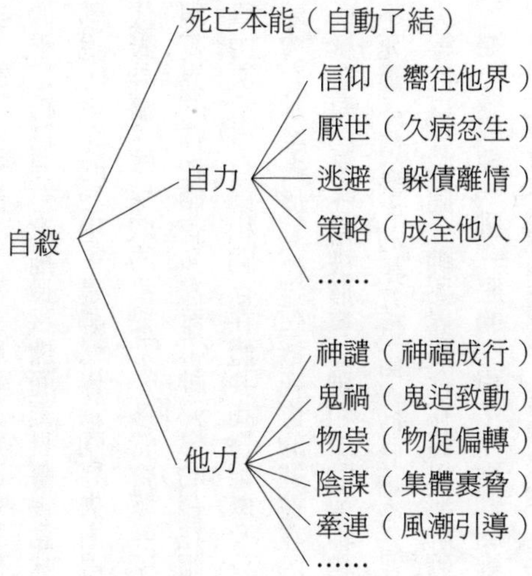

圖 7-3-4　殺類型圖

以藉為理解自然環境中，許多動物在某一特定時期「集體尋死」的原因；也就是像鯨魚集體擱淺自殺、飛鳥集體投村自殺和老鼠集體跳海自殺等等（康克林〔S. R. Conklin〕，2004a、2004b；品川嘉也等，1997），都有為維持兩界生態平衡的考慮在內（至於「誰」以及「如何」驅使那些動物集體覆亡，這就可以歸結於「神祕界自有決策者和執行程序」而不必強為追究）。（周慶華，2006: 275～277）因此，從災難到死亡以及死亡所立即顯現的災難性等，都在一個神祕的邏輯範圍裡；而想另立論說的規範，就得以它為前提。至於這個前提還覆蓋著「潛在性」災難的問題，也得一併在這裡略作說明。所謂「潛在性」災難，是指災難在「蓄勢待發」狀態，它所會造成的死亡是隱藏著

「慢慢發作」的。這表面上看不出來有什麼神祕界介入導演的跡象，但實際上它卻早已誘引在案，只待一步一步的「實踐完成」。而這就是顯現在殺蟲劑、除草劑、多氯聯苯、戴奧辛、重金屬汙染、化學物汙染、溫室效應和氟氯碳化物破壞臭氧層等慢性災禍中；它的死亡見證經常事隔多年，似乎是神祕界有意拖長試煉而更具警惕意味！但這些現象卻也一樣隱藏了神祕界的鬥爭實況。換句話說，災難的發生，是神祕界為兩界失衡得回歸秩序化而作的調整；而災難種類多及死亡多樣化，代表神祕界所採取的手段乃「多管齊下」，為的是因應神祕界分項負責者的不同能耐。換句話說，現實界的存在體有多複雜，神祕界的存在體也比照、甚至還要複雜許多，因此神祕界要發動災難就得由決策者召集相關存在體共商對策以及分派任務，然後分頭依需或依便去執行，所見災難／死亡才會有那麼多形態（還包括死亡的遲速在內）。這樣說並不代表神祕界是一個「完美」的世界，它一樣會有鬥爭（常被形容為神和魔鬥或神和神鬥或魔和魔鬥）以及眾暴寡或大欺小的現象，但那是不死靈（精氣）的相互抗衡，彼此不會有什麼「性命」損失。只有現實界的存在體才有死亡或喪失等情事。因此，神祕界的存在體以無肉體負擔來操縱有肉體負擔的現實界的存在體，就是一個純「剋」服或純「馴」服的歷程；而祂們的維持兩界失衡訴求（不讓現實界過度發展），自然就成了「整治」現實界最好的藉口。這種整治，也許還會有配套措施。如：

每隔一段時期，人世間自會韻律般週期性發生苦難，不論宗教性、種族性，自相爭戰殘殺，靈界都會派出高靈，也就是說法者投胎人世間，幫助世間人建設心靈，傳輸能量以渡過難關，因地球人口不能無限制增加，到一定程度的負荷就須調整……大約以戰爭包括種族信仰、瘟疫病、天災氣候、火山爆發、海嘯、水災、風災和火災等舒緩負荷的壓力。這時候靈界會派出說法者投胎於人世間道教導世間人們，安定世間人，以平凡的肉身置於人群各階層有科學家、哲學家、軍事家、政治家、宗教家。一旦隱入肉身投胎出世為人，都負有生的任務；任務達成就可返回靈界，休息後再準備出發。（吳炳松，2003: 84～85）

如果配套措施失靈了，那麼直接發動災難以為補救，也就是「順理成章」的事。但這種說法的可信度不高，因為災難本身的形成多有現實界存在體的為孽在先，而這一為孽又是神祕界從中操縱的，這樣就會變成循環論證（等於沒有說什麼）。因此，整體上還是要歸諸神祕界的布局。至於為什麼要作這類的布局，那就得還原到神祕界就是一個「權力場」的觀念上來。換句話說，大家都在玩權力遊戲，相關規則的訂定但在強勢的一方，而被犧牲的就是一些「多餘的籌碼」；以致所謂的恢復秩序（見前），只不過是暫時歇戰的代名詞，神祕界永遠都想伺機取得掌控權（包括休兵協商從現實界支取勝利品在內）。依據這一點，所有災難的發生以及多管齊下的制裁措施，就顯不出有多「內幕驚人」了（真正可觀的是神祕界內部的鬥爭）。到頭來，只是人類在自憫災難；而一切的收斂或自制思慮，也就順了神祕界的「免續戰」期待。這在某種程度上還是有不惹惡氛逆心的好處；否則就得常陷混戰更為失序的「惡劣環境」中！而由此可見，有人得到信息所說的「設定」節目，就是這種權力遊戲的飾詞：

近十餘年來，靈界一再不斷地傳達「二十一世紀是個亂世」這樣的信息……到二〇〇八年這一年，正好陷入亂世的暴風圈裡，亂象於是更加明顯；除了大自然的天災地變，如地震、雪災和風災之外，全世界經濟的突然崩跌、油價的暴漲暴跌、西藏的暴亂、韓國的牛肉危機、印度的恐怖攻擊、泰國的政治傾軋……等等，都來得令人措手不及。（向立綱，2009: 序二 10～11）

靈界明確的說，從現在到二〇二五年，不會有第三次的世界大戰，也不會有世界末日的發生。不是百年前的預言不準，而是靈界已有新設定。（向立綱，2010: 293）

神祕界所以要這樣設定戲局，說穿了無非就是博弈心理的再現（不然幹嘛如此費心安排戲目呢）！不想玩的靈，只好一邊站，讓權力去那些「躍躍欲試」的群體中穿梭。而換個角度看，神祕界一旦設定了亂世，就有名目可以「光明正大」的把靈體從人的身上收回去，以致那些不願蹚渾水的神祕界存在體才會徹底死心，不跟著「同流合汙」而玩這種虛矯的遊戲！而回過頭來瞧，神祕界動輒製造一些災難以顯威能，手段幾乎都靠靈異。像九一一美國世貿大樓被人劫持民航機撞毀在濃煙中有睨視冷笑的「鬼臉」（方迪遜，2005a: 64）；臺灣八八水災時從衛星雲圖可以看到「巨靈」在上空潑水（個人新聞臺，2009）；一九九九年二月十五日臺中衛爾康西餐廳大火在第一廣場上方出現幽靈船（希拉蕊，2007：96）等等，無不令人驚奇而益發相信神祕界的策劃執行力。（周慶華，2011a：92～107）；但它比起生靈狂奔來現實界不斷耗能釀禍來說，實在只是一種「小痛」式的懲治，根本引不起人類痛定思痛逆能趨疲而行的決心！因此，在這一最有可能刺激人類悟及耗用資源而遺害連連的行為改向的災難治療還不見效力時，就得重新鄭重籲請神祕界與其放任人類走上滅絕的末路，不如以更明示的方式經由類似災難的程序給予「指引出路」（這更明示的方式，未必是要擴大災難範圍，它只要能「明示」而讓它有效就行了），畢竟人類一旦活不了，神祕界想要再行操控也會無處著力。於是這種明示性，不啻就成了後文化治療的配套作法，必須看著它成形才行。

再次，神祕界不知是否也有一套教育養成的辦法。如果有的話，那麼它對於教化生靈不再輕易於游走兩界應該扮演更積極的腳色（如果沒有的話，那麼它無疑的要趕快成立）。我們從種種跡象來看，災難的災難性本身及其透顯的某些神祕現象，在在呈現了六度空間中的權力鬥爭。現實界中人只要不能仰體平衡的重要性的，都會引發這股爭鬥而給自己帶來跟神祕界相衝突的張力。由於人多了肉體的負擔，所以在必要抗衡的時刻往往屈居下風，儘讓神祕界的存在體取得掌控權；而這一旦人有所失策，那麼所得遭受的懲罰也就沒有迴旋的餘地。這也就是災難一再的發生，而人也一再的喪生的原因。因為它的前提是「失衡的焦慮」，所以接著要設想的避免災難的策略，也就得從這裡開始。這首先要為災難的神祕學觀點定調：凡是不相信「有此一事」而執意我行我素的，都得促使他們重新思考巴斯噶「賭上帝存在」的類似作法（詳見第五章第二節）而幡然悔悟，以便進入災難／靈異的警覺情境。同樣的，我們賭災難的不為無意性，也是擔心不如此則恐怕會失去想及更有效因應對策的智能，從此淪為「亂無章法過活」的下場。其次要透過災難的神祕學觀點為魔考或神考（周慶華，2006: 268～273）找到解套的途徑。也就是說，災難所奪走的人命，在中性義上是魔考或神考的結果，倘若我們想保命，那麼就得讓魔考或神考無所作用，而這要從釋出或根本不取多餘的福分或過度的權力入手。這麼一來，神祕界「欲懲罰而無由」，相關的災難自然就會減少。再次要從上述的神祕學觀點再行升轉到新神祕學觀點的層次，以一種高格教育的方式，勸戒太過浮濫的投胎轉世，輾轉為減緩能趨疲的壓力效勞。換句話說，當今現實界擠了太多人，物質需求浩繁，導致濫墾、濫伐、濫建和工業汙染嚴重等而直接危及兩界的失衡（而必須由神祕界發動災變來「矯正」）。這樣再持續下去，災難會更加不斷，所以歸根結柢只好從減少人口著眼（在現實界的，肉體死亡後不要隨便「乘願再來」；而在神祕界的，也不要「興沖沖」的趕來搶生世上），徹底斷絕耗用物質而使地球快速到達不可再生能量趨於飽和的死寂境地。這是必要行走的道路；否則，還會有更多、更大的災難在眼前等著，再也沒有人有能耐予以化解。（周慶華，2011a: 123 ～ 124）那麼這在現實界凡是還沒有機會啟蒙的，神祕界就得多擔待一點，將它納入養成教育裡，而使得兩界生靈的自我調節機制形成及早發生效用，且讓物質世界可以得著生養休息的機會。這是後文化治療的另一項配套措施：一旦教化成功，就可以省去前兩項的勞力耗費。

第八章　世界還會糟到什麼地步

第一節　如果不再求助於文化治療

這個世界因為人口過多和耗能太快，所造成的愈來愈嚴重的溫室效應、全面資源短缺和爭戰陰影以及能趨疲的極端威脅等，它的糟糕指數至少在六以上；而這倘若繼續惡化下去，那麼前景一定不堪設想。因此，我們可以再問「世界還會糟到什麼地步」！

有人依目前人口增長的速度預估，到二〇五〇年全球人類將再增加三十億，當中亞洲人將會占了一半。（Co+Life A/S 策劃，2010：汪中和導讀 16）這雖然未必會成真（因為有兩界生靈數的限制），也難以想像文明在衰頹了生靈還會奔赴前來，但一旦成真了，那麼連帶的耗能及其相關的後遺症勢必會更加難以善後；而即使是維持目前的人口數七十億，但只要人類依然不知節制，則耗能及其相關後遺症的壓力同樣不可能減緩。以致所謂的「世界還會糟到什麼地步」，就是針對這兩種情況而說的，它有繼文化治療的理論建構後作為總結兼提示不能實踐的後果等作用，希望大家都能給予正視。

現今在預測世界未來的走向方面，大多不出這類的見解：「在這個光譜的一端，就是包括高人口成長的二十一世紀，持續仰賴以碳為主的能源，經濟發展和科技改變緩慢，以及沒有國際整合的區域經濟……在光譜的另一端，全球人口在世紀中達到巔峰，大約九十億人，然後在後半世紀減緩。它描繪出快速引用保護措施和新節能科技，廣泛發展無碳能源，並在完善、全球化且愈來愈以服務和資源基礎的經濟下猛烈成長。」（波拉克，2010: 199）這類見解，幾乎是不把風險計算在內，也不知道人類是否還能這般「樂觀」的過生活。反而是另一種提醒大家得準備分攤風險的意見比較中肯：

德國社會學家貝克曾說，生活在「風險社會」裡的我們，人人都得分攤風險，最富裕的棕櫚灘社會菁英和全球最貧窮的人分攤衛生或金融風險。貝克說，現代性最擅於製造的便是難以計數的新風險，就算我們毫無所覺也得分攤和參與，結果是「二十一世紀伊始之際，唯有從全球範圍來理解人類處境，從國家或地方層面著眼都不成」。（雷默，2009: 174）

只不過它背後仍然有想「從周遭危機四伏的不穩定世界中，抓住一個繁榮、安定和更為美好的未來」的奢望（雷默，2009: 175），恐怕該目標還沒有達到，我們就要深陷在各種危機的泥淖裡。

因此，所謂的分攤風險，並不是以追求什麼更繁榮或更美好的未來為代價的，它得在謹守新能趨疲世界觀中卸下一切資源的耗用而還給純淨的空間，然後才計議可以有的生活方式。換句話說，只有經過文化治療的歷程，我們所能過的生活形態才會朗現，而人類的未來也才知所進趨。

其實，並不是沒有人看出地球已經負荷過重而必須停止對它的浮濫支取和殘忍糟蹋，只是他們的想法都不是釜底抽薪式的，也難怪這個世界愈看愈沒有希望，而人類的愚行也愈瞧愈無藥可救。好比底下這類看法：

> 地球上所有生態系統不論已被剝削或受到保護，全都是人類的責任。亞馬遜盆地和印尼的熱帶叢林、遼闊的南極冰帽、喜瑪拉雅山坡、海裡的珊瑚礁，一切都被占有、利用，或是供作觀光。地球可見的未來完全由人類主導，全新世簡直可以改稱為「人世」。我們無法把自然截然劃分成原始的自然和已開發的自然；我們無法維持大規模純粹的生態系統；我們也無法劃出一塊能讓其他生物，不論動植物或體形大小，都能生息保育的地方。（麥克邁克爾〔T. McMichael〕，2007: 318）

這很瞭解地球亟須給予生息保育，但它接著所說的「如果使用基因改良作物，配合現代『精緻』農耕方法和善意國際分工，我們就可以在不增加化學製品和能源消耗之下生產更多糧食」（麥克邁克爾，2007: 318），卻又要讓人看壞了，因為這只會愈發鼓勵生靈奔赴來現實界，而繼續目前的耗用資源情況，根本不可能如論者所想像的能從此跟自然和諧相處。

正由於當今大家所想到的因應辦法都是這一類的「以水濟水，以火救火」模式，所以相關的獻策也就顯得「徒然使人緊張」。如有位論者所極力推銷的應付金融危機和危在旦夕的地球的策略，在於「這個途徑所要求的跨國合作，本身就可以宣告一個國際主義的新紀元，減少我們這一代發生戰爭的可能性，而且也讓我們有能力去更有效率地處理其他需要全球回應的問題，包括貿易、金融安定、疾病、毒品、核子擴散以及貧窮。如果我們現在開始以一個強而有力且精算過的方式，去創造建立低碳經濟所必須的活動、科技和投資，我們就可以刺激經濟衰退所需要的需求，並且為未來幾十年中持續經濟成長的關鍵驅動力立下基礎」（史登，2009: 309），這又是「以新科技拯救舊科技」的增加風險的思維模式，只會更深傷害地球而不可能為人類找到出路。因此，像西方人所普遍可見的底下這類說法，就正好是變本加厲使「地球滄桑」的一大緣由：

> 我們可以說，正是科學一瞬間釋放了人類殘害地球的力量。但研究如何跟地球和平共存，也必須仰賴科學。舊石器時代的祖先因為特有的直覺，在演化中成功脫穎而出，但今日的科技和人口，同樣的直覺卻可能毀滅我們居住的地球。單憑科

學，可能不足以對抗各種災難，拯救所有地球的生命。然而，無庸置疑地，倘若少了科學，在未來的天災人禍面前，我們只能坐以待斃。（萊斯〔S. Rice〕，2011: 294～295）

換句話說，以科學（科技）作為救世的憑藉，只會更加耗能和引發人類貪圖物質的福分，絕對沒有能耐扭轉能趨疲的危機；更何況它的危機性還一直存在著，比如可以大為提高一些不滿分子或不滿集團的破壞力之類，就很令人膽寒和傷透腦筋：「有了技術賦予他們力量後，區區幾個人就足以弄出一場能夠重重打擊社會的浩劫……在二〇〇一年發生的炭疽熱事件，就足以說明即使是這種發生受控制的事件，也足以影響社會人心。」（布羅克曼〔J. Brockman〕，2008: 281）顯然樂觀科學造福人類和拯救地球危殆的人，都少了對它既存的負面效應進行審慎的評估。

從整體環境來看，人類全被鼓勵起來參與了高耗能的行列，不論大家要不要分攤風險，都改變不了地球正在走向能趨疲到達臨界點末路的命運，而一切原被看好的科技文明也終將使人類深陷困頓，以致於自掘墳墓！因此，有人所預言的世界末日，就不再是危言聳聽：

《成長的極限》提出的所有圖表都顯示，人類文明的瓦解幾乎已到了難以避免的局勢。人類的實力並沒有表面上看起來那麼強大。戴蒙舉出很多例子告訴我們：「從馬雅、阿納薩齊、復活節島和其他古文明的崩壞中，我們可以學到的教訓就是：一個社會可能在人口、財富和權力到達頂峰後的一、二十年間，就突然衰敗下去。」事實上，財富規模到達頂點，代表對環境的影響也很大，所以會亡國滅種並不令人驚訝……如果現代社會開始沉淪，我們會比前人更慘，因為危機是全球性的，你無處可逃。（麥奇本，2011: 133～134）

這證諸近幾年來的亞洲金融風暴、美國金融海嘯和歐債危機等大為撼動現代文明的根基，就可以想見世界崩毀是什麼樣子。換句話說，這些金融和債務的問題，在相互牽連後，很可能於短期內造成文明瓦解以及人類流離失所，而絲毫沒有可以挽救的餘地。

雖然眼前的世界已經岌岌可危，大家應該即刻挺身出來解救，才能一併保障自己的存在無虞；但卻有很多人還在埋怨這個世界不夠美好、自己的欲望沒得滿足：

「我就是我。」我的身體屬於我。我是我，而你是你，但一切愈來愈不對勁了。大眾被擬人化。生命、工作、不幸的遭遇，乃至於所有狀態都被個體化。精神分裂四處蔓延。憂鬱症節節逼近。原子化將人化成罹患妄想症的細碎微粒。接觸人群令人歇斯底里……我和你，我們看守著我們的自我，就像看守著無聊的櫃臺。我們從事著一樁怪異的買賣，變成了我們自己的推銷員，變成了擬人化的代言人。（隱形委員會〔The Invisible Committee〕，2011: 20）

像這種埋怨，都是自我提高欲望而無法滿足後出現的（否則沒什麼欲望又何必埋怨呢），渾然不知自己早已被「追求富足」或「高度成就」一類的欲望所綁架，終身都不再懂得體貼地球已經到了成長的極限，也不再知道要擔心人類即將無處可以寄身。

顯然對社會不滿的人，自身都已深陷在時代要更進步和科技要更符合人性等迷思中；而相關救濟世界沉淪的倡議，又給人愈忙愈亂的感覺，直到眼下沒有一件看來值得信賴的事。而這也就是本脈絡要改以文化治療來對治的用意所在，因為人類的觀念生病已經太久了，再不加以治療，這個世界就真的會永無寧日！因此，倘若有人要問「如果不再求助於文化治療，這個世界還會糟到什麼地步」，那麼這裡就可以這樣肯定的回答：大家都會被捲進愈見疲累和痛苦的深淵裡，看不到前路，也無從懷抱希望！因為能趨疲的臨界點即將到來，世界就要陷於一片死寂！

第二節　如果後文化治療也遭到漠視

所以說如果不再求助於文化治療，那麼我們都會被「捲進愈見疲累和痛苦的深淵裡，看不到前路，也無從懷抱希望」，是因為沒有其他更好的辦法可以給我們生存的保障和一個能夠永續經營的環境。而文化治療就只是用來治療觀念病及其體現的具體行動，不能再將他轉為一些仍在耗能而游走於邊緣地帶的文化產業或文化治理。後者不論多強調它的「軟實力」特徵或「反身性自我治理」取向（孫安民，2005；王能憲，2006；江奔東，2009；黃光男，2011；王志弘主編，2011），都無法不變成資本主義的修補機制，長此以往還是要一併促成能趨疲危機的深化。

雖然如此，當文化治療在開展的過程中未必能如所期待的可以顯現立竿見影的效果時，就得另加寄望於後文化治療。換句話說，文化治療要跟後文化治療聯手，藉助神祕界的懲治機制一起來維繫世界的平穩運作，整體實效才可望出現。因此，如果文化治療施展不開來，而後文化治療也遭到了漠視，那麼想挽救生態的崩壞和保障人類的存活希望就無比渺茫了。反過來說，後文化治療只要啟動了，即使文化治療還在醞釀，也應該可以在某種程度上發揮相關治療的作用。這麼一來，文化治療既然不宜靠耗能式的傳播來「促使落實」，那麼敦請神祕界介入協助文化治療的普遍推動也就「捨此無他」了。

為了這後文化治療的必要成行以及能更堅定大家對神祕界的可希冀信念，不妨再換個方式來形塑一套「神祕科學學」以為思考這個課題的依據。照理科學倘若不強行以自然科學為典範，那麼神祕經驗的科學鑑照一樣可以為它取得「可檢證」的身分。前者（指自然科學）所強調的「可以用實驗方法操縱變數和控制其他變數進入某一個實在現象中，以便科學家在研究他所感興趣的變數之間關係的過程裡能夠很清楚的顯現出來」（荷曼斯，1987: 17），神祕經驗這一讓人感覺「經常變幻莫測」的對象就難以比照辨理；但它（指神祕經驗的科學性）有理由不認同自然科學的獨斷論而自行取得一種檢證程序。這樣神祕經驗的科學基礎就不會有所謂「匱乏」的疑慮；而有心人嘗試來為它建構一套「神祕科學學」，也應當是「指日可待」或「順水推舟」的事。

所謂的神祕科學學，是在神祕經驗的科學基礎上再為它「理論加工」所形成的知識形態。這是根據一般性的「科學學」而類比設想的：一般性的「科學學」，也叫科學哲學，它著眼於對科學方法和結果進行批判性的檢查。當中又有三個分支：第一是關係科學方法論的探究「科學由科學方法而抵達所置定的世界的真理、科學理論在什麼意義上被接受、證據和假設之間的驗證關係的本質、科學主張能被觀察資料否證到什麼程度等議題」；第二是關係科學解釋問題的分別關注「被置定的科學結果的意義和內容、科學定律的本性、指涉不可觀測物的科學理論的認知內容、科學說明的結構等等」；第三是關係科學預測準則的兼行評估「來自具體科學的特別結果的特別的基礎問題、時空理論的形上學預設、機率在統計物理學中的角色、量子論中的測量的解釋、演化生物學中的說明結構等等」。（奧迪主編，2002: 938）雖然有人認為科學學還可以更廣泛（包括科學社會學、科學經濟學、科學政治學、科學法學、科學教育學、科學心理學、科學倫理學、科學美學等等）（李英明，1989），但大體上它常被追問的「科學是什麼」、「科學如何可能」和「科學作為一種人所創造出來的文化現象和人的社會活動的關係如何」等幾個問題都可以為科學哲學所統攝，以致這裡也就不再溢出去「分散焦點」而自我「無謂複雜」了。這樣我們所能夠比照著推演的神祕科學學，大略就有三個層面：

第一，神祕經驗的存在可以由方法論來作「整體」上的保證。一般會否定神祕經驗的存在，僅以「眼見無憑」或更進一步的「無法重複檢證」為依據，這在方法論上就不是絕對可從的。因為這種（正面的）眼見為憑或可以重複檢證的理論設定並不能普遍化；它仍然可以有別的經驗者依他的「實際所見」或「感同身受」而肯定神祕經驗的存在。倘若是前者（指否定神祕經驗的存在），它很可能會由否定「靈」的存在而推出神祕經驗的不存在。不是有這麼一個極端的例子嗎？「一位學識良好的醫生，他發表了一項舉世聞名的宣言說，人不可能有『意識』這種東西，因為他已經解剖了許多人體，而從來沒有發現過人有意識」（詳見第四章第二節）。既然連「意識」（可以關聯到本脈絡所說的「靈」的能力）都要否定，那麼還有什麼奇幻的神祕經驗逃得了他的「解剖刀」？但那位醫生卻忽略了他所經驗的意識不同於他人所經驗的意識，豈能以一己的經驗而來否定他人的經驗？這在方法論上很明顯就沒有「謹慎從事」而缺乏「自知之明」！而由這一點看，有些斥責神祕經驗為迷信的論著（勒埃珀〔F. A. Leherpeux〕，1989；費鴻年，1982；許地山，1986；劉道超，1992；宋光宇，1995；李亦園，1996；瞿海源，1997；成和平，2002），也就禁不起以方法論的知識來「輕施索問」了。更何況完全依賴一己的經驗以獲得知識的宣稱（相對的「不能如是」的就會被詆譏為迷信），本身就帶有相當程度的迷思。也就是說，如果我們認為那些神祕經驗是迷信，那麼我們就得承認下面一些不合理的結論：（一）人的智力是無限的、萬能的，可洞悉所有事理，上天下地沒有人的智力不能達到的領域；（二）每一個人的所有知識都由自己研究得來的，不必靠別人的權威；（三）歷史上至少有些人，在探討真理的過程中，在追求知識所作的努力上，未曾犯過任何錯誤。（曾仰如，1993: 283～284）而事實上我們卻做不到，以致神祕經驗所具有的知識性還是要給予肯定。

第二，神祕經驗的解釋可以為它取得一套有效的程序。通常所謂的檢證，是從假設開始；而假設被認為有三種情況：（一）在邏輯上：指一個假設命題的條件句子或前提，同時也是一般情形的附屬論點。（二）在方法論上：指一個原則的提出，作為對某一事實或某一群事實的條件說明；或者對某一現象的基礎，在證據未確定前所作的「暫時假定」，以為觀察或實驗的檢證。（三）蘇格拉底的假設方法：該方法是先給予一種不懷疑價值的肯定，目的在分析或決定它的結果，該假定並在明確辯論或判斷後才決定它是否成立。（沈國鈞，1987: 102～103 引格陵渥特說）這在神祕經驗的檢證上，也無不可以「分層設定」並予以驗證。換句話說，這可以綜合性的先假設「除非不承認人有靈性，不然神靈、鬼靈和物靈等等的存在都得同等重視」；但它的「不承認」假設本身就有違科學「求知」的精神（上述醫生的不信「意識」說，毋寧當它是一種趣談）。因此，在為神祕經驗的解釋確立前提方面是「不受阻礙」的，畢竟它在「原則」上可以獲得充分的保障（至於「實際」上的檢證也不必多所懷疑）。正如萊興巴哈（H. Reichenbach）所指出的足以判斷為「真」的「技術上的可能性」（如「太陽中心的溫度是攝氏二千萬度」，在技術上是可能的）、「物理上的可能性」（如「一個物體如果以每秒三十五萬公里的速度運動，那麼它的質量將微小到趨近於零」，在物理上是可能的）、「邏輯上的可能性」（語句只要不違反邏輯原則，就是邏輯上可能的）和「超驗上的可能性」（宗教、神祕學、藝術、道德語句等，對超經驗的心靈是可能的）等多種檢證方式（沈清松，1986b: 71～72引述）；神祕經驗除了是「超驗上」的可能，還可以跨向「邏輯上」的可能、「物理上」的可能和「技術上」的可能等。好比許多瀕死案例所透顯出來的神祕經驗「六部曲」：

（一）人死後，他會感覺他從自己的頭部脫離……（二）根據多數死而復生的人供述：他們為了要觀察當時室內的活動，多半在房間內逗留片刻。他們可以站立，也可以飄浮在半空中。他們可以看到在場的親人或醫生、護士們正忙於急救他們那已經死亡的軀體，可以聽到所有人的談話；但他們的話語別人卻聽不到。他們一如從前，能看、能感覺、能思想以及能談話。（三）經過短暫的適應這種奇妙的變化後，他們注意到自己有了一個新的身體。那身體看來是真實的，他們的感覺是出奇的敏銳；並且可以穿牆越壁，行動能力是無限的。（四）他們在房內逗留片刻之後，就飛速的穿越一個悠長而黑暗的隧道。他們進行的速度可慢可快；但多半是飛速的穿越隧道。來到盡頭，是一個美麗多彩、光燦悅人的所

> 在……（五）到達那悅人的地方之後，他們會遇見已經作古的親戚朋友，並且可以跟他們交談。再往前走，就會看到一道分界線。幾乎所有死而復生的人都未越過那道分界線，就又返回塵世。（六）約略有一半死而復生的人供稱：在他們來到那道分界線之前，他們在塵世中所作的一切，都曾經在他們面前像播放錄影帶似的飛速的重演了一遍……（董芳苑等，1985：174～175引勞凌斯說）

這在當事人的感應上已經是超驗上的可能；同時在經驗的陳述上又是邏輯上的可能；而在靈肉分離的假設研判及其困難的克服上也是物理上的可能和技術上的可能。因此，如果說科學的解釋是指（設定在）「在某種情況下會出現什麼現象，並不是籠統的敘述」（荷曼斯，1987: 18），那麼神祕經驗的發現依然可以有一組命題經過嚴格的邏輯演繹過程而得到。

第三，神祕經驗的知識用來預測同樣有其他科學為尋求控制所見的效果。神祕經驗固然不排除有高度相互主觀性的認定「作偽」或「虛擬」情況（這正如現實世界也一樣存在詐騙或胡謅現象）（康德〔I. Kant〕，1989；唐勒〔A. E. Tanner〕，1998；韓鵬杰等，1998；黃伯達，1998；張開基，2005），但它的知識形構一旦完成就具有科學終極上的預測／控制的功能（這也正如我們不因為現實經驗存有詐騙或胡謅成分，而不去撿其他可信的來從事科學的解釋→預測→控制等一系列有益文化推展的工作）。這大致上有「靈肉分合及其相互干預的情況會持續下去」、「神靈／鬼靈／物靈在能耐超強時會對人福善禍淫」和「通靈／超能力是人所具有的潛能」等事實可以被預測。如：

這個十二歲男孩因為白血病而生命垂危，當葛德奈博士被要求教導大衛自我催眠以控制他的嘔吐及乾嘔時，她就參與了這項療程，而她做得非常的成功。很快的大衛及他的家人想知道其他可以使用催眠的方法，而大衛更迷上了這個過程、甚至想替他家的狗催眠。當大衛明顯的只剩幾個月的生命時，葛德奈博士要他想著可以幫他面對死亡的焦慮的影像或象徵。大衛選擇了一隻老鷹，因為它可以在天空翱翔，並遠離他滿是疼痛的身子，飛往一處充滿寧靜和愛的地方。他的家人以這個形象來準備他的死亡；在他生命的最後幾天，他的父親對他低語：「飛翔吧！大衛，飛到一個特別的地方去。」他死在父親的臂彎中，最後一次飛離他疼痛的身軀。（摩斯（M. Morse）等，1994: 195～196）

在這個案例中，靈體和肉體的相互折騰（指大衛的靈體因為肉體罹患白血病而同感苦痛；而他的肉體所患病症也因為靈體不能不同感苦痛而日漸加劇）以及靈體得著昇華途徑而不再執著於肉體的病痛煎熬後「靈肉兩相安」（指大衛的靈體「安然」的離去，而肉體隨著「平靜」的死亡），可見有類似情況而「不能如是」的人，就得長受靈肉分合不定及其相互干預頻密的苦惱！又如：

> 中華航空民航機，在二〇〇二年五月離奇墜毀於澎湖海域，二百多人全部死亡。爾後網路上盛傳一段「華航C1611罹難者的語音留言」……留言內容，一開始是留言信箱的報時：「送出，星期四，五點二十一分」，然後是長達十秒的哭泣聲；聲音聽起來應該是個男人，但咬字不清，只能聽到一連串的「嗚嗚嗚」，此後是長達十秒鐘的哭泣聲。最後十秒又繼續一段很模糊的男性聲音，聽到「不要！我不要死！不要死在這裡」。一分鐘到了，語音自動切斷。錄音的時間是當年五月三十日，也就是華航罹難者頭七的前一天。後來發現，這班飛機曾經運送千島湖事件的死者回臺灣，該機之後墜毀於日本名古屋；後來華航派了另一架飛機運屍回臺，那架飛機就是華航C1611。二〇〇二年十二月二十二日，臺灣復興航空公司一架法國製ATR72螺旋槳貨機在飛往澳門途中，於凌晨一時五十六分在澎湖西南海面墜毀，機上載有七公噸貨物及兩名正副機長。失事貨機曾在二〇〇二年五月的華航空難中負責運載二百多位罹難者遺體返回臺北。（方迪遜，2005b: 149～150）

在這個案例中，存在著鬼靈「冤仇」連環相報的現象（指浙江千島湖事件中被搶劫焚燒冤死的三十幾名臺灣遊客，「怨恨遷怒」或「強找替死鬼」而製造了名古屋的華航空難；而華航空難中冤死的遊客又「如法炮製」的製造了澎湖海域的華航空難；最後那架運屍回臺的貨機也同樣的被「莫名仇恨」而遭了殃）；這跟許多鬼靈惡報的記載相仿（佚名，2000；方迪遜，2005c；黃澤新，1993；陳志豐，1997；林少雯，2004；連銀三，2004；盧勝彥，2005），都顯示著誰能耐比較強就可以轉仇恨報應於他人。這種冤情「亂」報的反面，就是神鬼福佑酬償的溫馨畫面（白克雷〔D. Brinkley〕等，1996；卡麗迪蒂〔O. Kharitidi〕，1997；范普拉〔J. Van Praagh〕，1998、2011；林因〔K. Ring〕等，2003；黎國雄，1995；李登財等，2000a、2000b、2000c、2000d；鄭志明，2005）；以致相關的福善禍淫的事跡（不排除有「亂套」的情況），勢必會「循此模式」而繼續下去。又如：

史威登堡的科學家生涯在一七四五年因接獲「呼召」成為神學家而突然終止……他的第一次靈性經驗發生在一七三六年。那是一種深層冥想狀態所導致的「暫時性昏厥」；他形容那是一種「清除腦中雜念的過程」，藉以獲得參透神視的強大能力……從此以後，史威登堡的生活就變得非常節制……從一七四五年開始，他就聲稱自己可以同時生活在屬世和屬靈的世界。他對於神靈第一次的知覺是見到一個「晦澀難解的景象」，意識清明地感覺到神靈的包圍。後來他甚至可以透過意志和他們進行交談，就像是跟活人交談一樣輕鬆自然，藉此獲得死後世界的第一手資料……他發展出各種不同的通靈天賦，當中包括預知和預言……不僅如此，他也是一位能夠展現自動書寫和直接傳聲的靈媒，聽得到神靈的授諭。（佚名，2001b: 84～85）

在這個案例中，一個人從「單純的人」到「通靈的人」，中間的啟靈轉折看似神奇，其實那是所有人都具有的潛能。因為人的靈體本身就是一個可以溝通的對象；那些「與生俱來」第六感（包括靈視、靈聽、靈嗅和靈知等）特別敏銳的人或後天被神靈「相中啟動」第六感而成為靈媒的人，只不過是較明顯或較淺感的將那靈通能力表現出來而已。先前已經有許多的案例（佚名，2001a；張開基，2000；伶姬，2003；盧勝彥，2004；施寄青，2004），將來還會陸續看到而見證「人都有通靈的可能性」的道理。至於預測所要尋求的控制，則可以分別針對「靈肉分合及其相互干預的情況會持續下去」、「神靈／鬼靈／物靈在能耐超強時會對人福善禍淫」和「通靈／超能力是人所具有的潛能」等事實而以各種修練手段、敏於自制對待和妥善保養發揚等策略來因應。（周慶華，2006: 62～72）

由此可見，神祕界的存在不必再有所懷疑；而我們要希冀它參與文化治療的行列，也是可以藉由隔空的「道德勸服」或「反向施壓」而使它積極行動。後者是說，目前所見神祕界對人類愚行的懲治都只是「小動作」而還欠缺「大動作」（詳見前章第三節），無法讓人類感覺到真正的痛癢而亟思改善耗能的狀況。因此，我們還是得深為寄望後文化治療在文化治療施展不開來時能夠發揮作用（否則這個只好任由沉淪）；而前章第二節所提到的「即使不然，任由神祕界仍舊『不發用』或『無動於衷』，頂多也只是少了一股助力而已，大體上並不會有什麼大損失」，就僅是基於文化治療已成的前提而說的，在這裡其實不希望它成真，畢竟阻止世界崩毀這是最後一道防線。

此外，「如果後文化治療也遭漠視，那麼世界還會糟到什麼地步」的問題，還得從現實界和神祕界的雙雙漠視談起。第一章所說的世界眼前所見的各種危機都還不到絕對值，但倘若現實界不在意神祕界一些既有的「災難」懲治的警示而仍要「蠻幹」下去，那麼就真的會走上能趨疲的末路而人類得自我去承擔苦果；而倘若神祕界也還無感於能趨疲即將到達臨界點的危機，不能有「大動作」來挽救生態的失衡，那麼它就不啻在鼓勵大家更向痛苦的深淵陷落，這個世界也許會崩毀得更快！顯然不論現實界或神祕界都不能漠視後文化治療的及時開展，它理當比文化治療更藏深刻的教誨意義，兩界都沒有理由輕忽它的總綰對世界的救渡。

◆參考文獻◆

Co+Life A/S 策劃（2010），《一百個即將消失的地方》，臺北：時報。
山德勒（2010），《綠能經濟學——企業與環境雙贏法則》（洪世民譯），臺北：繁星。
久我羅內（2010），《當靈異遇上科學》（蘇阿亮譯），臺北：漢欣。
凡得來恩等（2009），《生態設計學：讓地球永續的創意法則》（郭彥銘譯），臺北：馬可孛羅。
三橋規宏（2009），《綠色復甦時代》（朱麗真譯），臺北：商周。
王充（1978），《衡論》，新編諸子集成本，臺北：世界。
王怡（2011），《地球死亡預告——大地痛苦的哀號》，臺北：驛站。
王臣瑞（2000），《知識論：心靈與存有》，臺北：學生。
王志宏主編（2011），《文化治理與空間政治》，臺北：群學。
王宏維等（1994），《認知的兩極性及其張力》，臺北：淑馨。
王岳川（1993），《後現代主義文化研究》，臺北：淑馨。
王岳川等編（1993），《後現代主義文化與美學》，北京：北京大學。
王星拱（1988），《科學方法論》，臺北：水牛。
王英銘編著（2001），《終結三重文化危機——二十一世紀之重新創造》，臺北：水瓶世紀。
王能憲（2006），《文化建設論》，北京：人民。
王順民（1999），《宗教福利》，臺北：亞太。
王詠剛等（2011），《世界跟著他的想像走：賈伯斯傳奇》，臺北：天下。
王德育（2000），《上古中國之生死觀與藝術》，臺北：國立歷史博物館。

巴伯（2001），《當科學遇到宗教》（章明義譯），臺北：商周。

巴克（2004），《文化研究——理論與實踐》（羅世宏等譯），臺北：五南。

巴克（2007），《文化研究智典》（許孟芸譯），臺北：韋伯。

巴洛等（2011），《水資源戰爭：揭露跨國企業壟斷世界水資源的真實內幕》（張岳等譯），臺北：高寶國際。

巴爾（1995），《敘述學：敘事理論導論》（譚君強譯），北京：中國社會科學。

瓦克（2007），《拉丁文帝國》（陳綺文譯），臺北：貓頭鷹。

孔恩（1989），《科學革命的結構》（王道還編譯），臺北：遠流。

孔穎達（1982a），《周易正義》，十三經注疏本，臺北：藝文。

孔穎達（1982b），《左傳正義》，十三經注疏本，臺北：藝文。

孔穎達等（1982），《禮記正義》，十三經注疏本，臺北：藝文。

勾紅洋（2010），《低碳陰謀：一場大國發起假環保之名的新經濟戰爭》，臺北：高寶國際。

方迪遜（2005a），《鬼魂之謎》（未著譯者姓名），臺北：晶石。

方迪遜（2005b），《人類極限》（未著譯者姓名），臺北：晶石。

尹德瀚（2006.10.25），〈地球生態惡化五十年後大崩解〉，於《中國時報》第A6版，臺北。

日野原重明等（1997），《生命的尊嚴——探討醫療之心》（鄭惠芬等譯），臺北：東大。

卡倫（2000），《病菌與人類的戰爭》（楊幼蘭譯），臺中：晨星。

卡勒（1998），《文學理論》（李平譯），香港：牛津大學。

卡森（1997），《寂靜的春天》（李文昭譯），臺中：晨星。

卡爾（2012），《網路讓我們變笨？：數位科技正在改變我們的大腦、思考與閱讀行為》（王年愷譯），臺北：貓頭鷹。

卡洛普等（2010），《大契機：二十一世紀綠能新經濟力》（黎湛平譯），臺北：木馬。

卡斯特（2004），《童話治療》（林敏雅譯），臺北：麥田。

卡麗迪蒂（1997），《北國靈山》（李永平譯），臺北：智庫。

史登（2009），《全球新政——氣候變遷下的世界經濟改造計畫》（鄭麗文譯），臺北：如果等。

史文鴻（1992），《西方當代美學——問題分析與理解導向》，香港：青文。

史作檉（1988），《形上美學導言——一種對於中國古典哲學之基礎性的反省》，新竹：仰哲。

史美舍（1991），《社會學》（陳光中等譯），臺北：桂冠。

史柏林（2004），《影像與幻像：解離性身分疾患（DID）之藝術治療手記》（施婉清等譯），臺北：心理。

史馬特（1997），《後現代性》（李衣雲等譯），臺北：巨流。

史密克（2009），《世界是彎的》（李宛蓉譯），臺北：商周。

史密斯（1991），《人類的宗教——佛學篇》（舒吉譯），臺北：慧炬。

史密斯（2000），《超越後現代心靈》（梁永安譯），臺北：立緒。

史密斯（2011），《2050 人類大遷徙》（廖月娟譯），臺北：時報。

史塔克（2004），《簡易靈魂出體》（林明秀譯），臺北：方智。

史區斯特（2007），《哲學診治：諮商和心理治療的另類途徑》（張紹乾譯），臺北：五南。

史賓格勒（1985），《西方的沒落》（陳曉林譯），臺北：桂冠。

史迪格里茲（2007），《世界的另一種可能：破解全球化難題的經濟預告》（黃孝如譯），臺北：天下。

比提等（2010），《生態存摺——生物多樣性是地球的寶藏》（吳書榆譯），臺北：貓頭鷹。

古允文等譯（1988），《社會福利發展——經濟與理論》，臺北：桂冠。

尼布爾（1992），《基督教倫理學詮釋》（關勝渝等譯），臺北：桂冠。
白克雷等（1996），《死亡．奇蹟．預言》（羅若蘋譯），臺北：方智。
白雲觀長春真人編纂（1995a），《黃帝內經素問》，《正統道藏》第三十五冊，臺北：新文豐。
白雲觀長春真人編纂（1995b），《雲笈七籤》卷五十四，《正統道藏》第三十七冊，臺北：新文豐。
布侃南（2004），《連結》（胡守仁譯），臺北：天下。
布洛克（2000），《西方人文主義傳統》（董樂山譯），臺北：究竟。
布瑞格等（1994），《渾沌魔鏡》（王彥文譯），臺北：牛頓。
布雷瑟（2002），《另類世界史——打開歷史廣角》（黃中憲譯），臺北：書林。
布魯克（2003），《文化理論詞彙》（王志弘等譯），臺北：巨流。
布魯格（1989），《西洋哲學辭典》（項退結編譯），臺北：華香園。
布羅克曼（2008），《新人文主義——從科學的角度看》（霍達文譯），臺北：聯經。
司馬風（1996），《禪學式管理部下技巧》，臺北：漢宇。
包遵信（1989），《批判與啟蒙》，臺北：聯經。
弗蘭克（1992），《活出意義來》（趙可式等譯），臺北：光啟。
弗列德曼（2009），《未來一百年大預測》（吳孟儒等譯），臺北：木馬。
早川（1987），《語言與人生》（柳之元譯），臺北：文史哲。
伍汀等（2005），《綠色全球宣言》（鄧伯宸譯），臺北：立緒。
艾耶（1987），《語言、真理與邏輯》（未著譯者姓名），臺北：弘文館。
艾頓（2010），《馬雅預言書》，臺北：普天。
艾米頓（2008），《高速創新》（陳勁等譯），臺北：博雅。

艾恩斯（2005），《神話的歷史》（杜文燕譯），臺北：究竟。

艾略特等（2011），《賈伯斯憑什麼領導世界》（陳信宏譯），臺北：先覺。

艾薩克森（2011），《賈伯斯傳》（廖月娟等譯），臺北：天下。

成中英（1995），《C理論——易經管理哲學》，臺北：東大。

成和平（2002），《哈利波特的沈思》，臺北：商務。

成和平（2007），《靈異？別鬧了！》，臺北：商務。

竹內薰（2009），《黑白假設：看穿偽科學的十九個思考實驗》（夏淑怡譯），臺北：臉譜。

向立綱（2009），《靈體、靈性、靈媒：活靈活現第三部》，臺北：萬世紀身心靈顧問。

向立綱（2010），《人與神：活靈活現第四部》，臺北：萬世紀身心靈顧問。

多里翁等（1992），《社會安全制度》（賴金男譯），臺北：遠流。

牟宗三（1975），《現象與物自身》，臺北：學生。

朱建民（2003），《知識論》，臺北：空中大學。

江亮演等（2001），《老人與殘障福利》，臺北：空中大學。

江燦騰（1992），《臺灣佛教與現代社會》，臺北：東大。

伊格頓（1987），《當代文學理論導論》（聶振雄等譯），香港：旭日。

伊茲拉萊維奇（2006），《當中國改變世界》（姚海星等譯），臺北：高寶國際。

安德生（2006），《綠色資本家：一個可永續經營企業的實踐典範》（鄭益明譯），臺北：新自然主義。

安傑利斯（2001），《哲學辭典》（段德智等譯），臺北：貓頭鷹。

行政院內政部編（1995），《宗教論述專輯（二）：社會教化篇》，臺北：行政院內政部。

佚名（2000），《鬼魂》（劉清彥譯），臺北：林鬱。

佚名（2001a），《特異功能》（劉清彥譯），臺北：林鬱。
佚名（2001b），《神祕與預言》（劉清彥譯），臺北：林鬱。
希克（1991），《宗教哲學》（錢永祥譯），臺北：三民。
希拉蕊（2007），《非死即傷的惡靈實錄》，臺北：可道書房。
希爾斯（1992），《論傳統》（傅鏗譯），臺北：桂冠。
希爾斯（2004），《知識分子與當權者》（傅鏗等譯），臺北：桂冠。
貝林（2011），《信仰本能：關於靈魂、命運和生命意義的心理機制》（朱怡康譯），臺北：啟示。
貝爾（2002），《現代藝術》（武夫譯），香港：三聯。
貝克曼（2008），《亞洲未來衝擊：未來三十年亞洲新商機》（吳國卿譯），臺北：財信。
邢昺（1982），《論語注疏》，十三經注疏本，臺北：藝文。
李柏（2009），《石油玩完了》（林錦慧等譯），臺北：時報。
李曼等（2010），《紅色牧人的綠色旅程》（陳師蘭譯），臺北：柿子。
李善等（1979），《增補六臣注文選》，臺北：華正。
李天鐸編（2011），《文化創意產業讀本：創意管理與文化經濟》，臺北：遠流。
李亦園（1996），《文化與修養》，臺北：幼獅。
李宗桂（1992），《文化批判與文化重構——中國文化出路探討》，安西：陝西人民。
李明輝編（2003），《儒家經典詮釋方法》，臺北：喜瑪拉雅基金會。
李明燦（1989），《社會科學方法論》，臺北：黎明。
李英明（1989），《科學社會學》，臺北：桂冠。
李英明（2000），《網路社會學》，臺北：揚智。

李亮恭主編（1974），《中山自然科學大辭典（第七冊）》，臺北：商務。
李威斯（2005），《文化研究的基礎》（邱誌勇等譯），臺北：韋伯。
李約瑟（1974），《中國之科學與文明（一）》（陳立夫主譯），臺北：商務。
李雅明（2008），《科學與宗教──四百年來的衝突、挑戰和展望》，臺北：五南。
李登財等（2000a），《神佛正傳與祭拜須知（春之卷）》，臺北：常民。
李登財等（2000b），《神佛正傳與祭拜須知（夏之卷）》，臺北：常民。
李登財等（2000c），《神佛正傳與祭拜須知（秋之卷）》，臺北：常民。
李登財等（2000d），《神佛正傳與祭拜須知（冬之卷）》，臺北：常民。
李翔海（2000），〈尋求宗教、哲學與科學精神的統一──論現代儒學的內在向度〉，於《孔孟學報》第78期（283～284），臺北。
李錫東（2009），《文化產業的行銷與管理》，臺北：宇河。
李霖燦（2003），《中國美術史稿》，臺北：雄獅。
沈恩（2008），《好思辯的印度人》（陳信宏譯），臺北：先覺。
沈國鈞（1987），《人文學的知識基礎》，臺北：水牛。
沈清松（1986a），《解除世界魔咒──科技對文化的衝擊與展望》，臺北：時報。
沈清松（1986b），《現代哲學論衡》，臺北：黎明。
沈清松（1993），〈從現代到後現代〉，於《哲學雜誌》第四期（4～24），臺北。
沈清松編（1995），《詮釋與創造》，臺北：聯經。
沈清松主編（2001），《跨世紀的中國哲學》，臺北：五南。
伶姬（2003），《如來的小百合：一個現代通靈者的自述》，臺北：聯經。

辛格（2003），《我們只有一個世界》（李尚遠譯），臺北：商周。
汪琪（1984），《文化與傳播》，臺北：三民。
汪信硯（1994），《科學美學》，臺北：淑馨。
汪晃榮（2010），《不可思議馬雅預言》，臺北：人類智庫。
門羅（1987），《走向科學的美學》（安宗昇譯），臺北：五洲。
呂大吉主編（1993），《宗教學通論》，臺北：博遠。
呂亞力（1991），《政治學方法論》，臺北：三民。
阮玉梅等（1999），《長期照護》，臺北：空中大學。
宋光宇（1995），《宗教與社會》，臺北：東大。
克里克（2000），《驚異的假說——克里克的「心」、「視」界》（劉明勳譯），臺北：天下。
克魯格等（2000），《比較宗教》（蔡百銓譯），臺北：國立編譯館。
克魯格（2010），《世界既簡單又複雜：為什麼我們總是做錯決定、擔錯心、看不清真相》（莊靖譯），臺北：漫遊者。
克羅斯比（2008），《寫給地球人的能源史》（陳琦郁等譯），臺北：左岸。
克羅斯頓（2009），《七十五個綠色商機：給你創業好點子，投身二千億美元新興產業》（胡瑋珊譯），臺北：麥格羅・希爾。
江奔東（2009），《文化產業創意學》，濟南：泰山。
佛里曼（2008），《世界又熱、又平、又擠》（丘羽先等譯），臺北：天下。
佛斯特（1993），《小說面面觀》（李文彬譯），臺北：志文。
佛德曼（2006），《瞭解全球化：凌志汽車與橄欖樹》（蔡繼光等譯），臺北：聯經。

佛光山文教基金會主編（1996a），《一九九五年佛學研究論文集：佛教現代化》，臺北：佛光。

佛光山文教基金會主編（1996b），《一九九六年佛學研究論文集：當代臺灣的社會與宗教》，臺北：佛光。

伯金斯（2001），《阿基米德的浴缸——突破性思考的藝術與邏輯》（林志懋譯），臺北：究竟。

何金蘭（1989），《文學社會學》，臺北：桂冠。

吳柄松（2003），《生死簿之物語》，桃園：作者自印。

吳敏倫編（1990），《性論》，臺北：商務。

杜普瑞（1996），《人的宗教向度》（傅佩榮譯），臺北：幼獅。

沃爾夫（1999），《靈魂與物理——一個物理學家的新靈魂觀》（呂捷譯），臺北：商務。

沃德羅普（1995），《複雜——走在秩序與混沌邊緣》（齊若蘭譯），臺北：天下。

村沢義久（2010），《你的全球暖化知識正確嗎？》（陳嫺若譯），臺北：如果等。

伽梵達摩譯（1974），《大悲心陀羅尼經》，《大正藏》卷二十，臺北：新文豐。

佐佐木宏幹等（1997），《心靈治療——信仰與精神醫學》（李玲瑜譯），臺北：東大。

求那跋陀羅譯（1974），《雜阿含經》，《大正藏》卷二，臺北：新文豐。

佩尼（2008），《敘事治療入門》（陳增穎譯），臺北：心理。

奈伊（2011），《權力大未來——軍事力、經濟力、網絡力、巧實力的全球主導》（李靜宜譯），臺北：天下。

奈思比（2006），《奈思比十一個未來定見》（潘東傑譯），臺北：天下。

肯吉（2007），《中國撼動世界：飢餓之國崛起》（陳怡傑等譯），臺北：高寶國際。

林因等（2003），《穿透生死迷思》（李傳龍等譯），臺北：遠流。

林區（1998），《思想傳染》（張定綺譯），臺北：時報。

林天民（1994），《基督教與現代世界》，臺北：商務。
林少雯（2004），《現代異次元：十則靈療故事》，臺北：聯經。
林本炫編譯（1993），《宗教與社會變遷》，臺北：巨流。
林安弘（1991），《行為管理學》，臺北：三民。
林明玉（2009），《少年小說的人物刻畫——以紐伯瑞兒童文學獎得獎作品為例》，臺北：秀威。
林徐典編（1992），《漢學研究之回顧與前瞻（歷史哲學卷）》，北京：中華。
林清玄（1996），《平常心有情味》，臺北：圓神。
林萬億（1994），《福利國家——歷史比較的分析》，臺北：巨流。
林顯宗等（1995），《社會福利與行政》，臺北：五南。
拉達（1993），《經理人禪》（余國芳譯），臺北：韜略。
拉胥羅（2011），《混沌點：2012》（莊勝雄等譯），臺北：商周。
波頓等（2010），《環境也是災害：你準備好面對了嗎？》（黃朝恩等譯），臺北：聯經。
波伊曼（1997），《生與死：現代道德困境的挑戰》（江麗美譯），臺北：桂冠。
波拉克（2010），《無冰的世界》（呂孟娟譯），臺北：日月。
波寇克（1991），《文化霸權》（田心渝譯），臺北：遠流。
波斯曼（2000），《通往未來的過去》（吳韻儀譯），臺北：商務。
波謙斯基（1987），《哲學講話》（王弘五譯），臺北：鵝湖。
周之郎（1993），《企業禪》，臺北：大村。
周逸衡等（1996），《靈魂 CALL OUT——解讀靈魂完全手冊》，臺北：商周。
周慶華（1997a），《佛學新視野》，臺北：東大。

周慶華（1997b），《語言文化學》，臺北：生智。
周慶華（1999），《新時代的宗教》，臺北：揚智。
周慶華（2001），《後宗教學》，臺北：五南。
周慶華（2002a），《死亡學》，臺北：五南。
周慶華（2002b），《故事學》，臺北：五南。
周慶華（2003），《閱讀社會學》，臺北：揚智。
周慶華（2004a），《後佛學》，臺北：里仁。
周慶華（2004b），《語文研究法》，臺北：洪葉。
周慶華（2004c），《文學理論》，臺北：五南。
周慶華（2005），《身體權力學》，臺北：弘智。
周慶華（2006），《靈異學》，臺北：洪葉。
周慶華（2007a），《語文教學方法》，臺北：里仁。
周慶華（2007b），《走訪哲學後花園》，臺北：三民。
周慶華（2008a），《從通識教育到語文教育》，臺北：秀威。
周慶華（2008b），《轉傳統為開新——另眼看待漢文化》，臺北：秀威。
周慶華（2010），《反全球化的新語境》，臺北：秀威。
周慶華（2011a），《生態災難與靈療》，臺北：五南。
周慶華（2011b），《華語文教學方法論》，臺北：新學林。
周慶華（2011c），《文學概論》，臺北：揚智。
周德禎主編（2011），《文化創意產業理論與實務》，臺北：五南。

周震歐主編（1992），《兒童福利》，臺北：巨流。

邱天助（1998），《布爾迪厄文化再製理論》，臺北：桂冠。

邱錦榮（1993），〈混沌理論與文學研究〉，於《中外文學》第二十一卷第十二期（59），臺北。

邵玉銘編（1994），《理論與實際當前國內文化發展之檢討與展望研討會論文集》，臺北：聯經。

武長德（1984），《科學哲學——科學的根源》，臺北：五南。

武田邦彥（2010），《假環保》（蘇文淑譯），臺北：商周。

阿科特（2011），《氣候的歷史——從宇宙大爆炸到氣候災難》（李孝琴等譯），上海：學林。

阿姆斯壯（1999），《神的歷史》（蔡昌雄譯），臺北：立緒。

杭亭頓（1997），《文明的衝突與世界秩序的重建》（黃裕美譯），臺北：聯經。

帕特爾（2009），《糧食戰爭》（葉家興等譯），臺北：高寶國際。

帕雷托（2010），《世界是不平衡的——無所不在的80/20》（鄭麟編譯），臺北：海鴿。

芮基洛（1988），《實用思考指南》（游恆山譯），臺北：遠流。

松野宗純（1996），《禪中學取經營心》（王光正譯），臺北：圓神。

亞里士多德（1999），《形而上學》（李真譯），臺北：正中。

馬丁（1991），《當代敘事學》（伍曉明譯），北京：北京大學。

馬昌儀（1999），《中國靈魂信仰》，臺北：雲龍。

馬書田（2002a），《中國民間諸神》，北京：團結。

馬書田（2002b），《中國冥界諸神》，北京：團結。

馬書田（2002c），《中國佛教諸神》，北京：團結。

馬特拉（2011），《文化多元性與全球化》（繆詠華等譯），臺北：麥田。

韋伯（1988），《新教倫理與資本主義精神》（于曉等譯），臺北：谷風。
韋伯（1991），《支配的類型：韋伯選集（III）》（康樂等編譯），臺北：遠流。
韋勒克等（1979），《文學論——文學研究方法論》（王夢鷗等譯），臺北：志文。
韋爾斯（2011），《潘朵拉的盒子：人類文明進步的代價》（潘震澤譯），臺北：天下。
修爾（2010），《新富餘：人類未來二十年的生活新路徑》（陳琇玲譯），臺北：商周。
柯爾（2000），《物理與頭腦相遇的地方》（丘宏義譯），臺北：天下。
柯司特（1998），《網絡社會之崛起》（夏鑄九等譯），臺北：唐山。
柯西諾主編（1998），《靈魂筆記》（宋偉航譯），臺北：立緒。
柯雲路（1996），《顯現的靈光——談禪與人生》，臺北：永穗。
柯爾朋等（2008），《失竊的未來——環境荷爾蒙的隱形浩劫》（吳東傑等譯），臺北：綠色陣線協會。
施護譯（1974），《初分說經》，《大正藏》卷十四，臺北：新文豐。
施寄青（2004），《看神聽鬼：施寄青的通靈偵察事件簿》，臺北：大塊。
胡幼慧主編（1996），《質性研究：理論、方法及本土女性研究實例》，臺北：巨流。
柏拉圖（1989），《柏拉圖理想國》（侯健譯），臺北：聯經。
柏格爾（1994），《媒介分析方法》（黃新生譯），臺北：遠流。
洛斯奈（1988），《精神分析入門》（鄭泰安譯），臺北：志文。
紀登斯（2001），《失控的世界》（陳其邁譯），臺北：時報。
紀登斯（2011），《氣候變遷政治學》（黃煜文等譯），臺北：商周。
范普拉（1998），《與天堂對話》（朱衣譯），臺北：時報。
范普拉（2011），《與靈共存》（林資香譯），臺北：橡樹林等。

范德美（2000），《價值行銷時代——知識經濟時代獲利關鍵》（齊思賢譯），臺北：時報。

約瑟夫（2010），《後 2012 世界怎麼改變》（羅若蘋譯），臺北：方智。

約翰斯通（1991），《社會中的宗教》（尹今黎等譯），成都：四川人民。

威爾伯（2000），《靈性復興——科學與宗教的整合道路》（龔卓君譯），臺北：張老師。

哈爾珀（2010），《北京說了算：中國的威權模式將如何主導二十一世紀》（王鑫等譯），臺北：八旗。

南懷瑾（1964），《禪宗叢林制度與中國社會》，臺北：作者自印。

品川嘉也等（1997），《死亡的科學：生物壽命如何決定》（長安靜美譯），臺北：東大。

柳田聖山（1992），《中國禪思想史》（吳汝鈞譯），臺北：商務。

香港聖經公會（1996），《聖經》，新標點和合本，香港：香港聖經公會。

唐風（2009），《新能源戰爭》，臺北：大地。

唐勒（1998），《揭發通靈術的真相》（楊軍譯），臺北：桂冠。

高曼（2010），《綠色 EQ》（張美惠譯），臺北：時報。

高爾（2008），《不願面對的真相》（陳瓊懿等譯），臺北：商周。

高誘（1978a），《呂氏春秋注》，新編諸子集成本，臺北：世界。

高誘（1978b），《淮南子注》，新編諸子集成本，臺北：世界。

高木森（2000），《亞洲藝術》，臺北：東大。

高宣揚（1999），《後現代論》，臺北：五南。

高斯坦等（1992），《科學方法新論》（李執中等譯），臺北：桂冠。

高敬文（1999），《質化研究方法論》，臺北：師大書苑。

紐頓（2011），《藏書之愛》（陳建銘編譯），臺北：麥田。

孫奭（1982），《孟子注疏》，十三經注疏本，臺北：藝文。
孫安民（2005），《文化產業理論與實踐》，北京：北京。
孫詒讓（1978），《墨子閒詁》，新編諸子集成本，臺北：世界。
孫廣德（1972），《晉南北朝隋唐俗佛道爭論中之政治課題》，臺北：中華。
郝金斯（2010），《創意生態——思考產生好點子》（李明譯），臺北：典藏。
畢修普等（2000），《基因聖戰》（楊玉齡譯），臺北：天下。
殷海光（1979），《中華文化的展望》，臺北：活泉。
泰特薩（1999），《終極的演化——人類的起源與結局》（孟祥森譯），臺北：先覺。
泰普史考特（2009），《N世代衝撞：網路新人類正在改變你的世界》（羅耀宗等譯），臺北：麥格羅・希爾。
秦家懿等（1993），《中國宗教與西方神學》（吳華主譯），臺北：聯經。
徐斯勤等主編（2009），《文化創意產業、品牌與行銷策略：跨國比較與大陸市場發展》，臺北：印刻。
桑塔格等（2002），《熱力學》（林錦鴻等編譯），臺北：全華科技。
特維德（2011），《未來，你一定要知道的一百個超級趨勢》（許瑞宋譯），臺北：財信。
夏學理主編（2008），《文化創意產業概論》，臺北：五南。
索羅門等（2007），《寫給所有人的簡明哲學史》（黃煜文譯），臺北：麥田。
索羅斯比（2003），《文化經濟學》（張維倫等譯），臺北：典藏。
宮布利希（2000），《藝術的故事》（雨云譯），臺北：聯經。
海默哈夫（2006），《文化產業》（廖佩君譯），臺北：韋伯。
個人新聞臺（2009.8.11），〈八八水災，明天過後……〉，網址：http://mypaper.pchome.com.tw/ctot/

post/1313600948，點閱日期：2012.1.10。
拿波里奧尼（2012），《流氓經濟》（秦嶺等譯），臺北：博雅。
梅伊（2007），《權力與無知》（朱侃如譯），臺北：立緒。
張法（2004），《美學導論》，臺北：五南。
張灝（1989），《幽暗意識與民主傳統》，臺北：聯經。
張世雄（1996），《社會福利理念與社會安全制度》，臺北：唐山。
張廷智（2010），《山寨經濟力：在模仿中創造新世界》，臺北：寂天。
張亞勤等主編（2010），《百萬商學院：九種由中國撼動世界的創新思考》，臺北：高寶國際。
張春興（1989），《心理學》，臺北：東華。
張夏準（2010），《富國的糖衣：揭穿自由貿易的真相》（胡瑋珊譯），臺北：博雅。
張啟致（2010），《臺灣新勢力——山寨來了》，臺北：捷勁。
張開基（2000），《飛越陰陽界》，臺北：新潮社。
張開基（2005），《破解江湖大騙術》，臺北：林鬱。
張華葆（1989），《社會心理學理論》，臺北：三民。
張漢良（1986），《比較文學理論與實踐》，臺北：東大。
張劍光等（2005），《流行病史話》，臺北：遠流。
荷馬（2000a），《伊利亞特》（羅念生等譯），臺北：貓頭鷹。
荷馬（2000b），《奧德賽》（王煥生譯），臺北：貓頭鷹。
荷曼斯（1987），《社會科學的本質》（楊念祖譯），臺北：桂冠。
康納（1999），《後現代文化導論》（唐維敏譯），臺北：五南。

康德（1989），《通靈者之夢》（李明輝譯），臺北：聯經。

康克林（2004a），《超自然的神祕世界》（黃語忻譯），臺北：亞洲。

康克林（2004b），《不可思議的超文明奇蹟》（黃語忻譯），臺北：亞洲。

康洛甫（1978），《長篇小說作法》（陳森譯），臺北：幼獅。

康斯勒（2007），《沒有石油的明天：能源枯竭的全球化衝擊》（郭恆祺譯），臺北：商周。

曼德（2001），《網路大衰退》（曾郁惠譯），臺北：聯經。

崔默（2000），《宗教學導論》（賴妙淨譯），臺北：桂冠。

梭羅（2000），《知識經濟時代》（齊思賢譯），臺北：時報。

許地山（1986），《扶箕迷信底研究》，臺北：商務。

陸西星（2000），《封神演義》，臺北：三民。

麥考爾（2009），《綠經濟：提升獲利的綠色企業策略》（曾沁音譯），臺北：麥格羅・希爾。

麥奇本（2011），《地球・地球：如何在質變的地球上生存？》（曾育慧譯），臺北：高寶國際。

麥唐諾等（2008），《從搖籃到搖籃：綠色經濟的設計提案》（中國二十一世紀議程管理中心等譯），桃園：良品文化館。

麥塔嘉（2006），《療癒場——探索意識和宇宙的共振能量場》（蔡承志譯），臺北：商周。

麥克尼爾等（2007），《文明之網：無國界的人類進化史》（張俊盛等譯），臺北：書林。

麥克勞林等（1998），《心靈政治學》（陳蒼多譯），臺北：國立編譯館。

麥克邁克爾（2007），《人類浩劫——生態失衡的反噬》（王新雨譯），臺北：商務。

馮作民（1998），《中國美術史》，臺北：藝術圖書。

章利國（1999），《中國佛教百科叢書：書畫卷》，臺北：佛光。

勒埃珀（1989），《迷信》（曾義治譯），臺北：遠流。
陳志豐（1997），《痴戀生死緣》，臺北：培琳。
陳破空（2010），《中南海厚黑學——中共不能說的祕密》，臺北：允晨。
陳榮捷（1987），《現代中國的宗教趨勢》（廖世德譯），臺北：文殊。
陳學明（1996），《文化工業》，臺北：揚智。
莫瑞茲（2011），《賈伯斯為什麼這麼神》（劉真如譯），臺北：大是。
郭崑謨（1990），《管理中國化導論——「管理外管理」導向》，臺北：華泰。
連銀三（2004），《生命輪迴的密碼：一位死而復生通靈者之自述》，臺北：大唐知識。
渥厄（1995），《後設小說——自我意識小說的理論與實踐》（錢競等譯），臺北：駱駝。
華衷（2010），《當十億中國人一起跳》（李芳齡譯），臺北：天下。
華特斯（2000），《全球化》（徐偉傑譯），臺北：弘智。
傅柯（1990），《性史》（謝石等譯），臺北：結構群。
傅柯（1993），《知識的考掘》（王德威譯），臺北：麥田。
傅佩榮（1989），《我看哲學——心靈世界的開拓》，臺北：業強。
傅偉勳（1990），《從創造的詮釋到大乘佛學——「哲學與宗教」四集》，臺北：東大。
傅偉勳（1993），《死亡的尊嚴與生命的尊嚴——從臨終精神醫學到現代生死學》，臺北：正中。
塞哲（2001），《西方思想抒寫》（胡亞非譯），臺北：立緒。
萊特（2007），《失控的進步》（達娃譯），臺北：野人。
萊斯（2011），《地球：從美麗到滄桑》（王惟芬等譯），臺北：商周。
舒曼（2001），《知識的戰爭》（吳書榆譯），臺北：聯經。

曾鳴等（2008），《龍行天下——中國製造未來十年新格局》，臺北：大都會。
曾仰如（1987），《形上學》，臺北：商務。
曾仰如（1993），《宗教哲學》，臺北：商務。
黃文山（1986），《文化學體系》，臺北：商務。
黃光男（2011），《詠物成金——文化創意產業析論》，臺北：典藏。
黃伯達（1998），《臺灣騙術一百招》，臺北：業強。
黃俊傑編（2002），《傳統文化與現代價值的激盪與調融（一）》，臺北：喜瑪拉雅基金會。
黃紹倫編（1992），《中國宗教倫理與現代化》，臺北：商務。
黃瑞祺主編（2003），《現代性・後現代性・全球化》，臺北：左岸。
黃漢耀（199），《文明也是災難》，臺北：張老師。
黃慶明（1991），《知識論講義》，臺北：鵝湖。
黃澤新（1993），《中國的鬼文化》，臺北：博遠。
傑克森（2011），《誰說經濟一定要成長：獻給地球的經濟學》（朱道凱譯），臺北：早安經濟。
湯林森（1994），《文化帝國主義》（馮建三譯），臺北：時報。
湯林森（2007），《文化與全球化的反思》（鄭棨元等譯），臺北：韋伯。
湯恩比（1984），《歷史研究》（陳曉林譯），臺北：桂冠。
彭明輝（2011），《糧食危機關鍵報告：臺灣觀察》，臺北：商周。
勞思光（1984），《新編中國哲學史》，臺北：三民。
隆柏格（2008），《暖化？別鬧了！》（嚴麗娟譯），臺北：博雅。
費爾恩（2003），《當哲學家遇上烏龜——二十五種生活中不可缺少的思考工具》（黃惟郁譯），臺北：究竟。

費鴻年（1982），《迷信》，臺北：商務。
童慶炳（1994），《文體與文體的創造》，昆明：雲南人民。
普列希特（2011），《愛情哲學》（闕旭玲譯），臺北：商周。
普里戈金（1990），《混沌中的秩序》（沈力譯），臺北：結構群。
喬姆斯基（2002），《9-11》（丁連財譯），臺北：大塊。
喬姆斯基（2003），《恐怖主義文化》（林佑聖等譯），臺北：弘智。
堺屋太一（1996），《世紀末啟示》（王彥花等譯），臺北：宏觀。
森田松太郎等（2000），《知識管理的基礎與實例》（吳承芬譯），臺北：小知堂。
瑞伊等（2008），《文化創意人：5000萬人如何改變世界》（陳敬旻等譯），臺北：相映。
瑞奇（2008），《超級資本主義：透視中產階級消失的真相》（李芳齡譯），臺北：天下。
賈克（2010），《當中國統治世界》（李隆生等譯），臺北：聯經。
奧迪主編（2002），《劍橋哲學辭典》（林正弘召集審訂），臺北：貓頭鷹。
奧利佛（2000），《生物科技大未來》（曾國維譯），臺北：麥格羅・希爾。
葛洪（1978），《抱朴子》，新編諸子集成本，臺北：世界。
葛凱（2011），《中國好，世界就好？一個牛津大學教授對中國消費的二十五年深度觀察》（陳琇玲譯），臺北：高寶國際。
葛雷易克（1991），《混沌——不測風雲的背後》（林和譯），臺北：天下。
福特（2000），《神學》（李四龍譯），香港：牛津大學。
福斯特主編（1998），《反美學：後現代文化論集》（呂健忠譯），臺北：立緒。
塞斯（2007），《印度：下一個經濟強權》（蕭美惠等譯），臺北：財訊。

塞爾（1995），《宗教與當代西方文化》（衣俊卿譯），臺北：桂冠。
雷默（2009），《不可思議的年代——面對新世界必須具備的關鍵概念》（杜默譯），臺北：行人。
雷夫金（1988），《能趨疲：新世界觀——二十一世紀人類文明的新曙光》（蔡伸章譯），臺北：志文。
雷夫金（1999），《第二個創世紀——揭開生物科技的面紗》（李文昭譯），臺中：晨星。
葉李華主編（2007），《石油用完了怎麼辦？十五堂你不知道的科學課》，臺北：貓頭鷹。
葉家明（1997），《向生命系統學習——社會仿生論與生命科學》，臺北：淑馨。
楊孝濚（1999），《跨世紀老人福利政策》，臺北：中國國民黨中央委員會政策研究工作會。
楊偉中（2007.9.17），〈中國黑心商品的世界體系〉，於《中國時報》第十五版，臺北。
楊國樞等主編（1991），《中國人的管理觀》，臺北：桂冠。
楊惠南（1990），《當代學人談佛教》，臺北：東大。
楊惠南（1991），《當代佛教思想展望》，臺北：東大。
詹明信（1990），《後現代主義與文化理論》（唐小兵譯），臺北：合志。
詹姆斯（2004），《宗教經驗之種種》（蔡怡佳等譯），臺北：立緒。
董芳苑等（1985），《另一個世界的祕密》，臺北：宇宙光。
道金斯（1995），《自私的基因》（趙淑妙譯），臺北：天下。
塔雷伯（2011），《黑天鵝語錄》（席玉蘋譯），臺北：大塊。
達爾尼等（2008），《綠色企業力——改變世界的八十個人》（梁若瑜譯），臺北：平安。
愛德華（2004），《像藝術家一樣思考》（張索娃譯），臺北：時報。
鈴木大拙（1981a），《禪天禪地》（徐進夫譯），臺北：志文。
鈴木大拙（1981b），《禪與生活》（劉大悲譯），臺北：志文。

鈴木大拙（1992），《耶教與佛教的神祕教》（徐進夫譯），臺北：志文。
溫契斯特（2010），《愛上中國的人——李約瑟傳》（潘震澤譯），臺北：時報。
豪斯（1997），《西洋社會藝術進化史》（邱彰譯），臺北：雄獅。
齊達（2010），《別掉入思考的陷阱！》（陳筱宛譯），臺北：商周。
維加德（2008），《趨勢學・學趨勢：剖析趨勢成因，預測趨勢大未來》（羅雅萱譯），臺北：麥格羅・希爾。
維葉特等（2010），《偉大的企業都嗜血？從掠食者到商場英雄的成功之道大揭密》（洪世民譯），臺北：財信。
赫伯金（2004），《群魔亂舞的靈異事件簿》（劉偉祥譯），臺北：達觀。
赫基斯（1999），《佛教的世界》（陳乃綺譯），臺北：貓頭鷹。
赫爾德等（2005），《全球化與反全球化》（林佑聖等譯），臺北：弘智。
榮泰生（1994），《管理學》，臺北：五南。
趙雅博(1975)，《中西文化的出路》，臺北：商務。
趙雅博（1979），《知識論》，臺北：幼獅。
蒲慕州編（2005），《鬼魅神魔——中國通俗文化側寫》，臺北：麥田。
輕部征夫（2000），《惡魔的科學》（宗昭儀譯），臺北：新雨。
圖說天下編委會（2010），《即將消失的世界最美一百個地方》，臺北：漢宇國際。
劉向（1988），《說苑》，增訂漢魏叢書本，臺北：大化。
劉文潭（1987），《現代美學》，臺北：商務。
劉君燦（1983），《科技史與文化》，臺北：華世。

劉昌元（1987），《西方美學導論》，臺北：聯經。

劉昌元（1998），〈哲學詮釋學、方法論與方法〉，於《社會理論學報》第一卷第二期（216），香港。

劉欣如（1996），《經營禪話——經營管理與禪的智慧》，臺北：添翼。

劉宓慶（1993），《當代翻譯理論》，臺北：書林。

劉述先（1983），《中國哲學與現代化》，臺北：時報。

劉道超（1992），《中國善惡報應習俗》，臺北：文津。

慕勒（2009），《全球七大短缺》（張淑惠等譯），臺北：商周。

摩斯等（1994），《跨越生死之門——從眾多的醫學研究獲得證實》（李福海譯），臺北：希代。

摩士特洛斯等（2011），《世界向東方移動》（高子梅譯），臺北：臉譜等。

慧遠（1974），〈沙門不敬王者論〉，《弘明集》，《大正藏》卷五十三，臺北：新文豐。

蔡仁厚（1982），《新儒家的精神方向》，臺北：學生。

蔡文華（1995），《前世今生的論證》，臺北：如來印經會。

蔡文輝（2006），《社會學理論》，臺北：三民。

蔡鵑如（2011.10.31），〈全球人口今衝破七十億〉，於《中國時報》A1版，臺北。

潘世墨等（1995），《現代社會中的科學》，臺北：淑馨。

潘知常（1997），《反美學》，上海：學林。

潘淑滿（2004），《質性研究：理論與應用》，臺北：心理。

樊和平（1995），《中國人文管理》，臺北：五南。

鄭志明（1997），《神話的由來——中國篇》，嘉義：南華管理學院。

鄭志明（2005），《臺灣傳統信仰的鬼神崇拜》，臺北：大元。

鄭明萱（1997），《多向文本》，臺北：揚智。

鄭泰丞（2000），《科技、理性與自由——現代及後現代狀況》，臺北：桂冠。

鄭麗嬌主編（1995），《中西社會福利政策與制度》，臺北：中央研究院歐美研究所。

熱奈特（1990），《敘事話語・新敘事話語》（王文融譯），北京：中國科學。

閻紀宇（2008. 6. 28），〈代誌大條九月前北極冰恐消失〉，於《中國時報》第F1版，臺北。

黎國雄（1995），《解讀靈異現象》，臺北：希代。

穆尚布萊（2007），《魔鬼的歷史》（張庭芳譯），臺北：五南。

鄧特二世（2009），《2010大崩壞》（陳琇玲譯），臺北：商周。

賴亞生（1993），《神祕的鬼魂世界》，北京：人民中國。

盧勝彥（2004），《靈與我之間——親身經歷的靈魂之奇》，桃園：大燈。

盧勝彥（2005），《見神見鬼記——三昧神行的奇異》，桃園：大燈。

曇無讖譯（1974），《大般涅槃經》，《大正藏》卷十二，臺北：新文豐。

歐陽鍾仁等（1980），《自然科學概論》，臺北：正中。

歐蘇利文等（1997），《傳播及文化研究主要概念》（楊祖珺譯），臺北：遠流。

謝弗（2008），《文化引導未來》（許春山等譯），北京：社會科學文獻。

戴蒙（2006），《大崩壞：人類社會的明天？》（廖月娟譯），臺北：時報。

戴德（1988），《大戴禮記》，增訂漢魏叢書本，臺北：大化。

戴維拉等（2006），《創新地圖》（李瑞芬譯），臺北：臺灣培生教育。

簡克斯（1998），《文化》（俞智敏等譯），臺北：巨流。

蕭武桐（1993），《禪的智慧VS. 現代管理》，臺北：佛光。

韓鵬杰等（1998），《中國古代江湖騙子與騙術》，臺北：商務。
隱形委員會（2011），《革命將至：資本主義崩壞宣言 & 推翻手冊》（隱形委員會：臺灣分部譯），臺北：行人。
瓊斯（2010），《綠領經濟：下一波景氣大復甦的新動力》（鄭詠澤等譯），臺北：野人。
藍吉富（1991），《二十世紀的中日佛教》，臺北：新文豐。
藍吉富等主編（1993），《敬天與親人——中國文化新論・宗教禮俗篇》，臺北：聯經。
薩伊德（2001），《文化帝國主義》（蔡源林譯），臺北：立緒。
薩克斯（2010），《終結貧窮：可以在二〇〇五年之前達成》（鐵人雍譯），臺北：臉譜等。
關辰雄（1996），《西洋文學典故》，臺北：文鶴。
魏承思（1993），《佛教的現代啟示》，香港：中華。
魏明德（2006），《新軸心時代》（楊麗貞等譯），臺北：利氏。
瞿海源（1997），《臺灣宗教變遷的社會政治分析》，臺北：桂冠。
羅青（1989），《什麼是後現代主義》，臺北：五四書店。
羅特（2011），《巴西，未來之國：集強盛經濟體和奇幻嘉年華的全球第五大經濟實力》（鄭安傑譯），臺北：高寶國際。
羅竹風主編（2001），《宗教學概論》，上海：華東師範大學。
羅吉斯（2006），《創新的擴散》（唐錦超譯），臺北：遠流。
譚瑟（2011），《網路行為的關鍵報告》（林東翰等譯），臺北：商周。
蘇言等（2011），《維基解密：你不知道的事實真相》，臺北：大都會。
竇治（2005），《網際空間的圖像》（江淑琳譯），臺北：韋伯。

蘭德利（2008），《創意城市》（楊幼蘭譯），臺北：馬可孛羅。
懷德海（2000），《科學與現代世界》（傅佩榮譯），臺北：立緒。
龔鵬程（1987），《文學與美學》，臺北：業強。